檢視區域經濟整合的效益：

德國、法國、英國的歐盟經驗

Reviewing the Effects of
Regional Economic Integration:
The Cases of Germany, France, and the UK as EU Members

羅至美◎著

推薦序

　　近年來全球區域經濟整合快速進行，區域貿易協定的數目呈現倍數的成長，對於區域經濟整合進展有限，而且非常仰賴出口的臺灣而言，形成了莫大的壓力。

　　在全球區域經濟整合的浪潮下，各國除了對外擴張區域經濟整合的版圖，對內則加速推動自由化，進行制度改革；特別是如何有效降低自由化的影響，進而凝聚共識，成為推動區域經濟整合能否成功的關鍵。

　　由於臺灣參與區域整合的時間較晚，所以各國在參與區域經濟整合的過程，無論是對外談判的經驗，對內推動自由化及如何降低自由化阻力，均值得臺灣學習。過去臺灣汲取經驗的對象，主要是來自貿易競爭國家（例如韓國及東亞國家），以及臺灣所要積極爭取加入的區域貿易協定（例如TPP）的發展，對於歐盟推動整合的脈動，相對關注較少。

　　事實上，歐盟屬於關稅同盟（Customs Union，CU），整合程度比自由貿易協定（Free Trade Agreement，FTA）深；所以在擴充會員，以及自由化的過程所採取的調整因應措施，對臺灣非常具有參考價值。

　　本書由政治、經濟、社會等多層面，探討歐盟整合的議題。以個案研究的方式，選取歐盟三大龍頭國家，德國、法國及英國，探討此三國在歐盟經濟整合的過程中，如何落實區域經濟整合利益，降低國內的不利衝擊。特別是此三國型態不同，面對區域經濟整合的問題亦不同；其經驗不但可以增加社會大眾對於歐盟國家參與經濟整合之了解，亦可以做為政府

未來參與區域經濟整合，特別是與歐盟建構FTA的重要參考。

羅至美教授長期從事歐盟相關議題的研究，論述發表豐碩，獲得各界的肯定。個人非常推薦此具有學術價值及政策應用的論著，相信不但會對讀者有所助益，更可增加各界對於區域經濟整合議題的重視。

國家安全會議

秘書長

自序

「區域經濟整合」近年來似乎成爲國際政治中主要的（如果不是唯一的）遊戲（所謂的'the only game in town'）。凡涉入國際貿易的國家，莫不爭相進入、或試圖發動、主導此一遊戲。身爲全球主要貿易國之一的我國，因受限於國際地位因素而無法參與其中，引發國內各界對我國經濟是否因此將被邊緣化的憂慮。此一憂慮來自於區域經濟整合可以爲參與國帶來經濟福祉提升的認知，因此未能加入此一運動意謂著我國經濟福祉的損失。各界熱烈討論的現象引起我的好奇：區域經濟整合「必然」可以帶來經濟福祉的提升嗎？

歐洲，作爲人類社會許多重要政治、社會、經濟體制的實驗室，再度成爲我尋找答案的對象。正如同過去亞洲國家在亞洲金融風暴之後，曾一度熱烈討論「亞元」議題時，我以進入歐洲貨幣整合的研究作爲解惑的途徑；同樣地，歐洲經濟整合作爲全球歷時最久、整合程度最爲進階的區域經濟整合運動，再度成爲我尋求答案的對象。

選擇德國、法國、英國等三國歐盟主要成員國作爲個案研究，最初的理由，一如第一章緒論中所解釋的，是因爲此三國爲歐盟前三大經濟體，以及此三國分別代表三種不同性質的資本主義型態。因此，以此三國爲研究對象應相當程度可以檢視區域經濟整合是否、以及如何在不同資本主義型態下，能／不能爲參與國帶來經濟福祉的提升。研究結果卻因此呈現一相當有趣的發現與對照：德國（不令人意外）的成功經驗、法國（引人入勝）的反敗爲勝、與英國（出乎預期）的適應失敗。成功者的經

驗相對容易述說，失敗者的故事則需要在諸多因素中慢慢爬梳與釐清，這也是爲何本書花了較長的篇幅討論英國經驗。研究發現指出一個相當令我意外的圖像：產業競爭力不完全是預測一國是否可受益或受害於區域經濟整合的指標，區域經濟整合參與的結果是市場競爭機制、政府治理與深層的政治經濟體制安排，三者互動下的產物。研究發現所呈現的多樣性樣貌，因此爲所設定的研究問題帶來更爲豐富的答案與省思。

　　本書的完成，我首先想要感謝台灣歐盟中心（European Union Taiwan, EUTW）的協助，透過EUTW的協助，我因此得以訪問到四位位階極高的德國、法國、英國等三國的資深主管外交官員。儘管爲了能暢所欲言，四位受訪官員皆要求以匿名方式受訪，然而，其所提供的豐富、珍貴的第一手資訊，以及官方的詮釋觀點，有助於本研究的完整性與周延性。其次，本研究是國科會委託研究計畫三年期連續性計畫（NSC 97-2410-H-305-044; NSC 98-2410-H-305-009; NSC 99-2410-H-305-008），對於其所提供的經費支持，在此一併致謝。最後，我深深地感謝我的家人，謝謝你們對我的付出與支持，讓我得以兼顧工作與家庭。

羅至美

2013年冬於台北

ANVAR: French Innovation Agency

ANZTEC: Agreement between New Zealand and the Separate Customs Territory of Taiwan, Penghu, Kinmen and Matsu on Economic Cooperation

APEC: Asia-Pacific Economic Cooperation

ASEAN: The Association of Southeast Asian Nations

BAe: British Aerospace

BBQ: British budget question

BT: British Telecom

CAP: common agricultural policy

CBI: Confederation of British Industry

CET: common external tariff

CFSP: common foreign and security policy

CM: common market

CPTPP: Comprehensive and Progressive Agreement for Trans-Pacific Partnership

CU: customs union

EAGGF: European Agricultural Guidance and Guarantee Fund

EC: European Community

ECB: European Central Bank

ECFA: Economic Cooperation Framework Agreement

ECSC: European Coal and Steel Community

ECU: European currency unit

EDC: European Defense Community

EEC: European Economic Community

EFTA: European Free Trade Area

EMU: economic and monetary union

ERM: exchange rate mechanism

EU: European Union

Euratom: European Atomic Energy Community

FDES: Fonds de developpement economique et social

FDI: foreign direct investment

FTA: free trade agreement

GATT: General Agreement on Trade and Tariffs

GDP: Gross domestic product

GEC: General Electric Company

GNP: Gross national product

MU: monetary union

NAFTA: North American Free Trade Agreement

NTBs: non-tariff barriers

NYSE: New York Stock Exchange

OEEC: Organization for European Economic Cooperation

RCEP: Regional Comprehensive Economic Partnership

RTAs: regional trade agreements

SACU: The Southern African Customs Union

SEM: single European market

SMEs: small and medium enterprises

TFP: total factor productivity

TPP: Trans-Pacific Partnership

TTIP: Transatlantic Trade and Investment Partnership

VAT: value added tax

WTO: World Trade Organization

目次
CONTENTS

1 緒　論

第一節　研究背景

　　自千禧年起，全球的經貿版圖加速朝向三大區塊─歐盟（European Union, the EU）、北美、東亞等區域整合的發展。在歐洲方面，歐洲單一貨幣──歐元（the euro）的實現以及前東歐共產國家的加入使得歐盟完成歷史性的深化（deepening）與廣化（widening）。在北美方面，在建立北美自由貿易區（North American Free Trade Agreement, NAFTA）[1]之後，位居領導地位的美國一方面研議如何將NAFTA由北美擴大至中南美洲，另一方面於2013年與歐盟展開美-歐盟自由貿易區（Transatlantic Trade and Investment Partnership, TTIP）的談判，試圖建立全球經濟總值最大的自由貿易區。東亞方面，以東南亞國協（The Association of Southeast Asian Nations, the ASEAN）為主導的區域經濟整合，計畫透過東協加三（中國大陸、日本、南韓，ASEAN+3）、再加三（澳洲、紐西蘭、印度，ASEAN+3+3）的自由貿易協定，預計於2020年底前建立起全世界人口最大的自由貿易區─稱之為「區域廣泛經濟伙伴協定」（Regional Comprehensive Economic Partnership, RCEP）。亞太地區另一個由日本主導的區域經濟整合計畫──「跨太平洋夥伴全面進步協定」（Comprehensive and Progressive Agreement for Trans-Pacific Partnership, CPTPP）則已於2018年底正式生效運作。成為與歐盟、NAFTA並立的三大區域貿易集團。[2]全球經貿版圖加速區域化（regionalization）的事實使得研究全球化（globalization）的論者（如Hirst & Thompson, 2000: 70-3;

---

[1] NAFTA於2017年在美國川普政府要求下重新議定，並於2018年9月達成三方一致的新協議，NAFTA正式更名為美墨加協定（United States-Mexico-Canada Agreement, USMCA）。

[2] 有關歐洲統合的歷史與發展，詳見歐盟官方網站http://europa.eu/index_en.htm；有關NAFTA的歷史與發展，詳見NAFTA官方網站http://www.naftanow.org/；有關TTIP的內容與談判進展，詳見歐盟官方網站的說明http://ec.europa.eu/trade/policy/countries-and-regions/countries/united-states/；有關RCEP的內容與談判進展，詳見ASEAN的官方網站中'ASEAN Statement & Communiques'部分有關RCEP的官方聲明，網址如下：http://www.asean.org/news/asean-statement-communiques/item/regional-comprehensive-economic-partnership-rcep-joint-statement-the-first-meeting-of-trade-negotiating-committee

Gilpin, 2002: 341）指出，全球化乃爲一種迷思，我們所置身的世界經濟其實是一種全球性的區域化（global regionalization），因爲全球三分之二以上的貿易與投資是發生在這三大區域貿易集團彼此之間或區域之內，而非廣及全球範圍。

確實，區域化於1990年代中期興起並擴大的現象成爲近年來國際關係發展的一主要現象。根據貿易與關稅總協定（General Agreement on Trade and Tariffs, GATT）的統計，在1948-1994近五十年的期間，全球通報的區域貿易協定的簽訂（regional trade agreements, RTAs）總計有123件。相形之下，在世界貿易組織（World Trade Organization, WTO）於1995成立之後迄今不到二十年的期間，通報WTO的RTAs至2013年1月爲止，即高達546件（參見圖1-1）（WTO, 'Regional trade agreements: facts and figures'; 'Regional trade agreements', both in the section of 'Trade topics', available at http://www.wto.org/english/tratop_e/region_e/regfac_e.htm; http://www.wto.org/english/tratop_e/region_e/region_e.htm）。區域經濟整合快速發展與擴大的結果即是全球貿易遠不如區域貿易般地快速成長（Wooster, 2008: 164-5）。知名的經濟學人雜誌（*The Economist*）因此指出，在RTAs快速增加的事實下，標示著全球經濟區塊化的時代已經來臨（*The Economist*, 'When giants slow down', 27 July 2013, http://www.economist.com/news/briefing/21582257-most-dramatic-and-disruptive-period-emerging-market-growth-world-has-ever-seen）。

在這一波新興的區域主義浪潮中，居世界第十五大貿易國的台灣因兩岸政治因素無法參與其中，引發國內各界對台灣可能因此被邊緣化的憂慮。這樣的憂慮系基於參與區域經濟整合可爲參與國帶來可觀的經濟成長與效益的考量，因此，未能置身此一區域經濟整合運動意謂著一國經濟福祉（economic welfare）的損失。在2007年世界經濟論壇（The World Economic Forum）所公布的全球競爭力排名的結果中，台灣下滑至位居全球十四，首度被南韓所超越，我國官方——經建會對此一結果的解釋即爲：「這是美韓自由貿易協定對韓國競爭力發揮的效應」，也因而表達對

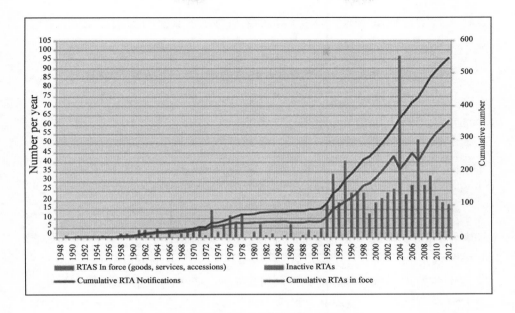

圖1-1　1948-2012年期間通報GATT/WTO的RTAs

資料來源：WTO Secretariat,取自WTO (2013a), 'Regional trade agreements: facts and figures', in the section of 'Trade topics', available at http://www.wto.org/english/tratop_e/region_e/regfac_e.htm

台灣是否在全球經濟區域化的趨勢中被邊緣化的關切（聯合報2007年11月1日A2版）。

　　在美韓自由貿易協定之外，南韓近年來相繼完成、並持續積極進行與全球主要經濟體簽署區域自由貿易協定。南韓與歐盟於2009年完成自由貿易協定的簽署（EU-South Korea FTA），並於2011年開始生效。南韓與ASEAN的自由貿易協定（ASEAN-Korea FTA）則於2010年生效。其與日本、中國大陸的三邊自由貿易協定（China-Japan-ROK FTA）則已進入談判中。[3]在相繼完成與美國、歐盟、與ASEAN三者的自由貿易協定簽署

---

[3] 進一步內容參見European Commission (2010), *EU-South Korea Free Trade Agreement: A Quick Reading Guide*, Brussels: European Commission, p.1; Ministry of Foreign Affair

之後，韓國成為全球唯一與三大主要區域經濟體皆簽有自由貿易協定的國家。

　　面對全球方興未艾的區域經濟整合運動，以及主要競爭對手南韓完成多項重要自由貿易協定的簽署，台灣的主政者與企業界不僅憂心台灣是否在全球區域化的趨勢中被邊緣化，同時更關切台灣產業競爭力與南韓產品在全球市場上競爭優勢的消長。針對台灣可能面臨被排除在全球經濟區域化的風險與對產業競爭力的影響，不同政黨的政治參與者各自提出不同的回應之道。

　　對於彼時正在成形的東亞自由貿易區（即為RCEP的前身），於2000-2008年期間執政的民進黨政府提出仿效美、韓自由貿易協定，爭取台灣與美國簽訂台、美自由貿易協定（Taiwan-US Free Trade Agreement），以強化台灣與美國市場的經濟整合為因應之法，並主張對美國所提出的亞太自由貿易區（FTA-AP，即為TPP的前身）計畫積極回應。[4]於2008年起執政的國民黨政府則於2010年與中國大陸簽訂「經濟合作架構協議」（Economic Cooperation Framework Agreement, ECFA）[5]－一個替代自由貿易協定以避免主權爭議的協議，作為免除台灣遭遇區域經濟整合邊緣化的風險管理，並期待以此作為加入其他區域經貿集團，例如RCEP與CPTPP的基石。[6]

---

and Trade of Republic of Korea, 'Diplomatic achievements in the first two Years of the Lee Myung-bak Administration', Newsletter issued on 26 February 2010, http://news.mofat.go.kr/enewspaper/articleview.php?master=&aid=2674&sid=23&mvid=765;
The China Post, 'ASEAN+1 to benefit Taiwan firms', 31 January 2010, www.chinapost.com.tw/print/243026.htm; Ministry of Commerce of the PRC, '2nd Session of China-Japan-ROK Joint Research on FTA Held in Tokyo', News Release issued on 7 September 2010, http://fta.mofcom.gov.cn/enarticle/chinarihen/chinarihennews/201009/3503_1.html

4　有關民進黨在此方面的相關主張，詳見其官方網站中「蘇貞昌主席接見華府智庫『戰略暨國際研究中心』（CSIS）學者專家團」一文之說明，issued on 27 June 2013, http://www.dpp.org.tw/m/index_content.php?sn=6684

5　有關ECFA的內容與後續談判進展，詳見我國政府的官方網站http://www.ecfa.org.tw

6　2011年馬英九總統宣布將以10年為期爭取加入TPP；國民黨榮譽主席吳伯雄則於2013年6月舉行的「吳習會」中向中共總書記習近平提出台灣有意加入中國大陸具影響力的RCEP。海基會副董事長高孔廉則於數日後於海基、海協兩會舉行的上海會談中，

　　不論是已經簽訂的ECFA或是尋求加入的CPTPP與RCEP，本質上均為引領與加速台灣經濟進入某一區域（中國大陸、亞太地區、或東亞地區）的經濟整合，其共同點均在於試圖以參與區域經濟整合的方式，提升台灣的經濟成長與福祉。此舉顯示出台灣不同政黨間或對經濟發展所採取的路線與訴求重心有所不同，但對於以區域經濟整合帶動台灣經濟發展的核心理念則並無二致。

　　針對區域經濟整合是否、以及如何可提升參與國的經濟福祉，可以從學界的討論以及實務的發展成效兩方面來觀察。

第二節　有關區域經濟整合的研究概況

　　針對區域經濟整合成效的研究，學界的討論已有相當積累。例如針對區域經濟整合是否可創造更佳的經濟福祉？學界即有相當熱烈的辯論。持肯定論的學者認為，區域經濟整合確實有助於經濟成長與國民所得的提升。例如Badinger（2005: 74; 2008: 560）的研究指出歐洲經濟整合於1950-2000年期間為歐盟整體經濟貢獻了20%-44%的所得增長。Cuaresma *et al.*（2008: 650-3）、Kutan and Yigit（2007: 1391）、Torstensson（1999: 105-6）、Henrekson *et al.*（1997: 1537）、Italianer（1994: 700）、Brada and Mendez（1988: 163-8）等多人的研究亦指出，歐洲經濟整合有助於經濟成長，儘管他們的研究對於經濟成長的估計值因計算模型的差異而不相一致，以及對於推升經濟成長的主因是來自貿易還是投資增長，亦或是科技移轉效果等因素，彼此看法不一。持否定論者，例如Ziltener

---

公開提出兩岸共同加入TPP與RCEP的提議，顯示我國政府試圖藉由兩岸平台解決參與區域經濟整合的難題。詳見聯合報，「APEC峰會登場TPP成焦點」，2011年11月13日，A13版；「觀察站／加入RCEP台灣準備好了嗎？」，issued on 14 June 2013, http://udn.com/NEWS/MAINLAND/MAI3/7962743.shtml；「高孔廉拋新議題：兩岸共同加入TPP、RCEP」，issued on 21 June 2013, http://udn.com/NEWS/MAINLAND/MAIN1/7977582.shtml

（2004: 974）、Vanhoudt（1999: 193）、Vamvakidis（1999: 42）、Sala-i-Martin（1996: 1325-52）、Landau（1995: 774）、Button and Pentecost（1995: 664-71）等人則認為，歐洲經濟整合對於經濟成長推升效果並不顯著，追求經濟成長必須有積極性的成長與就業導向政策，而無法僅依賴市場整合。持中立看法者，例如Wooster et al.（2008: 161）等人認為，區域經濟整合對於經濟成長確有推升效果，但效果不如區域外的貿易增長（extra-regional trade），因為後者的規模經濟與可產生的競爭效果更大。Aristotelous（2006: 21）的研究則指出，歐洲經濟與貨幣聯盟（Economic and Monetary Union, EMU）對會員國的貿易同時有正面與負面的差異性效果。Heidenreich and Wunder（2008: 19）與Pardo（2005: 459）的研究則均發現，歐洲經濟整合減少了會員國之間的經濟不平等與所得差距，但卻增加了各地區之間的經濟不平等。Venables（2003: 747）則認為，參與區域經濟整合協定的國家必須視其比較優勢才能斷定是否會受益於參與區域經濟整合。Martin and Sanz（2003: 216-28）則指出，經濟成長與所得提升不會因加入歐洲經濟整合即自動產生，主要取決於個別會員國的成長與發展策略是否可創造出相對應的資本環境從而引發外國投資（foreign direct investment, FDI）的科技外溢效果出現。[7]

其他學者則針對區域經濟整合對生產活動的影響進行研究。例如

---

[7] 經濟學者對此一議題的相異看法與爭辯很大原因來自他們所選擇的研究途徑與計算模型而定。同樣地，因採取不同的研究方法與模型，經濟學者對於歐洲經濟整合帶來的成長效果究竟屬於長期性的，還是短期性的？成長推升效果的主因是來自貿易增長、投資增加、還是科技移轉因素？成長估計值的多少？等議題亦有不同的爭辯。例如Badinger（2005: 69-74）就認為整合帶動的成長效果是短期的，Cuaresma et al.（2008: 651-3）等人則認為整合所帶動的成長效果是長期的，且參與的時間的越長，效益越大，對落後會員國的效果也越明顯。至於歐洲經濟整合推升成長的主因為何？Henrekson et al.（1997: 1537）等人認為主要是科技移轉效果所致；相對地，Brada and Mendez（1988: 163-8）則認為不是來自科技技術的進步而是來自投資增加之故；Cuaresma et al.（2008: 650-3）等人較晚進的研究則指出，貿易增長與技術性知識的轉移是歐洲經濟整合推升經濟成長的主因；Badinger（2008: 557-61）則認為是科技移轉與投資效果兩者之功；Torstensson（1999: 105-6）則認為，貿易增長、投資增加、科技移轉等三項因素均有助於經濟成長的推升。對於歐洲經濟整合推升成長的估計值，則有Italianer（1994: 700）所估計的每年0.3%的GDP增長與Henrekson et al.（1997: 1537）等人所估計的0.6-0.8%等不同的估計值。

Molle（1997: 281-95）的研究指出，歐洲經濟整合使得產業生產，例如鋼鐵業、汽車業、家電業等，更為集中化。Gorg and Ruane（1999: 346）與 Robson（1998: 119）等人的研究則指出，歐洲經濟整合有助於吸引FDI，例如美資，進入歐盟地區。Kottaridi（2005: 109-10）則指出，進入歐盟的FDI中，科技類型的FDI流向核心會員國，標準化生產類型的FDI流向邊緣會員國。Martin and Sanz（2003: 221）則以愛爾蘭經驗指出，在公共建設與人力資本等條件的配合下，FDI有助於歐盟會員國的科技現代化與經濟轉型。

　　對於何種會員國、何種產業部門、何種企業會受益或受害於區域經濟整合？學界亦有兩派不同的看法。一種看法是科技發展落後國應參與經濟整合，以使自己能置身嚴格的國際競爭中以刺激齊國內經濟發展與研發能力。另一種看法則是科技發展落後國應保護其國內廠商，容許其一段時間以追趕先進國家（Tichy, 1993: 166-7）。Corcoran（1998: 179）以歐盟各國的實證經驗認為，競爭力較弱的會員國，其失業率也相對較高。Tichy（1993: 166-7）則認為參與區域經濟整合的國家其經濟發展應不要差距過大或過於異質，否則易造成區內經濟的極化發展而不利經濟落後的參與國。兩者的看法均傾向於第一種看法。以產業而言，Mayes *et al.*（1994: 7&209）認為，其起步點（starting point）為何實為關鍵，因為它決定了該產業如何可以掌握整合所帶來的機會。以企業而言，他們則認為企業是否受益於經濟整合要視其原有的市場佔有率、公司大小、聲譽而定。

　　儘管學界對於區域經濟整合是否、以及如何可帶來經濟成效的討論相當豐富，卻未因此而形成共識。同時，觀諸既有的研究與討論，大多屬於針對區域經濟整合成效的總體層面（macro-level）或某一特定產業活動的評估，而較少見針對以個別成員國為對象的個體層面（micro-level）評估。缺少對個別成員國參與區域經濟整合的評估因而成為相關研究中一明顯的研究缺口。

第三節　全球區域經濟整合的實務發展

　　缺乏對個別國家參與成效的評估並未減少各國主政者尋求參與區域經濟整合的興趣。以全球各地所發展的區域經濟整合運動而言，歐洲經濟整合是外界最為熟知的案例，但事實上，自二次戰後迄今，全球共計有高達17項之多的區域經濟整合的嘗試在各地進行，其中大多數——有14項之多，是純由開發中國家（developing countries）所組成。此一事實顯示出，儘管學界的討論對於區域經濟整合的成效尚未達成共識，但各國主政者在政策實務上多偏好採取此一途徑來追求經濟成長與發展。然而，有趣的是，不論是哪一種型態的經濟整合，自由貿易區也好，關稅同盟也罷，其實都牽涉到對國家主權與政策自主性的限制，且整合程度越深，受限程度越多。那麼何以此一途徑受到政府決策者，尤其是開發中國家的決策者，的偏好？同時，若以新古典經濟學的觀點，[8]經濟整合會在原本出口比例不高，以及潛在會員國彼此間已有極高比例的貿易往來的情況下，效益最高，也最值得追求。那麼，以開發中國家已有相當高的出口比例，同時彼此間貿易量不大的現實下，開發中國家彼此間並無經濟整合的必要性與可欲性。然而，在1950-1960年代間第一波的區域主義發展中，除了歐洲共同體（European Community, the EC）與南非關稅同盟（The Southern African Customs Union, the SACU）為已開發國家參與的區域經濟整合之外，其餘全為開發中國家的經濟整合運動。同時，在為數可觀的第一波經濟區域主義的嘗試中，亦僅有EC與SACU是成功的，所有開發中國家嘗試的整合運動均無法成功地持續運作與為參與國帶來經濟效益與成長（Robson, 1998: 268-277）。此一失敗的特色（failure character）不僅說明了區域經濟整合不見得會成功，而即使成功運作，也不必然能為會員國產生期待的經濟效益與成長。大多數實證經驗是失敗的事實意謂著：區域經濟整合失敗的機率其實是遠大於成功的。

8　有關新古典經濟學對於區域經濟整合的理論觀點將於第二章中詳細說明。

　　然而，一個更有趣的現象是，第一波區域主義（亦稱之爲舊區域主義，old regionalism）普遍失敗的經驗並未減弱各國對參與區域經濟整合的興趣與嘗試，相反地，在1990年代，全球興起另一波新區域主義運動（new regionalism），甚至連一向堅持走全球自由貿易路線的美國，亦成爲在1994年成立的NAFTA其創始會員國。此新一波的區域主義一方面是國際情勢變遷的現實所致——很大程度反應了各國對於歐體於1992年底完成歐洲單一市場的疑慮，以及對於WTO在2001-2006年的杜哈回合談判中，有關於促進全球自由貿易談判失敗的失望。另一方面，它亦反應出1980年代晚期出現的新經濟理論對國家經濟治理（economic governance）思維的衝擊。[9]新經濟理論中關於區域經濟整合可帶來競爭與投資效果，從而提升一國科技創新與競爭力此一論點，相當程度地影響了各國主政者對區域經濟整合的可欲性，產生新的思考，由原本關注的貿易創造的靜態層面，轉變爲對動態層面的關注。第二波區域主義的啓動反應了各國主政者對於新經濟理論的認同與期待。因此，主權國家對於新一波區域經濟整合的參與，所關注的不再只是此一經濟整合是否能帶來多少貿易量的擴大，而更在於它是否能帶來競爭力與出口貿易能力的提升（Fawcett, 2005: 30; Gilpin, 2001: 341-344; Robson, 1998: 277-298）。對於區域經濟整合成爲主政者提升國家競爭力的策略，[10]Gilpin（2001: 147&360-1）解釋，這

---

9 有關新經濟理論對於區域經濟整合的理論觀點將於第二章中詳細説明。

10 經濟學家Paul R. Krugman（1994: 31）不認爲競爭力的概念適用在國家層次上。他認爲，一個企業會面臨競爭力的問題，但一個國家沒有此一問題，因爲企業如果沒有競爭力會被消滅，但一個國家卻不會因競爭力問題被消滅，然而David P. Rapkin and Jonathan R. Strand（1995: 4-10）與Robert Gilpin（2001: 182）等學者則認同時任美國總統柯林頓所提出的國家競爭力（national competitiveness）的概念。柯林頓曾表示：「一個國家就如同一個大型企業，在全球市場上與其他國家一起競爭」，因此存在有競爭力的議題。Rapkin and Strand認爲國家競爭力的概念在純經濟活動的範圍界定上確實有其困難，然而，它仍是國際政治經濟學上一存在而有用的概念，指涉的是包含一組可觀察指標的傘型概念（umbrella concept）。詳見Paul R. Krugman (1994), 'Competitiveness: A dangerous obsession', *Foreign Affairs*, Vol. 73, No. 2, pp. 28-44; David P. Rapkin and Jonathan R. Strand (1995), 'Competitiveness: useful concept, political slogan, or dangerous obsession?', in David P. Papkin and William P. Avery eds., *National Competitiveness in a Global Economy*, Boulder, USA and London, UK: Lynne Rienner, pp. 1-20; Robert Gilpin (2001), *Global Political Economy: Understanding the International*

是因為產業的升級與調整因國內既得利益者之故而實際上難以實行，因此，主政者期待區域經濟整合中的競爭效果以刺激產業的轉型與升級，同時，新經濟理論的競爭效果說使得主政者與企業界領袖相信，本國企業可以在區域經濟整合中培養出國際競爭力，從而在全球市場中更具競爭力。

　　然而，誠如Robson（1998: 279）所言，一國或一經濟體欲達到競爭力的提升與經濟成長的目的，其所需的並非只是發動或參與區域經濟整合運動即可獲致，就二次戰後迄今的實證發展經驗來看，區域經濟整合運動的本身並不能保證參與國必然會有更佳的經濟表現。同時，就可以產生經濟效益與福祉提升的經濟整合運動而言，其成效亦不是均等地發生在會員國之間，甚至亦不會均等地發生在會員國之內。此一分配效果（distribution effect）的問題毋寧是研究區域整合者更需要關切的。如同Ginsberg（2007: 99）所指出的，任何的區域經濟整合運動，就如同任何人類的社會經濟體制（socioeconomic system），都會產生贏家與輸家（winners and losers）。在何種產業結構條件與政府相關的經濟與勞動政策下，一國會受益或受害於參與區域經濟整合，以及哪一種產業部門或地區會較其他產業部門或地區受益或受害更多，無疑是主政者在進行參與區域經濟整合的決策之前，所更應關注的。而欲掌握我們對區域經濟整合在上述個體層面（micro-level）的認識與理解，實需要更多對實務案例的研究與檢驗。

　　然而，誠如Badinger（2005: 51）與Aristotelous（2006: 21）所指出的，儘管有關市場開放與自由貿易對經濟成長的影響之相關研究已相當豐碩，對於區域經濟與貨幣整合所帶來的貿易增長效果等研究亦十分持續，然而，有關於區域經濟整合對於個別成員國（country by country）其經濟與成長的影響之實證研究卻令人意外地竟十分有限。

Economic Order, Princeton University Press, p. 182

第四節　研究問題與目的

　　本研究的目的即在於以德國、法國、英國等三國參與歐洲經濟整合的實證經驗，檢驗與思考究竟區域經濟整合是否、以及如何（whether and how）可以為參與國帶來經濟福祉的提升。

　　選擇歐洲經濟整合的原因在於此一區域經濟整合運動是全球少數結合新、舊區域主義的案例，它不僅為所有區域經濟整合運動中持續最久者（自二次戰後迄今仍持續進行與發展者），且其整合程度亦為最為深化與進階者（advanced）。如同Schmidt所指出的（2002: 14），歐洲經濟整合的深度是其他區域無法相比的，因為其經濟整合的內容是市場整合——單一市場，加上貨幣整合——單一貨幣，因而遠超過所有區域經濟整合計畫的程度。不論是東亞地區還是北美地區，其經濟整合的程度仍未超過自由貿易區的階段。因此，歐洲經濟整合是否、以及如何為會員國帶來經濟效益與福祉的提升，可以提供研究區域經濟整合者進行實證檢驗的豐富內涵。然而，如同區域經濟整合的研究一般，儘管針對歐洲經濟整合是否有助於經濟福祉的提升等相關研究十分豐富，並成為經濟學界持續爭辯中的議題，然而，此類研究大多針對歐洲經濟整合對歐盟整體經濟的總體得失影響為關切主題，而較少見對個別會員國參與歐洲經濟整合其得與失的個案實證研究。[11]本研究因此選擇三個主要的歐盟會員國——德國、法國、英國，具體觀察成員國究竟在參與區域經濟整合的過程中是否，與如何受益／未受益於此一區域整合途徑的個案研究對象。

　　選擇德國、法國、英國此三國的原因係基於以下三項理由。首先，

---

[11] 在歐洲單一市場預計完成的1990年代初期，在歐體執委會的支持下，歐體十二國研究與行動委員會（Europe 12-Research and Action Committee on the EC）匯集所有會員國的研究學者，完成針對所有成員國參與歐洲經濟整合的得與失的評估報告，總計有十一冊、十二個會員國的個別國家評估（比利時與盧森堡出版在同一冊）。這是學界首次針對個別成員國所出版的系列評估報告，稱之為歐體會員國經驗評估系列（EC Membership Evaluated Series），也成為迄今唯一系統性、跨國性的研究報告。歐洲學界與歐盟官方自此之後未再出現類似的嘗試。

此三國是歐盟前三大經濟體，三國經濟的國內生產毛額（GDP）的加總占歐盟經濟整體的近50%，因此，以此三國為研究對象相當程度可以反映出區域經濟整合對參與國的效益與影響。其次，儘管此三國均為經濟發展程度接近的成熟市場經濟體（market economies），然而，此三國卻各自採取三種型態相當不同的資本主義發展模式。英國偏向所謂的「市場資本主義模式」（market capitalism），德國偏向所謂的「協調管理式資本主義模式」（coordinated/managed capitalism），法國接近所謂的「國家引導式的資本主義模式」（state-led capitalism）（Shmidt, 2005: 362）。因此，以此三國為比較研究的對象不僅可使我們觀察出歐洲經濟整合對此三種不同型態的資本主義發展模式帶來何種機會與挑戰，同時也可使我們對照觀察哪一種模式較其他模式在面臨區域經濟整合的競爭時顯得較具優勢或劣勢。第三，儘管三國均屬於較為先進的工業國，然而，此三國在二次戰後是分別基於相當不同的經濟條件與產業競爭力來參與歐洲經濟整合。例如德國與法國雖同為歐洲經濟整合的發動者，亦同樣為因應戰後國內經濟重建的需要而在1950年代發動此一運動，然而，兩國當時的經濟條件、產業競爭力與工業基礎實力等，均難以等量齊觀。德國儘管為二次大戰的戰敗國，然而，其產業競爭力在實力與基礎上均遠優於法國，也因此形成兩國對歐洲經濟整合不同的需求與參與方式。再以英國而言，不同於德、法，它是在歐洲經濟整合已進行20年之後的1970年代才加入。且不同於德、法是以戰後復甦中的經濟體質參與歐洲經濟整合，英國則是以衰退中的經濟體質加入歐洲經濟整合。此一參與階段、經濟體質的差異性預期將可呈現出更多的個別性與對照性，從而可提供我們對於區域經濟整合對參與國的成效更為豐富與多樣化的觀察。

基於上述理由，本研究的目的旨在回答以下的研究問題：

• 德國、法國、英國在參與歐洲經濟整合超過半世紀的實證經驗中，是否（whether）受益於參與區域經濟整合？

• 德國、法國、英國如何（how）受益／未受益（benefited/unbenefited）於參與歐洲經濟整合？為什麼？

　　本研究旨在透過對歐盟主要成員國參與歐洲經濟整合的經驗，探討在不同的資本主義發展模式、加入時機、經濟體質等條件的差異性之下，一國參與區域經濟整合是否、以及如何受益／未受益的實證檢驗。透過此一個別性、對照性的研究與檢驗，期能增加我們對區域經濟整合是否，及如何增進一國經濟福祉與發展的理解與認識，進而充實我們對於台灣是否應參與，或應如何選擇參與（與中國大陸（ECFA）？東亞地區（RCEP）？亞太地區（TPP）？）區域經濟整合的討論與思辯，同時為學界目前在此一方面較為缺乏的討論做出貢獻。

第五節　本書後續的章節安排

　　在本書接續的章節中，第二章為有關區域經濟整合理論的部分，在此一章節中將就區域經濟整合的主要理論學說做一回顧與呈現。有關於區域經濟整合理論的立論分析主要分為兩類，一類為經濟學理論、另一類為政治學理論。經濟理論學說中的新古典經濟學與新經濟理論對於區域經濟整合是否、以及如何可以帶來經濟福祉的提升各自提出不同的理論假設與論述。政治理論學說中的政府間主義與新功能主義則對於為何區域經濟整合對主權國家而言是可欲的，以及其發展過程，各自提出不同的理論觀點與預期。第三章到第五章為個案研究的部分，本研究將於此三章中逐一進行對德國、法國、英國等三國參與歐洲經濟整合經驗之實證探討。德國做為歐洲經濟整合的創始會員國與領導國家，是三國之中參與歐洲經濟與貨幣整合經驗最完整的國家。它是否、以及如何受益於此一經濟與貨幣整合的參與，將在第三章中進行深入探討。第四章則將呈現法國的歐盟經驗。法國，做為歐洲經濟整合的發動者，總是在抗拒之中接受經濟整合的提議，繼而再積極主導經濟整合運動的發展。法國如何從一封閉的、管制保護型的經濟體，成功地適應歐洲經濟與貨幣整合的挑戰，轉型成為一對外開放、具國際競爭力的經濟體，將在第四章中深入探討。第五章則是探討歐洲經濟整合的後進者（late comer）—英國的歐盟經驗。英國在延遲

了20年之後，以高度的經濟動機於1973年終於加入了歐洲經濟整合，它的參與是否達到原本的高度經濟期待，以及爲何歐洲經濟整合的成效成爲該國自加入至今國內社會持續爭議中的議題，均將在第五章中有深入的探討。第六章爲德、法、英三國實證經驗的研究發現的呈現與檢證理論的適用性。本章將透過對德國、法國、英國三國的實證研究，呈現出在不同的時空背景與國家體制條件下，此三國在何種成本與代價之下，是否、或如何受益／未受益於區域經濟整合的研究發現，並以此研究發現檢證經濟與政治理論學說在此三國實證案例中的適用性。第七章爲結論，本章將對德國、法國、英國的歐盟經驗做出一綜合性的比較與結論，繼而提出對我國參與區域經濟整合的政策啓示。

第六節　研究途徑、限制、與名詞定義說明

本書的研究途徑採取質化研究（qualitative research）途徑，主要以內容分析法、歷史研究法與政策分析法爲取得第二手間接資訊（secondary sources）爲主要研究方法，並輔以透過與德國、法國、英國相關事務主管官員的訪談，取得部分第一手的直接資訊（primary sources）。基於本研究的第一章與二章爲緒論與對區域經濟整合的理論回顧，因此，此一部分的資料蒐集與取得將透過現有的中、英文出版的資料文獻爲主，主要的研究途徑爲內容分析法與歷史研究途徑。本研究的第三章、第四章、與第五章爲針對德國、法國、英國等三國參與歐洲經濟整合的實證研究探討，因此政策分析途徑、歷史研究法、內容分析法、面訪等將爲主要的研究方法。官方資料的取得將主要透過面訪、三國政府以及歐盟官方於網際網路中所提供的資訊爲途徑。本研究的第六章與第七章爲研究發現的呈現與比較分析、評論，內容分析法將爲此二章節的主要研究途徑。

本書的研究限制來自範圍選取與資料使用兩方面。在範圍選取方面，本研究選擇德國、法國、英國等三國爲個案研究的範圍，儘管此三國

爲歐盟主要成員國且爲歐盟前三大經濟體，然而，作者認知到，一個完整且詳盡的實證檢驗與評估應是涵蓋所有28個歐盟成員國，惟在時間與文長的限制下，本書重點選擇三個具代表性的國家進行個案檢驗，而無法包含所有歐盟參與國，成爲範圍選取上的第一個限制。其次，歐洲經濟整合對參與國所帶來的影響包括經濟、政治、社會、文化等多方層面，本書因研究主題之故，偏向對經濟層面的關注以及其對國內社會所引發的附隨影響。在資料使用的限制方面，本書係針對德國、法國、英國等三國參與歐洲經濟整合的實證經驗進行研究，文獻蒐集的完整性應包括以德文、法文、英文等語言所出版的各式文獻。然而，由於作者語言能力的限制，本書資料選取範圍以英文出版資料爲主，而無法廣羅其他外文資料，對於非英語的文獻論述，成爲本研究在資料使用上的第一個限制。另外，本研究以德國、法國、英國等三國的歐盟經驗爲研究主體，在資料蒐集上以台灣本地的研究資源以及網際網路爲主要途徑，因此，未能在台灣以及網際網路上所蒐集到資料，無法爲本研究所使用，成爲本研究在資料使用上的另一個限制。

最後，在進入討論之前，若干使用上的名詞需先做一定義說明。首先，歐洲經濟整合是一個自1951年歐洲煤鋼共同體（European Coal and Steel Community, ECSC）成立以來，即持續發展的區域經濟整合運動。1951年在法國的倡議下，德國、法國、義大利、荷蘭、比利時、盧森堡等六國共同成立了ECSC。1957年ECSC六個創始會員國在荷蘭與比利時的提案下，簽署羅馬條約，將ECSC擴大發展爲關稅同盟，稱之爲歐洲經濟共同體（European Economic Community EEC），EEC與ECSC、歐洲原子能共同體（European Atomic Energy Community, Euratom）三者於1967年合併後合稱爲歐洲共同體（European Community），簡稱歐體（EC）。1993年歐體會員國決定深化整合運動，於荷蘭馬斯垂克簽署歐洲聯盟條約，建立以EC、經濟與貨幣聯盟（economic and monetary union, EMU）、共同外交與安全政策（common foreign and security policy, CFSP）等三支柱爲主體的歐洲聯盟，簡稱歐盟。因此，歐體爲歐盟的前

身，歐盟則爲歐體的擴大。「歐體」與「歐盟」兩個名詞在本書中常見交替使用，指涉的均爲歐洲經濟整合運動的本身，但所指涉的爲此一運動的不同時期。在1993年歐盟條約生效前的共同體，不論是ECSC、EEC、EC，本書以歐體稱之，在歐盟條約生效後，本書則以歐盟稱之。

其次，歐盟於1999年正式建立經濟與貨幣聯盟（EMU），並於2002年完成實體貨幣—歐元的發行，歐元至2013年已成爲17個歐盟會員國共同使用的貨幣（亦稱爲歐洲共同／單一貨幣）。因此，EMU、歐元等名詞在本書中亦會交替出現，所指涉的均是歐盟的共同／單一貨幣。最後，歐洲經濟整合是一由煤鋼共同市場擴大爲關稅同盟，再擴大爲共同市場、再擴大爲貨幣聯盟的動態發展，在本書中所指涉的是自1951年歐洲經濟整合以ECSC的型態啓動以來迄今，所有包含市場與貨幣整合的相關措施。

2 區域經濟整合的理論

第一節　導言

本書的目的在於以德國、法國、英國的實證經驗，探討區域經濟整合是否、以及如何可以爲參與國創造更佳的經濟效益與帶來更好的經濟發展，並以此三國的實證經驗與相關理論進行對話與檢證。因此，在進入對三國案例的研究之前，對於相關理論學說的論述作一回顧與呈現是必要的。

有關於區域經濟整合理論的立論分析主要分爲兩類，一類爲經濟學理論、另一類爲政治學理論。在經濟學理論方面，經濟學主流中的新古典經濟學（neoclassical economics）以及1980年代後興起的新經濟理論（new economic theories），對於區域經濟整合是否、以及如何可以帶來經濟福祉的提升，以其對經濟活動本質不同的理論假設與論述，各自提出不同的理論預期與觀點。在政治學理論方面，針對區域經濟整合議題提出較完整的理論分析架構的則有政府間主義（intergovernmentalism）與新功能主義（neofunctionalism）。政府間主義主要依循現實主義（realism）的脈絡發展出來，而新功能主義則主要是依循多元主義（pluralist theory）的脈絡所發展。兩者對於區域經濟整合爲何對主權國家而言是可欲的（desirable）以及其發展過程，各自有其不同的理論觀點與預期。本章將對上述的經濟學與政治學理論學說作一呈現與回顧。

第二節　經濟學理論學說

經濟學對經濟整合（economic integration）的定義爲：就靜態意義而言，經濟整合是一個狀態（the situation），係指各國經濟體因國界的消除而成爲一個更大的整體的事實；就動態意義而言，它是一個過程（the process），指的是會員國彼此間逐漸採取消除經濟國界的障礙，而逐漸形成出一個更大整體的變遷。經濟整合並非是目的之本身，而是爲更高的

經濟與政治目的而發動。經濟上的目的為希望透過經濟整合，達到生產專業分工與各會員國政策上的合作，以消除會員國間因市場分隔（market segmentation）而產生的經濟上不效益之情形，從而提高經濟福祉。政治上的目的則為，希望透過經濟整合而使得各國經濟因高度互相依存而降低軍事衝突的風險；對新興民主國會員國來說，經濟整合還希望能達到對其民主鞏固與人權保障的效果。前者為全球不同地區各式經濟整合運動的共同目的，後者則為歐洲經濟整合與歐盟東擴的主要原因（Molle, 1997: 7-8&13）。

　　就經濟目的之達成而言，經濟整合如何能為參與者帶來經濟福祉的提升，在經濟學理論方面，新古典經濟學與新經濟理論依據其各自對實存世界中關於市場運作、生產活動、與經濟成長動力的假說不同，對於區域經濟整合是否（whether）必然產生，以及如何（and how）產生，經濟效益與福祉的提升，有不同的看法與預測。

一、新古典經濟學

　　依據新古典經濟學理論假設，每一個經濟行為者都是理性而自利的，以成本效益（cost-efficiency）的思維從事經濟活動與計算經濟效益的極大化，價格機制（price mechanism）則在完全競爭（perfect competition）與產品同質化（product homogeneity）的自由市場（free market）中，為有限的經濟資源，包括資本與人力資源，決定最佳的資源配置（resources allocation）。新古典經濟學認為經濟成長（growth）係來自資本的累積、勞動力投入的多寡、與生產技術的進步此三項要素投入（input）影響的結果。如果資本與勞動力的投入增加兩倍，那麼產出（output）也將等比例地提高兩倍，從而帶來經濟成長，亦即所謂的固定規模報酬論（constant return to scale）。在生產技術沒有進步的情況下，資本與勞動力的投入將會在中期後達到均衡狀態，此一均衡狀態即是生產要素的最佳配置，此時，在均衡點對任何投入要素做數量上的變動，都會減損經濟效益的極大化。此一均衡概念（equilibrium）意謂了更多生產要

素的投入將不會帶來等比例產出的增長，經濟活動的邊際報酬（marginal returns）將會隨時間出現遞減的情況，意即所謂的報酬遞減說（the law of diminishing returns）。因此經濟成長會在短到中期的時間內出現，長期而言則不可能永久維持。至於國與國之間的貿易行為，依據新古典經濟學對於比較利益法則（comparative advantages）與「要素稟賦」（factor endowment）的論述，全球性的自由貿易（global free trade）是對每一個行為者的經濟福祉與效益增進之最佳途徑，反對任何阻礙自由貿易的保護性措施，如關稅與非關稅障礙（non-tariff barriers, NTBs），因為這些措施將影響生產要素的自由流動，破壞完全競爭市場的形成，使得比較利益原則無法發揮，從而無法達到資源的最佳配置進而傷害生產者與消費者的經濟福祉（Gilpin, 2001: 47-60 & 109-114）。

　　基於以上對市場是完全競爭、生產活動是固定報酬以及經濟成長係短中期要素投入的結果等理論假設。新古典經濟學對於任何尋求經濟區域主義（economic regionalism）／區域經濟整合的嘗試，不認為必然會帶來經濟福祉與成長的提升，因為全球性的自由貿易受到破壞，完全競爭市場將出現失真（distortion），資源因為市場價格機制與比較利益法則受到一定程度的限制而未能達到最佳配置，從而未能使經濟效益極大化。新古典經濟學是以貿易創造（trade creation）與貿易轉移（trade diversion）理論來衡量區域經濟整合是否、或如何能依比較利益法則帶來生產活動的專門化（specialization）從而產生經濟效益與福祉（Robson, 1998: 4-5）。

　　貿易創造與貿易轉移理論是由新古典經濟學家Jacob Viner在1950年首次提出，其後由Meade（1955a）、Lipsey（1960）、Johnson（1962）等人逐漸發展完備。新古典經濟學認為區域經濟整合一方面在該整合經濟體內，會員國間因降低或去除關稅而達到自由貿易所產生的貿易創造之正向效果（positive effects）；另一方面，對非會員國經濟，則因市場保護措施而產生貿易轉移的負向效果（negative effects）。貿易創造所產生的正向效果來自兩方面：對會員國的生產者而言，因關稅障礙的消失而能向其他會員國進口更低廉的原料進行更有經濟效益的生產；對消費者而

言，則可以因關稅的免除而享受到其他會員國更低廉的進口商品。貿易轉移的負向效果亦來自兩方面：對會員國的生產者而言，因對外關稅或其他保護措施的建立使得其必須由原本可由非會員國進口最低成本的原料，轉向成本較高的其他會員國進口；對消費者而言，其原本可享受到非會員國所提供的最低價格的進口品，則改由其他會員國的進口品替代。如果一項區域經濟整合的計畫所能產生貿易創造的效果大於貿易轉移的效果，依新古典經濟學的觀點而言，即能對會員國帶來福祉與效益的提升而視爲有益；反之，若貿易轉移的效果大於貿易創造的效果，則是降低會員國的經濟福祉與效益而視爲有害（Robson, 1998: 18-26; Zervoyianni, 2006: 68-74; Ginsberg, 2007: 99-103; Swann, 1996: 11-13）。依是項理論，區域經濟整合依其整合深化程度的不同，其所產生的貿易創造與貿易轉移效果也不盡相同。

　　區域經濟整合依整合深化的進程分爲以下五種類型：1.自由貿易區（free trade area, FTA），會員國彼此間去除關稅或限額等商品貿易障礙；2.關稅同盟（customs union, CU），對內各會員國間取消關稅，對外課徵共同關稅；3.共同市場（common market, CM），即在關稅同盟之上再加上生產要素（商品、服務、勞動力、資本）的完全自由流動；4.貨幣聯盟（monetary union, MU），MU就最低程度而言，會員國彼此間會固定匯率形成匯率聯盟（exchange rate union），就最高程度而言，會員國彼此間發行共同貨幣，採行共同貨幣政策形成貨幣聯盟（currency union）；5.經濟與貨幣聯盟（economic and monetary union, EMU），就最低程度而言，會員國彼此間進行財政政策的協調與合作，就最高程度而言，會員國形成共同財政政策，並有單一財政權責主管機制（Ginsberg, 2007: 97-99; Molle, 1997: 12; Swann, 1996: 3-8）。

　　舉例而言，在自由貿易區與在關稅同盟內，所產生的貿易創造與移轉效果的規模就存在差異性。在自由貿易區中，生產者與消費者皆因會員國間關稅消除而獲益，同時，會員國政府則不會因共同關稅政策而失去關稅政策的自主權，另一方面，對非會員國的貿易伙伴，則不會因共同關稅

的實行而發生貿易轉移的效果。相較之下，在關稅同盟內，生產者與消費者雖亦享有貿易創造的正向效果，但卻因共同關稅的實行而會對非會員的貿易產生歧視效果，從而發生比自由貿易區規模為大的貿易轉移效果，同時會員國政府的關稅自主權亦因共同關稅政策受到限制。因此，就貿易創造與移轉的理論而言，自由貿易區較關稅同盟更能創造經濟效益與福祉。惟自由貿易區可能因會員國彼此間關稅稅率的不同，而產生關稅同盟所不會發生的貿易偏向（trade deflection）情形，意即進口品將會選擇關稅最低的會員國進入該經濟體，但此一進口偏向卻未必是流入生產最有效率的會員國中，而有資源配置失真的可能（Robson, 1998: 28-36; Zervoyianni, 2006a: 67-74）。同時，在自由貿易區中，因競爭擴大而受損的行為者則未能如在關稅同盟內，因有共同關稅而實行的區域與結構政策（regional and structure policy）受到補償。因此，經濟整合依其深化程度的不同，其所產生的效益與福祉的增減亦不相同。原則上而言，隨著市場整合程度越高與生產要素越自由流通，經濟效益與福祉應會隨整合的深化而增加。

就歐洲經濟整合的實證經驗而言，其在1960與1970年代整合運動發展順利期間，為會員國產生約10%-30%比例不等的貿易創造，貿易移轉則只有約2%-15%的比例；在1985-1993年邁向共同市場的完成期間，則為歐盟十五國每一生產部門平均帶來3%的貿易創造，對競爭激烈的生產部門，更帶來達8%比例的貿易創造，同時卻沒有對第三國產生嚴重的貿易轉移效果；歐盟對其他地區，尤其是歐洲自由貿易區（European Free Trade Area, EFTA），其貿易量甚至是成長的情況。因此，依照新古典經濟學的貿易創造與轉移的標準，歐洲經濟整合確實為參與國帶來經濟效益與福祉的提升。然而，儘管歐洲經濟整合所帶來的貿易創造成效顯著，但依古典經濟學理論的估計，其所能增加的經濟福祉卻是適度而有限的，對所得效果（income effect）僅產生不到1%的提升（Molle, 1997: 135-137）。

然而，新古典經濟學理論卻不能解釋為何實證上歐洲經濟整合

並未如該理論所預測，會因貿易創造與移轉效果，依照比較利益法則，出現大量不同部門／產業間的貿易與分工（inter-industry trade and specialization），卻反而出現極大的比例是同一部門／產業內部間貿易（intra-industry trade）與部門／產業內部間分工（intra-industry specialization）的情況。根據歐盟執委會（European Commission）的調查，在1980-1994的十五年間，會員國在製造業產品的生產分工上愈形專業與分殊化，如德國傾向於高階商品的製造；英國、荷蘭、比利時、盧森堡等國長於中階商品的製造；義大利、西班牙、葡萄牙、希臘長於低階商品的製造（Ibid.: 130-132）。因此，針對新古典經濟學理論的不適用性（inapplicability），非主流學說的新經濟理論則在1980年代後期興起。新經濟理論以規模經濟、不完全競爭市場、競爭、創新與投資效果等不同於新古典經濟學的概念，對歐洲經濟整合出現大量產業內部貿易的事實，提出新的理論觀點與解釋。

二、新經濟理論

新經濟理論學者，如2008年諾貝爾經濟學獎得主Paul Krugman，批評新古典經濟學對區域經濟整合的分析僅在貿易創造與移轉等靜態效益（static effects）層面，而忽略了其所帶來的動態效益（dynamic effects）。依新經濟理論的假說，實存的經濟世界是一不完全競爭市場（imperfect market），產品非同質而有差異化（product differentiation），生產過程並非是固定報酬經濟而有規模經濟（the economics of scale）的現象，因此，邊際報酬因規模經濟帶來單位生產成本的降低得以持續出現成長，而非遞減，經濟成長則因規模經濟而變得有永久維持的可能性（permanently sustained），而非如新古典經濟學所預測只存在於短至中期（Cuaresma *et al.*, 2008: 643-4; Kottaridi, 2005: 100; Gilpin, 2001: 106-117; Robson, 1998: 37-39 & 48-50）。基於以上假說，新經濟理論認為區域經濟整合將對生產過程發生以下改變，而達到經濟福祉與效益的提升：

- 會員國間因關稅消除市場區分而由原本非完全競爭市場逐漸走向更趨完全競爭的市場，本國廠商原本因市場區分而享有的寡占利益與定價能力都將因此降低，而面臨更多來自其他會員國的競爭；

- 在競爭增加的情形下，有較佳效率與學習調適能力的廠商可因生產過程更具效益而可對產品做長期規劃；

- 競爭對手增加也將使得廠商去生產更能獲利的產品，而增加了產品的多樣性；

- 廠商的生產行為將愈趨分工與專業化，以達到更有效率的生產與規模經濟所帶來的成本的下降（Robson, 1998: 84-5）。

以上因區域經濟整合所帶來生產行為的改變，都將使得會員國內的廠商更趨向有競爭力（pro-competitive）的轉型，鼓勵廠商進行更多的生產投資，從而帶來科技創新與更有效益的生產。因此區域經濟整合將會透過競爭效果、規模經濟效果、投資效果等三項動態效益，達到促進經濟成長的目的（Robson, 1998: 84-5; Zervoyianni *et al.*, 2006:82-88）。另一項動態效益則來自於個別會員國在區域經濟體內可享受到對外議價能力的增加，更能影響世界商品的價格，而在規模經濟之外，亦享受到規模政治（the politics of scale）的優勢（Zervoyianni, 2006a: 75; Robson, 1998: 41; Ginsberg, 2007: 3）。

根據以上假說，新經濟學理論可以解釋為何歐洲經濟整合是產業內部的貿易型態多於產業間的貿易，因為在規模經濟與產品異質化的現象下，即使產業結構、貿易條件相似的兩國，亦會因生產日益分殊化而發生貿易行為。同時依照該理論對經濟整合的動態效益觀點，將會產生數倍於靜態效益的結果。以歐洲經濟整合為例，經濟學者Mendes（1986: 266-72）指出，若採用新古典經濟學的靜態效益標準，估計該整合運動在1961-72年間僅對經濟成長產生0.2%的增加；但若採用新經濟學的動態效益標準，則該運動在1974-1981年間，對經濟成長產生0.64%的增加。

因此Mendes（1987: 28-9）認為，衡量主權國家是否應參與區域經濟整合的最終指標不應只是貿易量的變化而已，而應以其是否可帶來國民所得的成長，因為一國經濟福祉的提升（welfare gains）不等於國民所得的提升，他因而批評新古典經濟學的衡量區域整合效益的標準是不確實的。Eichengreen（2006: 181）亦指出，如果只以貿易創造／轉移的靜態效果衡量，歐洲共同市場的實施每年所帶動3.2%的貿易增長，對GDP的年成長僅帶來0.33%的貢獻。然而，如果以競爭效益、FDI的增加等動態效果衡量，共同市場在實施的第一個十年期間（1959-69）即為會員國的所得水準帶來4%-8%的增長，其中又以FDI所帶來的科技移轉效果對歐體會員國最為重要，因為在歐體會員國所增加的FDI中以美國的投資占最大宗，這對當時科技水平仍落後於美國的歐洲國家而言，能在FDI的成長中享受到科技移轉的好處。歐盟執委會則預估，以靜態效益而言，實施歐洲單一市場應可為GDP增加2.7%，若採動態效益觀點，則規模經濟與競爭效果將可再為GDP帶來2.1%的增長（Zervoyianni, 2006a: 88-90）。

然而，新經濟學理論所提出的動態效益論在沒有足夠充分的實證研究下，很難一般化，或明確量化。不易清楚量化因此成為新經濟理論最為新古典經濟學理論者所批評之處。除此之外，新經濟理論所預期的動態效益，在實證上也不如所預期得可觀。歐盟執委會在1996年對單一市場實施十年成效所做的檢驗研究中也發現，動態效益如競爭效果、市場效能（market efficiency）等確實在經濟整合中出現，然而其在1994年為歐盟整體帶來1%-1.25%的GDP增長，其實遠不及原先估計（4.5%）的為多（Schirm, 2002: 61-2）。同時，根據Allen *et al.*（1998: 441-86）對歐洲單一市場成效評估的研究，小國獲益顯然比大國來得多（為其GDP帶來約10%-20%的貢獻）。

經濟學界不僅對如何正確地計算區域經濟整合所帶來的成長效益無法達成共識，至於區域整合參與者最關心的：哪些參與國會較其他國更受益於區域經濟整合？新古典經濟學與新經濟理論同樣有觀點不同的預測。依照新古典經濟學理論，在區域經濟整合的驅動下，資本會往發展

落後的會員國（poorer members）移動以期能提供較高的報酬率，從而
爲落後國帶來資本累積，拉近與發展先進的會員國（richer members）
之間的經濟差距，加速兩者彼此聚合（convergence）的過程，而隨著
經濟整合程度越深，聚合的速度也隨之加快。然而新經濟理論則認爲，
參與區域整合不一定能爲落後會員國帶來更快的經濟發展而拉近與先進
會員國的距離，必須視區域整合是否有爲落後國帶來科技與知識的外溢
效果（technology and knowledge spillover effects）。依據該理論，規模
經濟、人力資本（human capital）、研發投入（R&D）等攸關創新科技
（innovative technology）的因素是經濟能否持續成長的驅動力。有時發展
先進國因其在研發與人力資本的既有優勢而可持續拉大其與落後國在經濟
發展上的差距，在此情況下，兩者間的經濟聚合不會發生反而擴大差異
（divergence），帶來區域內極化（polarization）的發展結果。如果落後
國因參與區域經濟整合而吸引FDI，並因此產生科技外溢效果，那麼落後
國則有較多的機會拉近與先進會員國的差距，至於科技與知識外溢效果
的能否實現，則有賴於落後國提供相當素質的人力資本（Martin and Sanz,
2003: 206-9; Pardo, 2005: 459-460）。

　　簡要而言，經濟學理論，不論是新古典經濟學理論還是新經濟理
論，皆著重在分析區域經濟整合所帶來的經濟效益與福祉得失的「結果
面」（outcome），儘管兩項經濟學理論對於應採行何種標準以衡量此一
經濟效益與福祉的得失，彼此間不盡相同。相較之下，政治學理論則從權
力（power）、利益（interest）、功能治理（functional governance）、國
家中心（state-centric）等概念，觀察與分析涉及到主權讓渡的區域經濟整
合爲何會被主權國家所欲？以及參與的過程中，其效益得失如何在各政
府間、政府與利益團體間、利益團體與體制組織之間展開互動的「過程
面」（process）。

第三節　政治學理論學說

在政治理論方面，政府間主義與新功能主義對於主權國家爲何、以及如何參與區域經濟整合，提出較完整的理論建構與論述。政府間主義是在國際關係學門中的主流——現實主義的脈絡下，對於限制國家主權的區域經濟整合爲何會在國際政治中出現與發展，提出一相對應的理論。新功能主義則是對主流的現實主義提出批判與反思的理論觀點。

一、政府間主義

由Stanley Hoffmann所提出的政府間主義以現實主義的概念爲核心，主張主權國家是國際關係中的主要行爲者，而區域經濟整合的發展則是與國際體系的變化有關。主權國家選擇參與區域經濟整合的動機在於保護與促進本國利益。主權國家在區域經濟整合中的參與則是由該國政府所代表。由於政府享有法律上的主權地位與政治上的合法性，因此是整合運動中最有權力的行爲者，控制著整合運動的方向與速度。此理論認爲，政府對區域經濟整合的參與決定不是僅單純反應國內利益團體的要求，而是受到一國在國際體系中的位置以及國內因素（domestic concerns）所影響，是一複雜政治計算的結果。國內因素包括參與區域經濟整合對國內經濟的衝擊以及對執政黨選舉勝算等因素。在所謂的「低政治」（'low politics'）的政策領域，利益團體確實可能影響政府對區域經濟整合參與的決定，但是在「高階政治」領域（'high politics'），例如國家安全與國防，政府的決定則可能與國內利益團體的要求相左。依此觀點，區域經濟整合的本質是政府之間的（intergovernmental）活動，整合運動能發展到多遠，取決於會員國政府的態度（George and Bache, 2001: 12-13; Verdun, 2002: 10-11）。

此派理論家Andrew Moravcsik於1990s年代在增加對國內經濟利益與調和利益衝突的分析後，進一步提出政府間主義的精進版—自由政府間主義（liberal intergovernmentalism）。他採用Putnam的雙層次遊戲（two-level games）的概念，解釋主權國家爲何、以及如何參與區域經濟整合。他表示，政府對區域經濟整合的立場偏好決定於國內層次（domestic level），然後再以此國內利益作爲其在國際間協商議價的基礎。他以此一分析架構應用在歐洲統合過程中的五項案例——羅馬條約的制訂、共同市場與共同農業政策（common agricultural policy, CAP）的強化、歐洲貨幣機制（European monetary system, EMS）、單一歐洲法、歐洲聯盟條約等，歸納後指出，對於歐洲經濟整合的選擇所反應的是會員國政府，而非超國家組織機構的偏好，且這些政府立場偏好反應了經濟利益的平衡，主要爲國內最具力量的生產者的商業利益（commercial interests of powerful economic producers），次要是政府經濟管理的政策偏好，由兩項因素所產生。國際協商的結果是反應會員國彼此間相對議價能力的大小，對於超國家組織機構的授權則是爲保證協議能被各方確實執行，而非出於對聯邦主義追求的意識型態（Moravcsik, 1991: 42 & 67 & 73-75; 1993: 474 & 485; Rosamond, 2000: 135-6）。

　　然而，以現實主義觀點詮釋區域經濟整合的發展受到新功能主義的批評，而歐洲經濟整合在1950與1960年代的順利發展則提供新功能主義一相對有說服力的理論位置。

二、新功能主義

　　新功能主義是在功能主義（functionalism）的基礎上發展開來。功能主義是由David Mitrany所提出，此一理論時並非是針對區域整合運動的發展，而是針對如何建構世界和平的思考。在其所著的*Working Peace System*一書中，他認爲國際聯盟（Leagues of Nations）的失敗所導致的二次大戰發生顯示，國際社會需要發展國際聯邦（international federation）概念，然此一國際聯邦卻不是由主權國家組成，而是依照功能性質，例如健康管理、鐵路建築、航運、郵政等，由一系列國際功能性機構（international functional agencies）所組成，由此類國際功能機構管理人類生活，其目的在將功能技術性的管理工作由主權國家轉移至國際功能性

機構；當越多的功能技術性工作被轉移，主權國家將越無法享有單獨行動的能力。此一趨勢的持續發展將使得主權國家終將發現自身已經深陷國際活動與機構的綿密網絡中，而人民與政治人物將因此逐漸減低國家主義／民族主義（nationalistic）的態度與觀點（George and Bache, 2001: 6-7; Verdun, 2002: 10-11; Rosamond, 2000: 50-1; 張亞中，1998: 12-5）。

Mitrany以功能主義將主權國家的權力去政治化以消解主權國家所引起的戰爭風險此一概念，成為二次戰後歐洲聯邦主義（European Federation）者，如Altiero Spinelli與Ernesto Rossi的政治主張，並首次被戰後的法國政府所接受，落實在由Jean Monnet所規劃的「舒曼宣言」（Schuman Plan）中。在此宣言中，法國提議由歐洲各國組成一功能性的煤鋼管理機構，稱之為歐洲煤鋼共同體（ECSC），共同集中管理歐洲各國煤與鋼的生產與分配，以解決戰後歐洲煤鋼市場的供需問題，並將戰爭涉及到的基本物資由主權國家手中轉移至獨立的區域性機構。ECSC的具體實踐成為新功能主義建構的理論內容與核心（George and Bache, 2001: 7-8; Rosamond, 2000: 52-3）。

不同於國際關係學門中現實主義的主流觀點，Ernst Haas於1958年在其所著的*The Uniting of Europe*一書中所提出的新功能主義則不以主權國家為理解國際關係的基本分析單位。其為多元主義的國際政治版本，不認為國家是單一統一的行為者，也不認為國際事務中只有主權國家為唯一的行為者；此理論認為，主權國家願意讓渡部分主權與他國更進一步融合的原因在於，科技與經濟的發展使得國家必須將部分功能性事務交由超國家組織來管理，以此一新途徑解決國家間的利害衝突（Haas, 1970: 610; George and Bache, 2001: 9; Verdun, 2002: 10-11; 張亞中，1998: 17-23）。其主要論點如下：

- 國家（'the state'）的概念遠比現實主義者所理解的複雜，它的決定會受到利益團體與官僚組織的多元力量所影響；

- 利益團體與官僚組織行為者的活動不侷限在國內政治，而會在國際事務中與他國立場相近的利益團體合作，形成超國家主義（transnationalism）與超政府主義（transgovernmentalism）；

- 非國家行為者（non-state actors）亦是國際政治中重要的行為者；

- 歐洲整合會在「外溢效果」（'spill-over'）的壓力下不斷前進與發展（George and Bache, 2001: 9）。

「外溢效果」的提出成為新功能主義不同於功能主義之處。新功能主義者預期，由於外溢效果的發生，使得主權國家一旦展開功能性整合，此一整合就會不斷地自行擴展下去，其範圍將超過主權國家的預期。外溢效果推動進一步整合的驅動力，一方面來自超國家機構對於某一事務的管理必然會外溢到新的相關政策領域，稱之為「功能性外溢」（functional spillover）；另一方面來自國內利益團體、政黨與超國家組織對經濟自利性的要求，這些在整合過程中獲益的經濟利益團體為保有原先的經濟整合的成效，必會在國內與國際政治上進一步推動更大的經濟與政治整合，稱之為「政治性外溢」（political spillover）與「培養性外溢」（cultivated spillover）。區域經濟整合的產生與不斷擴大即是來自工業化、現代化、民主參與等這些鑲嵌在現代經濟體系中的結構性因素。（Ginsberg, 2007: 88-89 &106-107; Gilpin, 2001: 348-57; Jones and Verdun, 2005: 15-18; Rosamond, 2000: 58-65; 張亞中，1998: 19-20）。

簡要言之，政府間主義與新功能主義以其對國家角色本質的不同認知與假設，各自提出對主權國家為何、以及如何參與區域經濟整合的理論觀點。以全球發展最久、也最深化的區域經濟整合運動──歐洲經濟整合而言，兩者對此一運動的發展各自有解釋力，亦各自有其適用性限制。在歐洲經濟整合迅速且順利發展的1950年代與1960年代，例如對歐洲各國由關稅減免擴大到實施共同市場、由共同農業政策擴大到共同貨幣政策、由共同貨幣政策擴大到共同經濟與區域政策，新功能主義的「外溢效果」說可提供一具解釋力的理論觀點。然而，歐洲經濟整合在1970年代

因單一會員國政府——主要來自法國總統戴高樂（Charles de Gaulle），的杯葛而陷入「空椅危機」（'empty chair crisis'）的事實，則又較符合政府間主義的理論預期。歐洲經濟整合的發展因此成為兩派理論者之間，針對區域經濟整合的本質不斷對話與爭辯的焦點。

第四節　結語

平行於實存世界的發展，以上的理論學說提供我們對於區域經濟整合作為一國經濟發展與成長策略——理論性的基礎與理解。基於區域經濟整合涉及到經濟與政治等多重面向，經濟學理論與政治學理論各自以其知識背景提出對此一現象的預期與解釋。

經濟學理論中的主流學派——新古典經濟學，以其對經濟世界的假設與核心概念，例如完全競爭市場、產品同質性、固定規模報酬說、邊際報酬遞減說、比較利益法則等認為，區域經濟整合未必能對資源達到最好的配置，因而未必可以提升參與國的經濟福祉。參與國是否能在經濟上受益於參與區域經濟整合，需視貿易創造是否大於貿易轉移。新經濟理論則以不同的理論假設，例如不完全競爭市場、產品異質性、規模經濟說、投資與競爭效果等動態效益的概念，認為區域經濟整合可以為參與國帶來經濟福祉與效益的提升。儘管新古典經濟學與新經濟理論以不同的概念與標準來衡量區域經濟整合的效益，兩者均著重在分析區域經濟整合所帶來的經濟福祉之得失的「結果面」。

相較於經濟理論學說，政治理論學說——不論是政府間主義還是新功能主義，顯然較專注於解釋區域經濟整合的「過程面」，關注於主權國家為何、以及如何參與區域經濟整合的過程。政府間主義認為，主權國家選擇參與區域經濟整合是基於國家利益的保護與促進，政府，而非利益團體或超國家組織，是此一運動中的主要行為者，而國家利益的實現與增進，則視參與國彼此間相對議價能力的大小。相對地，新功能主義則認

爲，因應現代科技與經濟發展的需要，政治行爲者，包括主權國家與利益團體，會尋求以參與區域經濟整合的方式，制訂功能性的區域性政策以解決國家間的利害衝突並增進其利益。整合運動一旦發展，則會超出主權國家的控制，會因外溢效果的發生不斷地擴大與持續。

值得注意的是，兩項政治理論學說不同於經濟理論學說，均未直接言明區域經濟整合運動是否必然有利於經濟福祉的提升，卻都以參與整合運動係出於功能性福祉的提升（welfare-raising），如新功能主義者，或是尋求國家利益的角度來論述，如政府間主義者，似均隱含了同意區域經濟整合「可以」爲參與國帶來經濟實益此一立論前提。

以上的經濟與政治理論學說在實存世界中各自有其解釋力與侷限性。本研究將以德國、法國、英國參與歐洲經濟整合的實證經驗，對上述理論學說分別進行檢證，並對各理論在三國案例中的適用性做一綜合性評比。

3

德國參與歐洲經濟整合的實證經驗

第一節　導言

德國自1951年歐洲經濟整合啓動之初——即ECSC，便開始參與歐洲經濟整合，是歐洲統合六個創始會員國之一。作爲歐體／歐盟的最大經濟體以及歐洲統合的領導國家，德國是少數參與歐洲經濟整合經驗最完整的國家之一。基於其爲歐盟會員國中產業競爭力最佳以及最大出口國的事實，德國向來支持歐洲經濟整合中每一次深化與廣化的推動，例如歐洲共同市場的建立、單一市場的完成、會員國的擴大等。也是基於同樣的理由，德國亦被認爲是歐洲經濟與貨幣整合中的主要，如果不是最大，受益國。然而，事實上，經濟利益並非是德國參與歐洲經濟整合的最主要目的。作爲二次大戰的戰敗國，德、法和解（German-Franco reconciliation）與重新獲得國際社會接受的立即需要，促使戰後德國的艾德諾政府立時擁抱歐洲經濟整合的構想。對德國而言，參與歐洲經濟整合除了能自同盟國手中重新取回魯爾區以利戰後國內經濟的重建，更重要的是，它提供德國在國家認同（national identity）與國家重新定位（re-orientation）兩者上一新的歸屬，從而得以迅速擺脫過去納粹德國與戰爭罪惡的陰影（Pritchard, 1996: 154-64; Marcussen *et al.*, 1999: 623）。

德國參與歐洲經濟整合超過半個世紀，在政治上，其成功地重建了德國因戰爭而受損的國家認同與定位；在經濟上，其所提供的歐洲單一市場與單一貨幣帶動德國經濟成長爲全球前三大經濟體。基於政治與經濟上的顯著實益，歐洲經濟整合始終被定義爲是德國國家利益的一重要部分，也因此有別於法國、英國，德國是此一區域經濟整合計畫中，最忠實的支持者與推動者。德國如何受益於參與歐洲經濟整合？其所影響的因素有哪些？它付出何種的參與成本？即爲本章所欲探索的重點。

第二節　德國參與歐洲經濟整合的效益

　　參與歐洲經濟整合對德國經濟所帶來的影響可從經濟性與非經濟性兩者分別討論。前者是較易觀察到的出口貿易的變化所帶動的經濟成長與所得提升效果；後者則是較難以量化、但其效益可能較前者更形重要的——透過歐洲經濟整合所取得的歐盟經濟領導國之地位，以及在國際政治中因此一歐洲經濟領導地位所賦予德國的規模政治效果。

一、經貿性效益：出口貿易增長所帶動的經濟與所得成長

　　作爲以出口帶動成長（export-led growth）的經濟體（60%的德國經濟成長來自出口部門），德國從戰後迄今的經濟管理原則即爲推動自由貿易以利德國商品出口來維持經濟成長，因此向來爲歐洲經濟整合的倡議者與支持者（Anderson, 2005: 89; Siebert, 2005: 5; *The Economist*, 'The export model sputters', 7 May 2009, http://www.economist.com/printerfriendly.cmf?story_id=13611300, accessed 28 August 2009）。當荷蘭於1955年首次提議ECSC會員國應創建一個會員國彼此之間的共同市場，即獲得德國積極支持。歐洲經濟共同體（EEC，亦稱歐洲共同市場）於1958年成立，作爲全球最大製造業商品出口國（the world's largest manufacturing exporter），[1]德國想當然爾地受惠於歐洲經濟整合所帶來的更大與更開放的市場。然而，如同德國知名的經濟學家H. Siebert所言（2005: 319），欲評估歐洲經濟整合對德國經濟的影響其實是一個反事實的問題（a contra-factual question），因爲我們很難比較如果歐盟不存在，德國經濟會如何發展。他認爲，毫無疑問地，參與歐洲經濟整合爲德國帶來貿易量顯著的提升與生產專門化的經濟效益。確實，德國與歐體會員國之間貿易

---

[1]　德國自1989年之後成爲全球第二大製造業商品出口國，僅次美國，自2004年後，超越美國成爲全球最大製造業商品出口國，以其勞動人數爲美國三分之一的比例而言，其國民平均製造業商品出口能力亦爲全球最高。參見*Fortunes*, 'Manufacturing matters', 28 February 2006, http://money.cnn.com/magazines/fortune/fortune_archive/2006/03/06/8370712/index.htm。

量在1958-1988年的三十年期間，以每年9.5%的成長速度，由原本占其貿易總額的37.9%逐年持續成長到1988年的54.4%，在其鉅額的貿易盈餘中（trade surplus），超過60%是來自與歐體國家間的貿易（Scharrer, 1990: 3）。在2005年歐盟東擴爲27國之後，貿易量更擴增到2007年的64.7%（Eurostat, 2009: 54）。

Siebert 認爲（2005: 5-7），與歐體／歐盟國家貿易量的提升對德國經濟成長帶來實質助益。從需求面而言，他認爲歐體／歐盟市場對德國產品的出口需求帶動國內景氣，鼓勵企業增加投資，減少對未來的不確定而有益於就業與所得的提升，從而帶動國內的消費需求。從供給面來看，他認爲貿易提供德國經濟更多的消費性與中間財的商品（intermediate inputs），擴大了德國經濟的生產能力，使德國經濟受益於生產專業化與提升經濟成長。如果以出口占德國GNP的35.5%，而其中近三分之二是與歐盟間貿易的事實來看，德國有超過五分之一的工作提供是依賴於歐盟此一單一市場。

然而，與歐體／歐盟國家貿易量的顯著成長是否可完全歸功於歐洲經濟整合此單一因素？Scharrer（1990: 4-5）認爲這是一個很難釐清的問題，因爲以Sautter的實證研究發現，全球貿易的區域化（regionalization of world trade）其實是地理、文化、經濟等多項因素長期所產生的結果，由政策倡議所推動的區域整合其實只居次要因素。同時，將歐洲假設爲如果沒有歐洲經濟整合將會是完全封閉與關稅壁壘的各國市場，使德國無法與歐陸鄰國進行貿易活動而使國內經濟停滯，也同樣地不切實際，因爲戰後國際經濟環境即是在美國透過GATT的推動下建立全球更自由的貿易環境。因此，他認爲，參與歐洲經濟整合對德國最大的影響是在於此一運動所提供一個由體制（亦即歐體的超國家機制，如歐洲法院等）所保障的區域自由貿易體系。德國的生產者因此被保證享有市場接近的權利，而得以一更大的全／泛歐洲市場觀點規劃生產、投資、銷售分配與研發等活動而出現規模經濟效益。

Lindler & Holtfrerich（1997: 413-4）採同樣類似的質化觀點

（qualitative perspective），肯定EEC對德國經濟的貢獻。他們認為，自由貿易區或許可同樣為會員國提供自由貿易的環境，然而卻無法保證所有關稅都會消除，同時，非關稅障礙（NTBs）仍將存在，致使經濟整合所預期的更大市場對生產活動的正面效益無法完全發揮，而非關稅障礙對自由貿易的傷害其實更甚於關稅減讓，EEC此一關稅同盟／共同市場的安排所能達到的市場整合—從生產要素的自由流動、法規的調和到政策的協調—都非自由貿易區所能及，從而帶給德國產業更多的機會與成長。

德國外交部資深主管級官員在接受作者訪問時即相當認同此一市場體制觀點（訪談於2013年8月1日於台北進行）。此一不願具名的資深外交官員以其過去曾經派駐歐盟的經驗指出，歐洲經濟整合對德國經濟最大的意義就是在於其保證市場導向的機制與規範（'market-oriented approach'）會無差別性的、公平的適用在全歐盟會員國，提高了整個歐洲市場的可預測性與穩定性，以德國近70%的貿易是與歐盟會員國進行的事實而言，市場導向機制有利於德國企業在歐洲市場中進行貿易、投資與競爭活動，歐洲經濟整合因此使得歐洲成為一個動態的、一統的市場。

儘管參與歐洲經濟整合的效益不易明確釐清，經濟學家仍嘗試以不同的經濟模型推估對德國帶來的量化效益。Lindler & Holtfrerich（1997: 412-3）的研究指出，德國在1950-1992歐洲共同市場建立與單一市場完成的四十餘年期間，它與EEC及歐洲自由貿易區（EFTA）的貿易均有成長，前者成長較後者為快，此一事實顯示，EEC為德國帶來了顯著的貿易創造的正面效益，但卻沒有帶來貿易移轉的負面效益。[2]其中在1959-1973年期間EEC初創時期，德國商品出口出現快速成長而帶動所得提升，此一所得成長的推升，很大程度上歸因於歐洲共同市場的出現，帶動資源因生產專業化而有更佳配置、規模經濟效應使德國廠商有更好的報酬、競爭與

2　Linder & Holtfrerich (1996: 412) 提出一個簡化的衡量貿易創造與移轉的方法，即如果會員國間的進口貿易量因經濟整合而提升，代表貿易因關稅消除而被創造；如果會員國因參與整合而與非會員國的進口貿易量出現下降，則代表貿易因區域內人為條件而轉移。

投資效應等多重因素。

　　此一從貿易創造與轉移的變化來衡量EEC對德國的經濟效益並不為Mendes（1987）所認同。他批評這些貿易數量的變化不等於是真實所得水準與經濟成長的變化，並不能作為評估整合效益的觀察。他以經濟整合對GDP成長的影響為衡量標準，推估在1961-1972年期間，德國為EEC會員國中貿易量成長總量最多者，然此時期EEC並未為德國的經濟成長帶來正面效益而有-0.02%的些微減少，這是因為德國所獲得的貿易創造被進口品短期快速的增加抵銷所致，但在1974-1981年期間，歐洲經濟整合則為德國經濟成長貢獻0.91%，占平均總成長（2.65%）比例的三分之一以上。至於整合帶動經濟成長的主要原因，他認為主要來自出口的成長，因而出口能力是一國是否能受惠於參與經濟整合的關鍵（1987: 96-100）。他的研究發現與Lewer & Van den Berg（2003: 363-96）的論點相似，亦即出口每增加1%，即可為參與國的經濟成長帶來0.2%的增加。德國作為全球最大的製造業商品出口國，其優越的出口競爭力，是歐洲經濟整合的主要受惠國。

　　Badinger（2005: 69-74）同樣以對所得與經濟成長的影響為標準，推估歐洲經濟整合在長達半世紀的時間（1950-2000）中，為德國平均國民所得（GDP per capita）帶來25.6%的增長，亦即如果五十年前德國沒有參與歐洲經濟整合，其國民平均所得將比現在減少四分之一的水準；平均而言，歐體／歐盟一年為德國經濟成長貢獻0.5%。與Mendes及Lewer & Van den Berg不同的是，Badinger認為整合之所以能帶動經濟成長是生產效率提升與科技及投資帶動的效果（technology and investment-led effect）所致。其中因整合所帶動的投資增加對德國所得增長的效果尤為顯著，估計占整體所得增長效果比例達52.8%-80.3%。儘管Badinger認為整合對經濟成長的效果是肯定地，然而他亦指出此一整合帶動的成長效果係屬一時的（temporary nature）而非永久性的（permanent effects）。

　　如果以代表深度市場整合的歐洲單一市場（single European market, SEM）實施的前後時期來觀察，德國經濟成長的變動大致符合Badinger所

謂一時的成長效果的論點。以1986-1992年單一市場完成期間而言，投資出現顯著的增加，由占GDP的4%逐年成長到10%，並且因而創造了300萬個新工作，但自1995年單一市場完成之後，投資成長則從23%的高峰下降到2002年的18%；出口部分，在1985-1990年期間，增加了15.7%，較之1980-1985年期間單一市場推動前，出口為-1%的負成長有顯著增加；經濟成長部分，在1985-1990年期間年平均為2.9%，較之1980-1985年期間的平均1.5%，成長了近一倍，而到了1995-2003年期間，則又下降到1.2%（Scharrer, 1990:10; Schirm, 2002: 83; Sibert, 2005: 18; 39&45）。這些事實顯示，歐洲的市場整合計畫確實為德國經濟帶來一時之效，然而，此一階段性效果會隨整合計畫的完成而逐漸減低。

二、參與歐洲貨幣整合的效益

　　如果市場整合對經濟成長帶來的成效是一時性的，那麼歐洲貨幣整合（European monetary integration）則為德國經濟帶來較為持久性的助益。如前所述，德國為出口帶動成長且為全球平均國民出口量最高（the world's highest per capita exports）的國家，除了自由貿易的國際環境之外，另一項攸關德國經濟福祉的議題即為匯率的穩定與維持偏低／低估（undervalued）的幣值。戰後歷屆德國政府的經濟發展策略乃係維持德國貨幣——馬克（deutschmark）的低估以利出口競爭力的重商主義路線（Huffschmid, 1998: 90-1）。然而，隨著德國經濟在戰後的迅速成長與布列敦森林體系在1970年代初期的瓦解，德國馬克不斷面臨升值的壓力，衝擊占德國GDP三分之一的的出口部門（Schirm, 2002: 74）。因此，如何維持馬克的穩定且不至升值過速影響出口部門的利益就成為70年代以後德國主政者的關切重心。

　　1979年創建的歐洲貨幣體系（EMS）則為德國提供一個以歐體會員國全體之力所保障的穩定匯率環境。在EMS體制下，會員國的雙邊匯率浮動不超過中心匯率的2.25%，稱之為歐洲匯率機制（exchange rate mechanism, ERM）。ERM為德國提供一個可以繼續維持偏低幣值的保護

傘，解決了德國馬克不會因市場需求而升值過速的問題，從而有利於德國的出口產業（Karsten, 1990: 44）。德國的貿易盈餘在EMS未實施前的1970年代為1427億美金，在EMS實施後的1980年代成長近三倍，大量累積到3990億美金即為顯例。Huffschmid（1998: 90-91）與Scharrer（1990: 5）因此均認為，德國在參與EMS時期對外貿易表現上的成功是建立在其他EMS會員國的貿易赤字增加的代價之上，因為以EMS穩定運作的1980年代而言，EMS的主要經濟體中，只有德國此單一國家有鉅額的貿易盈餘，其餘法國、義大利等國皆為貿易赤字。法國的貿易赤字由1970年代的93億美金小幅赤字，於1980年代大幅擴大到833.5億美金；義大利則由1970年代的126億美金的赤字，擴大到444.6億美金。義大利即抨擊德國馬克作為EMS的樞紐貨幣（pivotal currency）卻長期維持低估的水準，造成EMS其他會員國貨幣的偏向高估而以其他會員國的經濟成長為代價（Hendriks and Morgan, 2001: 79）。對於德國受益於偏低的匯率從而享有鉅額貿易盈餘的現象，Hallett（1990: 101）則解釋，這是因為德國企業擅長於非價格（non-price）競爭力的產業特性，使得匯率上如果出現些許偏低（a slight fall）的情況，就容易在出口市場上顯現出更佳的競爭優勢，從而帶動不相稱、超比例的大幅出口成長，創造出鉅額貿易盈餘。EMS經過二十年的演進，於1999年進一步發展為歐洲單一貨幣──歐元（euro）／經濟與貨幣聯盟（EMU）。歐元的發行使德國出口業者進一步享有與會員國貿易匯率零風險的優點，對於42%的出口商品都是與歐元區會員國（並非每一個歐盟會員國皆加入歐元）[3]貿易的德國而言，直接產生成本降低的實質效益（Sibert, 2005: 5 & 296）。

　　一份由德國智庫Bertelsmann Stiftung（2013: 1-7）所出版的研究報告

---

[3] 歐元創建之初是由十一個歐盟會員國創始建立，依英文字母排序是：比利時、德國、西班牙、法國、愛爾蘭、義大利、盧森堡、荷蘭、奧地利、葡萄牙、芬蘭。希臘於2001年、斯洛文尼亞（Slovenia）於2007年、賽浦路斯與馬爾他於2008年、斯洛伐尼亞（Slovakia）於2009年、愛沙尼亞於2011年分別加入歐元，至2012年年底為止，總計有17個歐盟會員國加入歐元。其他尚未加入歐元、但表示一旦符合加入標準將加入的歐盟會員國（依英文字母排序）為：保加利亞、捷克、拉脫維亞、立陶宛、匈牙利、波蘭、羅馬尼亞與瑞典。丹麥與英國則選擇不加入歐元。

指出，即使在歐洲主權債務危機發生後，德國必須承受金援危機國家的鉅額成本，德國參與歐元所獲得之利益仍遠大於其成本。該報告指出，2010-2013年期間發生的歐債危機使得德國政府必須對南歐的危機國家，如希臘、葡萄牙、愛爾蘭、義大利、西班牙等國，提供大幅金援，德國銀行體系亦必須承受對危機國家債務減記的損失，因而有高達65%的德國民意認為，退出歐元區、重新使用馬克是對德國經濟較為有利的選擇。然而，該機構以VIEW global macroeconomic projection模型預測後指出，即使德國因身為歐元會員國而必須在歐債危機中承受相當鉅額的參與成本，然德國參與歐元區的所得到經濟利益仍遠大於其成本。根據其使用的模型估計，參與歐元區為德國的GDP每年帶來0.5%的增長，而金援歐元區的危機國家則為德國的GDP帶來相當於0.05%的負面影響，且此一影響為短期性，並會逐年遞減。而在後歐債危機的2013-2025年期間，歐元區可望出現較顯著的經濟成長，預估此一成長將可為德國帶來1兆2000億歐元的收益，相當於為每一個德國人民帶來1萬4000歐元的財富創造。該報告認為，參與歐元對德國帶來的經濟效益主要是在實質匯率與交易成本方面。在實質匯率方面，該研究指出，歐元啓用之後，德國的實質匯率下降了23%，進口商品的成本則下降了1.1%。因此，如果退出歐元區重新使用馬克，德國必須面對馬克的升值與進口商品成本增加所帶動的物價上升，兩者將造成經濟成長減緩，從而新增多達20萬的失業人口。

　　國際知名的管理顧問公司McKinsey（2012: 9-11）則在其研究報告中指出，在17個歐元會員國中，德國為最大受益國。該報告指出，實施單一貨幣為歐元會員國創造出交易與避險成本的下降、區內貿易的成長、競爭力的提升、利率的下降等四種經濟實益。透過此四種途徑，歐元於2010年時，為歐元區的總體經濟帶來3320億歐元，相當於歐元區總體GDP 3.6%的增長，然而此一GDP的增長並非是均質地由17個會員國所分享，有高達一半的比例是由德國此一單一國家所獨享，成為歐元實施的第一個十年中最大的受益國。據其估計，參與歐元對德國的競爭力與區內貿易的增長此兩項效果最為顯著，從而為德國經濟帶來1650億歐元，

相當於其GDP的6.6%的增長。*New York Times*亦報導，根據歐洲中央銀行（European Central Bank, ECB）的內部估計顯示，歐元實施之後對於德國的競爭力有顯著的提升，此一提升主要是在歐元實施之後拜其他會員國經濟表現不佳所賜，減緩了歐元的升值，從而使得德國的單位勞動成本（unit labor costs）相對於其他的工業先進國為低而有利於出口競爭力。在歐元實施的第一個十年中，德國的對外貿易從原本的小幅赤字到累積出鉅額的貿易盈餘，同一時間，歐元區整體的貿易赤字則不斷擴大，顯示出德國經濟較其他會員國而言，更受益於歐元的實施（*New York Times*, 'Euro benefits Germany more than others in zone', 22 April 2011, http://www.nytimes/2011/04/23/business/global/23charts.html?_r=0）。

三、非經濟性效益

平行於這些質化的、量化的、短期的、長期的經濟實益，參與歐洲經濟與貨幣整合亦為德國帶來難以估計、卻同等重要的非經濟效益。此一非經濟效益可從德國在歐盟經濟中所獨享的優越領導地位，以及在國際政治中因歐盟所享有的規模政治效益兩方面來觀察。

在歐盟經濟領導地位方面，Marsh（2011: 278 & 293）、Schmidt（2002: 71）、Levitt and Lord（2000: 44）、Huffschmid（1998: 90）、Lankowski（1993: 7）等人認為歐洲貨幣整合對德國最大的實益是在於透過EMS 與EMU體制，德國得以將德式貨幣學派（monetarism）的治理模式推到歐盟層次。儘管EMS是一個由多個會員國參與的多邊穩定匯率機制，然而，由於德國為會員國中國際競爭力最強、規模最大與貿易盈餘最多的經濟體，德國在該體制下成為實質的領導國家，馬克成為EMS的支持貨幣（anchor currency），德國央行（Bundesbank）在1979-1999年EMS運作期間，成為歐洲經濟實質上的中央銀行。因此，有別於歐洲統合運動是由法、德軸心（French-German axis）的雙元領導，歐洲貨幣整合賦予德國在歐體／歐盟事務中第一次取得專屬（exclusive）領導權，此一優越領導地位被形容為「德國成為EMS的中心國家並控制整個體系」

（Horvath *et al.*, 1998: 1586）。德國對EMS的影響力並進一步延伸到馬斯垂克條約中有關歐元與EMU的設計，EMU中有關於歐洲央行的體制設計、穩定與成長條約的規定，均為德國的政策立場與偏好（Dyson, 2009: 46），反應出德國在歐洲貨幣整合中優勢的領導地位。

　　2010-2013年期間發生的歐洲主權債務危機則進一步將德國在歐盟的經濟領導地位由貨幣治理範圍擴大至財政治理。自2010年初起，部分歐元會員國，如希臘、愛爾蘭、葡萄牙、西班牙、義大利、賽浦路斯等，因面臨高政府赤字、高負債的財政困境，陸續出現所謂的主權債務危機，統稱為歐債危機。在危機歷時三年多的期間中，德國與法國屢次為如何解決危機出現意見紛歧。[4]若以危機處理最後所達成的協議內容來觀察，多數反應的是德國的政策立場與偏好，例如維持ECB的獨立中立地位、私部門債權人必須同意債務減記、制訂財政新約（fiscal compact）以建立財政穩定聯盟（fiscal stability union）等。再就財政新約的內容來觀察，條約中[5]所要求的黃金規則、財政紀律寫入憲法等規定，則顯然為德國財政治理的複製（*BBC News*, 'Deadlock in the eurozone', October 21, 2011, http://www.bbc.co.uk/news/world-europe-15400806; 'Eurozone ministers approve 8bn euro Greek bailout aid', October 21, 2011, http://www.bbc.co.uk/news/business-15401280; 'Timeline: the unfolding eurozone crisis', February 13, 2012, http://www.bbc.co.uk/news/business-13856580; 'Leaders agree eurozone debt deal after late-night talks', October 27, 2011, http://www.bbc.co.uk/news/world-europe-15472547; 'Q&A: Greek debt crisis', February 13, 2012, http://

---

[4] Frank Bohn and Eelke de Jong（2011）對德、法的意見紛歧提出解釋。他們指出，兩國對歐債危機處理途徑的差異性反映的是兩國對市場機制的態度與認知差異，而此一差異根源於兩國的文化差異。兩國在價值與文化上的差異加深了歐債危機的不確定性。詳見Bohn, Frank and Eelke de Jong (2011), "The 2010 euro crisis stand-off between France and Germany: leadership styles and political culture," *International Economics and Economic Policy*, Vol.8, Issue 1, pp.7-14。

[5] 財政公約雖被稱之為條約，然而，在歐盟法律下，其性質為一政府間的協定（intergovernmental agreement），目的在避免歐盟條約必須經過冗長的會員國國內立法過程，而能儘速生效以重建市場信心。

www.bbc.co.uk/news/business-13798000）。以上事實的發展意味著財政新約的實行使得歐元區的財政治理繼貨幣治理之後，再一次成爲德式治理的擴大版本。

有趣的是，當初法國與義大利推動建立EMU的原意之一即在於稀釋德國在ERM體系中所獨享的專屬領導地位，[6]希冀透過EMU的多邊化設計架構，節制與分散德國對歐洲經濟政策的主導性，使得歐盟會員國不再在ERM的體系下，受制於德國的貨幣政策而可享有對等的政策發言權，亦即企圖以建立EMU將德國歐洲化（Europeanize Germany）（Levitt and Lord, 2000: 43-4）。然而，如同Marsh 所指出的（2011: 293），從歐債危機的發展過程與解決途徑來看，表現出的卻是歐洲的德國化（Germanise Europe）。換言之，EMU的實現並未弱化，而是強化德國在歐盟中經濟領導地位的現實。

在國際地位的提升方面，Anderson（2005: 89）、Hendriks and Morgan（2001: 48）、Seeler（1990: 105）等人即認爲，參與歐洲經濟整合賦予德國在對外事務上享有規模政治的影響力，而此一規模政治的效益對德國此類出口型國家尤爲重要。作爲歐體／歐盟中的第一大經濟體，德國得以藉由歐體／歐盟在國際經貿事務上的集體談判力量，達成該國的政策目的。歐盟在GATT/WTO以及與第三國多項貿易談判中所推動的自由貿易政策，反應的多爲德國的偏好即爲顯例。其次，Hendriks and Morgan（2001: 39）指出，以國際聲望與影響力（international prestige and influence）的回復此一標準衡量，沒有一個歐體／歐盟會員國如德國一

6　建立EMU的其他主要理由爲：完成歐洲單一市場、提升歐元的全球角色、因應兩德統一後的歐陸戰略新情勢。進一步內容詳見Padoa-Schioppa, Thomasso (1994), *The Road to Monetary Union in Europe*, Oxford: Clarendon Press, p.4; Levitt, Malcolm and Christopher Lord (2000), *The Political Economy of Monetary Union*, Basingstoke: Palgrave Macmillan, pp.16-20 & 52-7 & 162-4; Zervoyianni, Athina (2006c), 'EMU: benefits, costs and real convergence', in Athina Zervoyianni, George Argiros, and George Agiomirgianakis eds, *European Integration*, Basingstoke: Palgrave Macmillan, pp. 220-1; Dyson, Kenneth and Kevin Featherstone (1999), *The Road to Maastricht: Negotiating Economic and Monetary Union*, Oxford: Oxford University Press, pp.2-5。

般地從歐洲經濟整合的參與中獲得最多的政治效益。因為，德國以二次大戰的戰敗國之姿，在戰後亟需國際社會的重新接受與恢復國際地位。藉由參與歐洲經濟整合，將德國提升為全球最大的區域貿易集團中的最重要經濟體的顯著地位（the largest economy in the world's largest trading grouping），對德國而言，是一個「極低風險、極高報酬的生意」（low risk/high pay off proposition），賦予德國在國際政治中享有難以估計的規模政治效益。

第三節　為何德國受益於經濟整合？

　　歐洲經濟與貨幣整合所保障的體制性自由貿易環境、擴大的市場、資源更佳的配置、投資的增加、穩定的匯率環境等多項優點為每一個參與國所共同享有，而非由德國一國所獨享，然而，以歐盟會員國內部貿易出口總額（intra-EU exports）來觀察，德國以22.8%的高比例居所有會員國之冠，遠遠超過排名第二的荷蘭（11.9%）與第三的法國（10.5%）（Eurostat, 2008: 138-9）。顯而易見地，歐洲經濟整合雖為所有會員國帶來同等的機會，但德國遠比其他會員國掌握住更多區域經濟整合所帶來的效益。為何德國得以較其他會員國更受益於參與歐洲經濟整合？這牽涉到企業本身的競爭策略以及政府對企業競爭力所扮演的權能賦予者的角色（enabler）。

一、德國產業的競爭策略與定位

　　Scharrer（1990: 5-6）認為四種因素可以解釋德國為何較其他歐盟會員國更能成功地受益於歐洲經濟整合。首先，他分析在歐洲經濟整合啟動之後，德國企業仍保持全球競爭的觀點，在2005年歐盟東擴之前，德國與非歐盟國家的貿易仍占46%的比例，其中美國、瑞士等工業先進國家為其主要的貿易國，顯示德國企業在參與歐洲市場整合之餘，仍積極參與國際市場的競爭。其次，有別於其他歐體／歐盟國家，德國政府對國內產

業與市場向來提供較少的保護，除少數例外情況外，德國產業鮮少受到政府以補貼、進口限額、貿易補貼（trade relief）等手段的保護，而長期習於國際競爭的環境當中，進而不得不持續產品的研發、創新與技術進步。確實，如Morawitz（1990: 17）所指出的，戰後德國政府的產業政策（industrial policy）[7]不在於扶植或保護國內產業的成長，而在維持國內企業有真實的競爭環境，EEC條約中第115條有關保護國內產業的規定，[8]此一政策立場從在1985-1990年單一市場完成期間曾被其他會員國使用多達767次，但德國政府則一次也沒有使用的事實可以看出。第三，EEC對某些產品進口的設限，例如在汽車市場對日本進口品的設限，有時甚至使德國在EC市場中免於非會員國的競爭，而更有利於德國廠商在其他會員國家的市場拓展。最後，如同前述，他認為德國製造業長期受益於EMS保護下被低估的馬克幣值，不僅提供出口業者一穩定的匯率機制，也防範了國際間因馬克低估而可能引起的報復性貶值競爭的威脅。

　　誠然，以對外開放與競爭力的觀點可說明德國何以較其他會員國更受益於EC的市場開放。在歐洲經濟整合尚未發動之前的1950年代，德國就已經是全球先進工業國中成長最快的經濟體，其年平均經濟成長8.2%的速度，遠高於當時美國的3.3%、法國的4.6%與英國的2.8%（Giersch *et al.*, 1992: 4）。此一快速成長的主要動力並非來自國內需求的成長，而來自其產品在出口貿易上的優越表現，顯見其成長優異的表現是其科技優勢的反應（Moss, 1998: 21）。因此在歐洲經濟整合展開之際，其即為所有參與國中實力最強者。誠如Wood（1998: 156）、Kaufmann（1993: 215）

---

[7] 產業政策（industrial policy）是一不易清楚界定的概念，有學者採取範圍較窄的界定，有學者採取範圍較廣的界定，例如包含貿易政策、競爭政策等。本研究則採用Willem Molle（1997: 296）的中間定義，將產業政策定義為：政府針對製造業者以一系列的政策措施協助其發展與進行結構調整以使其能適應國際競爭的新挑戰。為達此一目的，新興產業（young sectors）會受到政策的鼓勵與支持；成熟產業（mature sectors）會受到政策的守護；舊式產業（old sectors）則會受到政策協助其重整。詳見Willem Molle (1997), *The Economics of European Integration: Theory, Practice, Policy*, Aldershot UK and Brookfield USA: Ashgate, p.296。

[8] 該條款規定，會員國如果因國內產業受到威脅，得在執委會的同意下，禁止第三國進口品進入該國市場，稱之為生存防衛措施（surviving safeguard）。

等人所評論，面對歐洲市場整合更激烈的競爭，德國以其競爭力與對世界經濟開放的程度，是歐盟國家中準備的最好、受威脅產業比例最小的國家之一。

如果以象徵國際競爭力指標的出口產品類別觀察，即能表現出德國產業競爭力在歐盟國家中的優勢。半世紀以來，德國的貿易出口一直呈現相當穩定的型態，以研發密集（R&D intensive）的中高階科技與製造業商品為主，其主要的四種出口產業為電子工程（electrical engineering）、機械、汽車、化學等。在尖端科技上（cutting-edge technology），德國為歐洲市場的最大出口國；在先進科技上（advanced technology），德國則為全球最大出口國（Legler *et al*., 2000: 10）。[9]同時，德國產業專長於高品質的生產製造，不論是高階（如光學與精密儀器）、中階（如機械）、低階（如紡織品），德國出口商品的單位價值創造（unit value-added）均為歐盟國家中最高者（Lindlar and Holtfrerich, 1997: 421）。

具備出口高品質與高附加價值的能力，反應的是德國企業投資與勞動力兩者較佳的品質。以企業投資而言，與其他歐盟國家相較，在27個名列歐洲百大企業的德國企業中，多數是從事工業生產，且對科技密集部門積極投入者（Wood, 1998: 155）。德國企業與政府投入在與知識基礎（knowledge base）相關的活動上，例如持續教育（continuing education）、研發等項目，於1997年時投入高達3125億馬克的經費，占全國GDP的8.6%。以研發活動的密集性（R&D intensity）而言，德國研發經費占其GDP的2.4%，名列全球前十名之列。[10]以勞動力素質而言，在製造業中享有社會保險的勞動力之中，有高達72%的比例接受與完成程度不等的職業訓練（Legler *et al*., 2000: 14-5）。過半數的德國勞動力具備證照

9　依據德國官方的定義，尖端科技指的是產品的研發投入比例占營業額的8.5%以上；先進科技指的是產品的研發投入比例占營業額的3.5%以上，但不到8.5%者。兩者合稱研發密集／高科技產業。

10　瑞典以研發密集占其GDP的3.6%居世界之冠，其次為日本、南韓、芬蘭的2.8%、瑞士的2.7%與美國的2.6%。德國以2.4%的比例與法國相當。

資格（qualifications），此一高比例的勞工受過職業訓練或具有證照資格的事實，使得德國企業普遍願意投資員工的在職訓練與教育，不必擔心此一對人力資源的投資未來會因員工的工作轉移而有利於競爭對手。對人力資源的投資提升勞動力品質，產生高技術（high-skilled）、高薪資（high-waged）的勞工，進而能生產高附加價值、高品質的產品，而有利德國產業在國際間的競爭。就一定程度來說，勞動力的品質與資本投入的品質兩者具相輔相成的效果，因為精密複雜的機器設備需要高素質人力的配合（Mayes *et al.*, 1994: 67-8; Schmidt, 2005: 366）。據估計，德國的勞動力與資本投資兩者的品質較諸其他歐盟會員國高出12%，雖然此一比例並非是極大的差距，然而，Mayes *et al.*（1994: 69）認為在一個相當競爭的環境中，如歐洲單一市場，此一差距即可使德國企業在國際競爭中勝出。

確實，與其他歐盟國家相較，德國企業在面對區域經濟整合帶來更大的市場競爭時，所採取的因應之道並非是購併或將生產與投資轉移到其他低薪資水平的會員國，而是從事品質與技術的提升等非價格競爭力的加強。如Mayes *et al.*（1994: 209-212）所指出的，企業在面對更大的市場競爭與變化時，如區域經濟整合，有三種途徑可資因應。第一種途徑是外部成長手段（external growth），也就是透過購併、企業聯合等模式擴大企業在市場上的占有率並取得規模經濟的效益；第二種途徑是內部成長手段（internal growth），亦即透過研發、創新、品牌行銷等方式改善產品的內容與價值；第三種途徑則為將生產與投資外移到工資低廉的國家（relocation）以降低生產成本。根據Huelshoff（1993: 29-30）的調查，德國企業在因應1986-1992年期間完成的歐洲單一市場時，所採取的調整策略主要為檢視生產活動的合理化（占35%）、產品創新（占25%）、行銷策略的改善（占30%），以上三者屬內部成長途徑者合占90%，僅有5%的低比例是將生產與投資外移到低薪資的會員國，且此一低比例中尚包括市場接近考量者。

此一事實顯示，德國企業在面對歐洲經濟整合的競爭壓力時，多選擇不以降低成本的低價生產從事價格競爭，而是訴求產品品質的提升與價

值創造的非價格策略來回應，從而帶動產業競爭力升級。德國企業以內部成長途徑來因應歐洲經濟整合帶來的挑戰，維持了國內既有的就業與薪資水準，而沒有出現部分學者與勞工所擔心的工作機會將大量外移到低薪資與低勞動保障規範的會員國的社會傾銷（social dumping）現象，或薪資、稅法競低的逐底（rush to the bottom） 現象。

二、協調合作式的企業經營型態

為何德國企業在面對更競爭的市場挑戰時選擇以非價格策略的內部成長途徑追求競爭力的升級？Schmidt（2002: 107-8 & 134-5）認為此與德國企業的經營結構與環境相關。她分析，不同於法國的國家主導型資本主義型態以及英國自由市場型資本主義型態，德國企業是在協調管理式資本主義型態（managed capitalism，亦可稱為coordinated capitalism）下運作，對於企業的經營與治理可提供較多的體制面的支持。此一型態對市場機制的協調管理是透過以下三種不同面向進行。

首先，在企業競爭關係上（inter-firm relations），企業彼此間透過中立的非營利機構（non-market institutions）和交叉持股途徑（cross-shareholding），與其他企業形成緊密的企業網絡連結關係（dense networks of inter-corporate linkages），有利於市場資訊的交換，並重視與顧客及供應商的長期合作關係。德國的契約法（contract law）與企業間彼此綿密的網路連結鼓勵德國企業與其他企業締約與合作，而此一綿密的企業關係網絡使得德國企業免於受到被惡意併購（hostile takeovers）的威脅，傾向採取分殊化的產品生產（product differentiation），而不是在同類產品中彼此進行激烈競爭。因此，在英、美自由市場資本主義型態中常見的割喉式競爭（cut-throat competition）與高風險的經營策略在德國企業中並不常見。此一企業網絡連結的經營型態亦有利於新科技在市場中的漸次擴散（gradual diffusion），較不會出現因企業併購而即時取得新興科技的可能，故產品創新多以漸進式（incremental）而非激進式（radical）的型態出現（Schmidt, 2002: 169; Hall and Soskice, 2001: 40-1）。

其次，在企業融資關係上（industry-finance），與英國形成對照，德國企業的融資來源多為長期性的銀行借貸而非短期性的股票資本市場的融資，故形成製造業與銀行業彼此利益一致的伙伴關係而願意以長期獲利觀點來支持企業投入長期性的產品開發與進行研發投資，因此被譽為是「耐心的資本」（'patient capital'）（Schmidt, 2002: 134）。儘管1990年代中期的金融全球化的趨勢使得德國此一以銀行融資為主（bank-financed）的企業資本型態在大企業中出現鬆動，出現部分國際化的大型企業開始到國外資本市場進行股票上市的現象，[11]同時部分的德國銀行亦開始投入投資銀行業務（investment banking）的多角化經營，然而德國企業的股權結構（ownership structure）與集中的優勢仍未改變。不同於英、美企業的型態，多數的德國企業並非是股票上市公司，即使在股票上市中最大型的170家德國企業中，高達85%的企業其單一股東所掌握的股權均超過25%的比例。此一股權結構的集中與穩定使得德國企業仍與銀行或其他企業形成緊密的策略伙伴關係，使得德國企業在經營管理的優先順序上可不受股票市場波動的影響，而可專注於生產力的提升等較為長期的目標，不必受限於獲利率等短期財務目標的達成。而在中小企業部分，此一由銀行提供企業融資與合作的型態則並未出現改變（Ibid.: 174-6）。

其三，在勞資關係上，不同於多數工業先進國，德國勞工是以進入企業董事會的形式共同參與企業的經營運作，稱之為「共同決策」（co-determination）。此一參與型態不僅使得勞工對於企業的競爭策略與產品發展得以掌握完整的資訊，並且使得德國企業主傾向以尋求勞工的共識、而非單方進行決策；配合企業主願意支持長期僱傭關係與投資人力訓練等條件下，勞工願意接受以企業需求（company-specific）、而非以個人職涯需求為主的職業訓練（job training）。勞資雙方形成一種長期性的合作、而非對立性的關係。德國企業主在人力訓練的投資以及勞工在

---

[11] Daimler-Benz 是第一個到美國紐約股市交易所（New York Stock Exchange, NYSE）上市的德國大企業，Deutsche Telekom與Hoechst分別為第二家與第三家，過去曾十分抗拒到外國資本市場上市的Siemens亦於1998年於紐約交易所正式掛牌上市。

職場中所被賦予的自主性（work autonomy），使得德國企業可以生產出高品質（high quality）、高附加價值（high value-added）的產品，其產品創新也往往來自員工引導型（employee-led）的漸進式創新（incremental innovation），使得德國企業在面對歐洲經濟整合的市場競爭時，其在價格競爭力中所面臨的劣勢得以在非價格競爭力中被創造出更高的價值（Schmidt, 2002: 169; Hall and Soskice, 2001: 39-40）。誠如Hall and Soskice（2001: 39）所指出的，員工引導型的產品創新必須是在勞工享有足夠安全的就業環境、工作自主性以及具有影響企業決策的管道與機會等多種條件下才得以出現。

　　德國企業在經營環境、融資來源以及勞資關係等面向上所得到的合作與支持，使得德國企業得以在較穩定的經營環境下發展，進而持續投入研發投資與人力訓練、升級其生產設備、重視產品的品質與市場占有率等長期性的經營目標。此一協調管理式的資本主義型態對勞資雙方所提供的穩定度與安全感，有利於漸進式的產品創新實現，也因此可以解釋為何德國企業在強調漸進式創新的產品領域上，例如傳統製造業中的機械工具（machine tools）、消費者耐用品（consumer durables）、電子／電機工程（electric/electronic engineering）、汽車（automobile）、化學（chemical）、精密儀器產品（precision-engineering products）等類別，以及高科技產業中的利基（niche）產業，如生物科技的「介面」科技（'platform technology'）、軟體產業中的企業軟體與系統整合等，享有獨特的競爭優勢。此一資本主義型態同時也使得德國企業在競爭更為激烈的區域經濟整合中，得到較多體制性的支持與保護。（Schmidt, 2002: 134-5 & 169-70; Hall and Soskice, 2001: 39）。

三、賦予企業權能的政府（Enabling State）

　　針對德國政府對企業競爭力的影響，Schmidt（2002: 167）曾經如此評論：「德國聯邦政府經常予人放任自由市場運作的印象，……這其實是一種假象」。其表示，德國政府對企業在市場競爭中的協助較為間接與

次要，但卻對德國企業競爭力的形成相當關鍵，從而扮演了權能賦予者（enabling）的角色。此一角色主要表現在協助企業培養優質的勞動力與促進合作式的勞資關係。在聯邦政府層次上，德國政府透過社會福利政策，提供勞工高度的就業保障與失業保護（employment and unemployment protection），創造體制性誘因，使得勞工願意投資個人的職業前景與時間成本，參與企業所要求的職業訓練或是學徒計畫（apprenticeship programs）。德國的雙元訓練體制—職業培訓與學徒制，是德國製造業的核心競爭力之一，此一職業訓練體制的成功運作為德國企業提供高技能（highly skilled）、高生產力、高價值創造、能進行團隊合作、承擔自主性責任、高薪資的優質勞動力。如前所述，在此一優質勞動力參與下，德國企業的產品創新常常是漸進式、員工引導型的創新，而此類創新能力往往在維持高品質的同時，還能達成降低生產成本的要求（Ibid.: 129-30 & 134-5）。

在勞資關係上，德國聯邦政府不僅透過法規的制訂，鼓勵勞資雙方對企業經營「共同決策」，同時也在勞資雙方易形成對立的薪資調漲事宜上積極扮演調解與仲裁者的角色，藉由政府的中立角色，協助雙方協調出具有共識的協議，實行合理可被接受的「所得政策」（'income policies'），使得勞資關係能維持合作式（cooperative），而非如英、法等國的衝突式或對立式（confrontational or adversarial）的勞資關係，從而有利於企業的長期競爭力。德國政府此一傳導性（conductive）的角色在經濟景氣陷入衰退或是企業面臨更激烈的市場競爭時尤為重要，因其可對勞資關係發揮起更多和緩與潤滑的作用。事實證明，德國合作式的勞資關係對德國企業在面對歐盟市場整合的競爭壓力時，是一大助力而非阻力因素（Ibid.: 134-5 & 173）。

相較於聯邦政府較為間接的角色扮演，德國地方政府（Länder）則對德國企業提供較為直接的援助。地方政府不僅對企業的研發活動、職業訓練直接提供資金補助，同時亦針對特定企業的需要開辦符合企業需求的技術訓練機構（polytechnic institutes）。在經濟衰退期間，德國地方政府亦

會增加對產業的救援補助以協助產業重整（restructuring），而在德東地區，產業重整行動則由聯邦政府直接介入協助（Ibid.: 166-7 & 180-1）。

　　一位不願具名的德國外交部資深主管級官員在受訪時，對德國政府此一角色扮演進一步提出解釋（訪談於2013年8月1日於台北進行）。他表示，德國政府的目的在於提供企業一具有高度可預測性、穩定的社會環境架構，而不是直接提供金錢資助企業；此一穩定的環境不僅鼓勵企業與勞工彼此對話、溝通，也鼓勵企業將他們的需求告訴教育訓練單位以確保教育者與企業彼此之間的正確理解。另一方面，政府也提供許多社會保險，例如退休保險、健康保險、失業保險等，提供勞工一定程度的保障以維持此一系統的穩定。在高度可預測、穩定的社會環境中，企業自然會願意投入更多的研發、教育訓練、與維持良好的勞資關係。德國政府所做的就是在政策與制度上為每一個經濟行為者彼此間做好橋樑的工作，因為增進彼此的合作與對話是有利於企業與勞工兩者雙方的。

　　簡言之，德國政府從教育、職業訓練、師徒制、社會福利政策、研發補助等面向上，協助企業具備更好的競爭力，這些政策支援與協助對企業而言是屬長期性、常態性與基礎層面的，因而使得德國企業享有一體制性的長期支援優勢。德國政府並不干預企業所面臨的市場競爭，但嘗試以改善供給面要素的途徑（supply-side）賦予企業更好的競爭能力。如同Schmidt（2002: 128）所評論的，德國的產業競爭力是歐盟主要國家中表現最好的，這不僅是因為德國企業所投入的固定資本投資最多，也是因為德國政府對製造業的支持亦是最多者。

第四節　德國參與歐洲經濟整合的成本

　　在享有參與歐洲經濟與貨幣整合所帶來的各式經濟性與非經濟性效益之餘，它們同時也為德國帶來無法迴避的參與成本，此一成本表現在增加解決失業問題的政策困難度以及經濟成果分配兩方面的挑戰。

一、失業問題更加無解

　　德國經濟以其優越的出口競爭力受惠於參與歐洲經濟整合良多，且企業在面對更大的市場競爭時也大致上保持了原有的就業機會，然而，這些在貿易盈餘、經濟成長、所得提升的收穫卻仍難以解決德國自1980年代以來棘手的失業問題。

　　戰後德國的經濟管理在於同時達成充分就業（full employment）、經濟成長、物價穩定、外貿平衡的多重政策目標，途徑係透過凱因斯的需求管理法（neo-Keynesian demand management）——亦即以財政政策與貨幣政策為調節工具來達到就業與成長，配合戰後經濟復甦的有利環境，使得德國失業率在1980年之前都低於1%。然而，1979年美國採高利率政策，德國等開放型經濟體的國家亦被迫跟進，使得馬克出現高估（overvalued），此舉不僅不利於德國出口部門，且使得馬克在國際金融市場上不斷遭到投機客的攻擊而於1981年初出現匯率危機。為應付急迫的匯率危機，當時的施密特政府與德國央行決定由強調成長與就業的凱因斯需求管理法，轉向為強調財政健全、維護幣值穩定以創造物價穩定單一目標的貨幣學派管理法（monetarism）。新管理法為施密特政府解決了德國的赤字、貿易平衡、通膨等問題——政府赤字由1981-1982年間占GDP的4%降到1985-1986年間占GDP的1-2%；貿易平衡由1979-1981年間出現赤字轉為在1986年出現占GDP的4.4%盈餘；通膨則由1981年的6.2%降到1987年的0.6%。然而，此一通貨緊縮（deflationary）的措施卻也同時帶來了成長減緩、失業攀升的代價。整個1980年代德國的經濟成長降到約2%上下，失業率則在短期內迅速增加到1983年的8%，自此之後，德國經濟即擺脫不了此類低成長、高失業的型態，到2008年時經濟成長率仍僅為2.5%，失業率則為9%（Schirm, 2002: 75-9; Schmidt, 2005: 370; Lankowski, 2006: 38; Huffschmid, 1998: 99; Index Mundi, 'German unemployment rate', http://www.indexmundi.com/germany/unemployment_rate.html; 'Germany GDP-real growth rate', http://www.indexmundi.com/germany/gdp_real_growth_rate.html, accessed 20 August 2009）。

　　誠然，德國的高失業問題不是源自參與歐洲經濟整合，相反地，德國的產業出口金額至今仍持續成長，並於2004年超越美國成爲全球最大的製造業商品出口國，且如前所述，德國產業因市場整合帶來的競爭壓力而變得更有效率與競爭力。然而，顯而易見地，參與歐洲經濟整合所帶來經濟成長與出口貿易量的提升並不足以吸收德國失業勞動人口的增加（Engelen-Kefer, 1990: 224）。除了兩者在數量變化上的落差之外，Hallett（1990: 95）認爲1985年後首次出現的經濟成長與就業脫鉤的現象，也是經濟整合爲德國帶來的效益不能表現在就業率好轉的另一主要原因。他指出，以1950-1970年代的經驗顯示，當經濟出現成長時會帶動就業成長，然而在1982-1985期間當德國經濟成長復甦時，就業機會並沒有隨之增加。他分析這是因爲產業投資（industrial investment）雖因景氣好轉或單一市場整合因素而增加，然此類的投資成長是屬於資本深化（capital deepening），而非資本廣化（capital widening）。前者指的是以更少的成本生產更佳的產品；後者指的是生產數量更多的產品。資本深化是從事產品品質的提升，使生產過程更有效能與效率，從而改善企業的競爭力與獲利能力，帶動產業走向升級；資本廣化是從事產品數量的提升，生產規模擴大從而創造出更多的就業機會。他的分析符合上述Huelshoff（1993: 29-30）所調查德國企業因應單一市場的實施時，多採產品價值與品質提升的內部成長途徑的事實。易言之，德國產業在經濟整合的競爭壓力下強化其生產高品質、高附加價值產品的能力，一方面確實有效提升了企業的獲利能力與競爭力，但另一方面卻也無助於創造新的工作機會從而有助於失業率的降低。

　　Legler *et al.*（2000: 7&17 &128-9）在爲德國聯邦教育與研究部（The German Federal Ministry of Education and Research）所做的研究也指出，德國經濟以研發密集／高科技產業爲主要競爭力的特色雖有利於出口與國際競爭，但對國內的失業問題僅有間接的幫助。該研究發現，德國以中高階科技產業爲經濟主軸，所需求的勞動力多爲高素質人力（qualified labor），因此在德國的失業問題中，顯現出學歷／資格證書與失業率成

反比的現象。擁有大學與研究所學歷的畢業生，其失業率為5%，在完成實習訓練的勞動力中，其失業率是8%，對完全沒有接受職業訓練者而言，其失業率是18%。因此他們認為，要解決失業率過高的問題在於，一方面，德國經濟必須為低技術（low-skilled）勞動者創造出新的工作，然而，德國以研發密集產業為主的製造業在此方面僅能提供非常有限與間接的幫助，比較可能為低技術勞工創造新工作的是德國尚在發展的服務業。另一方面，政府應教育人民：接受教育與實習訓練是個人對抗失業的最好保險。Legler *et al.*（2000: 128-9）同時也再確認Hallett（1990: 95）所觀察到德國經濟成長與就業分離的現象，且此一現象對低技術勞動者尤為顯明。

　　如果歐洲經濟整合無助於德國失業問題的解決，那麼歐洲貨幣整合則可能進一步對德國經濟成長與就業創造帶來抑制的負面效果。如前所述，歐洲貨幣整合所提供的穩定匯率環境為德國帶來貿易盈餘的鉅額累積與西歐經濟體專屬領導地位等優點，然而，以EMS順利運作的1980年代而言，德國的經濟成長與就業均比EMS未實施前的1970年代表現為差。GDP在1970年代平均成長2.7%，在1980年代則減緩為2.2%；同樣地，就業率在1970年代成長0.2%，在1980年代（扣除1989-1990年兩德統一期間）則下降了0.1%，同時期未參與EMS的國家，如美國與英國，其經濟成長率則比1970年代有較佳的表現。顯然，EMS在為德國的出口部門創造鉅額貿易盈餘的同時，也減緩了國內經濟與就業成長的速度（Zervoyianni, 2006b: 184-5）。再以歐元實施的1999-2008的十年期間觀察，GDP成長平均為1.47%，對照歐元未實施前的1990年代，GDP成長平均為1.95%，成長速度明顯減緩，且在歐元實施的十年期間，有八年的當年GDP較前期成長是衰退的（Index Mundi, 'Germany GDP-real growth rate', http://www.indexmundi.com/germany/gdp_real_growth_rate.html, accessed 21 August 2009）。失業率部分，在1999-2008年歐元實施期間平均為8.36%，與歐元尚未實施的前三年1996-1998年期間的平均失業率8.14%相比，兩者差距不大；然而，德國史上失業率的最高峰期，

係出現在2003-2006年歐元已實施的四年期間，平均高達9.59%（Index Mundi, 'German unemployment rate', http://www.indexmundi.com/germany/unemployment_rate.html, accessed 21 August 2009）。

　　EMS與EMU為何對經濟成長與就業帶來抑制效果？首先，如Gilpin（2001: 206）所言，EMS與EMU此等固定匯率制所帶來穩定的匯率環境確實為會員國帶來區內貿易量增加的優點，但此一事實的本身並不必然就會增加或減少就業率，貿易的增長與就業率的增加兩者不具備自動的因果關係。其次，參與歐洲貨幣整合限制了會員國在經濟政策上的獨立決策能力，從而降低了會員國在處理經濟問題時的回應能力。此一受限的決策空間與政策回應能力係來自「不可調和的三一律／不可能的三部曲」（irreconcilable trinity/impossible trilogy）原理，意即固定匯率制、在貨幣政策上的獨立決策能力、資本自由移動等三項政策目標，一國主政者最多只能兼顧兩者，而不能三者同時達成。在EMS此一固定匯率的體制下，且資本在未管制下保持自由流動，會員國若要維持一國的幣值穩定在一定區間內，其貨幣政策與利率政策就必須與所有會員國連動，從而不能如未參與貨幣整合時，政策工具（如貨幣政策與財政政策）可獨立地依據國內經濟情況的需要為成長與就業做出配合調整（Friedman, 2005: 187; Gilpin, 2001: 248-9）。

　　然而，德國經濟決策空間在參與EMS與EMU後受到限縮的事實，究竟在多大程度上可以歸咎於貨幣整合運動本身，是很值得疑問的。因為如前所述，是德國藉經濟規模在歐體／歐盟中的優越地位而透過貨幣整合途徑將其貨幣學派的經濟管理模式推到歐體／歐盟層次，而有別於凱因斯學派，貨幣學派本就不以經濟成長與就業為管理重心而以物價穩定為優先於其他經濟目標的唯一重點。在此一通貨緊縮的管理模式下，低通膨的代價可以是經濟成長減緩與失業率的增加，但商品的價值卻能因幣值的穩定或低估而顯得更有價格競爭力。因此，歐洲貨幣整合可說是德國以歐盟全體之力保護其出口產業部門利益的匯率工具，且此一匯率保護效果在歐元實施後更加顯著。Marsh（2011: 11-2）即指出，歐元區的固定匯率使得德國

出口商品不論是在歐元區境內還是境外都更具競爭力，因為其他歐元會員國無法再以貶值為途徑與德國商品進行價格競爭。此一事實在歐債危機事件中即可得到印證。歐債危機發生之後，歐元兌美元匯價下跌而有助於德國的出口競爭力，使得德國的出口貿易盈餘在歐元實施數年後累積到歷史新高。因此，持平而論，歐洲貨幣整合的固定匯率制保護與增加了德國出口部門的利益，卻也相對地限制了主政者在解決其他經濟問題，如低成長與高失業率的能力，形成參與此一機制的政策成本。

二、成果分配問題

另一個德國參與歐洲整合的成本問題則為經濟整合成果分配問題。以1980-1993年歐洲貨幣整合啟動到單一市場完成期間，德國企業的毛利率增加185%，而德國勞動薪資只增加了63%，兩者差距達三倍之多。再以稅後盈餘觀察，德國企業淨獲利成長251%，而稅後薪資所得僅成長52%，兩者差距擴大到五倍之多（Huffschmid, 1998: 94-101）。顯然地，在歐洲經濟與貨幣整合的過程中，德國企業的受益程度遠大於受薪階級。

為何企業主受益會遠多於受薪階級？Siebert（2005: 304-5）解釋這是因為市場整合與貨幣整合降低了生產要素移動的障礙，有利於資本、科技、高階勞工與專業人員等類型的生產要素進行跨國移動，尋求其最好的報酬與機會，但一般勞工受限於語言障礙、專業知識程度等因素較無法進行跨國移動，此時，如果資本因更便利的自由移動而轉移投資至其他會員國，就會進一步引起國內失業問題，另一方面，政府則在參與貨幣整合的穩定匯率管理之下，對失業問題的回應能力有限。Schirm（2002: 87）則是形容「資本」因素在以市場更開放自由為主的經濟與貨幣整合過程中，其價值升值了，而「勞工」因素則在競爭人數增加的情況下，其價值貶值了，所表現出來的結果就是企業獲利遠大於受薪勞動者（waged labor）。Huffschmid（1998: 94-101）則進一步指出受薪階級甚至還可能因競爭壓力增加或企業投資轉移的情況下，復又承受薪資水準下降的風

險。另外，企業在面對經濟整合的過程中增加的競爭壓力，往往會要求政府對法令規範做更多鬆綁，減少對勞動權益的保障以降低成本，將競爭成本間接轉由勞工承擔。因此，企業的獲利能力可以因經濟整合帶來的市場與法令規範更自由化而不斷提升，但勞工的薪資所得與福利水準卻可能因此而下降，使得所得分配出現極化發展（polarization），衝擊社會和諧。

以德國為例，部分企業在面對單一市場整合的壓力時，即主張政府應大幅鬆綁勞動法令的規範，降低對工作權的保障、減低企業主在雇用、解雇上的限制而使勞動市場更自由化，此議獲得德國經濟事務部的支持，認為此市場派的作法將有效提升德國企業的競爭力。然而，其他企業主則認為此舉將破壞德國向來標榜的「社會市場經濟」（'social market economy'）模式，[12]傷害勞資雙方自戰後以來就維持良好的社會合作關係，而此一社會合作關係實為德國社會和諧的基礎，因而主張應循原有的以協商合作為主的統合主義模式（corportism），由勞資雙方共同協商使薪資更具彈性，例如1999年德國金屬產業工會（Gesamtmetall，資方團體）即刻意避免勞資衝突，而強調與勞工彼此間的新伙伴關係（'new partnership'）（Huffschmid, 1998: 100-01; Schmidt, 2002: 182）。但Schmidt（2002: 181）與Huffschmid（1998: 100-01）均認為，不論是採市場派或者協商合作模式，事實上勞工都沒有選擇的自由而必須對資本家做出更多讓步，最後付出成本的仍將是受薪階級，其結果是必須接受所得與福利水準降低的事實，不管他們是被迫地還是自願地接受。

值得注意的是，在勞資階級受益不均的問題之外，德國卻意外地沒有其他歐盟會員國所發生的地區發展不均（regional disparity）的情形。儘管德國各地受到歐洲經濟整合影響的程度不一（例如從西邊邊界地區

---

12 「社會市場經濟」被視為是在集體性的社會主義（collectivist socialism）與自由放任的資本主義（laissez-faire capitalism）兩者間的折衷模式，意旨認同政府應在市場機制中保持最少干預的市場原則，但在充分就業、公用事業的管制、交通、農業、信用系統、與社會福利等事項上必須進行政策干預，而此類的政策干預亦必須是遵守市場機制運作的（'market-conforming'）。進一步內容詳見Vivian Schmidt (2002), *The Futures of European Capitalism*, Oxford: Oxford University Press, pp.288-9。

受影響程度的0.40%到東南地區的0.73%），在1950-1995年市場經濟整合進行期間，德國所有的地區都變得更加發展與繁榮（Brocker, 2000: 471; Molle, 1997: 438），同時，歐洲經濟整合也沒有爲德國帶來其他國家常見的都心與邊陲二分的發展型態（core-periphery pattern）。德國原有的南北兩分型態——亦即較邊陲的產業集中在北方、較核心的產業集中在南方，也隨著歐洲經濟整合的發展而逐漸拉平，南北地區的產業結構逐漸聚合，且產業分殊化的程度也逐漸減少。Krieger-Boden（2008: 151-2）認爲此一事實發展與德國原本爲一多中心（polycentric）的區域發展傳統有關；Morgenroth and Petrakos（2008: 292 & 302）則認爲應與德國國內區域政策比較成功，有效地拉近各地區的發展差距，以及其聯邦制的政治體制較致力於各區發展平等有關。

第五節　結語

　　歐洲經濟整合自1951年啓動，德國即爲創始會員國，其參與了歐洲經濟與貨幣整合每一個深化與廣化的階段，如1960年代共同市場的實施、1980年代EMS的運作、1990年代單一市場的完成、2000年後單一貨幣的實行。其長期且完整的參與經驗因此可爲我們在討論區域經濟整合是否、或如何可以提升一國經濟福祉的議題時，提供一豐富的實證案例的觀察。

　　作爲具有科技優勢的出口大國，德國受益於參與歐洲經濟整合的結果並不令人意外。誠如Engelen-Kefer（1990: 230）所言，區域整合本來就有利於出口導向的參與者，歷任的德國主政者也堅信更開放的歐洲市場與整合符合德國企業的利益。2004年時任德國總理的施洛德（Gerhard Schroeder）就表示，歐洲經濟整合是改善競爭力的關鍵，因爲它帶來更多的競爭從而帶動創新能力的發展，也爲德國此類出口型國家帶來新的成長（*The Asian Wall Street Journal*, 'My plan for European growth', 27

October 2004, p.A.11）。德國外交部資深主管級官員在評價德國參與歐洲經濟整合的經驗時即表示，從德國官方觀點來看，沒有人會質疑德國參與歐盟的效益，儘管作為大國，德國往往必須付出比小型會員國更多的主權代價與妥協，但這些代價比起德國所獲得的實益顯得稱不上是「代價」（'even sovereignty cost is not a cost'），因為德國的歐盟經驗是一「成功的故事」（'a successful story'），達成了「非常的成就」（'super achievement'）（訪談於2013年8月1日於台北進行）。

　　然而，起跑點的優勢並不必然保證德國產業可以永遠保持領先。每一次在面對經濟整合所帶來更大的市場競爭與挑戰時，德國產業以產品升級與精進的方式來因應，即不應簡單地視為一易事。德國產業選擇以效率、價值提升等質的、非價格的途徑來改善產品競爭力，而不是訴求較為直接的產業併購或者是更為簡便的產業外移到低廉成本地區等量的、價格式的途徑，其實是一更為嚴格的選擇。德國產業選擇走一條最不輕鬆的出路，反應出的不只是德國企業重視投資與研發的傳統，也突顯了德國協調合作式資本主義的體制性優勢。儘管作為一領先者與成功者的故事，德國經驗無法簡單地一般化（generalization），或是提供一個可複製的模式；然而，德國參與歐洲經濟整合的經驗仍展現出以下數項值得參考的啟示。

　　首先，出口能力是一國能否受益於區域經濟整合的關鍵。是德國本身具備的優越競爭力，使其受益於歐洲經濟整合的參與，從而得以在出口貿易、所得、經濟成長等方面帶來增長，而非是參與歐洲經濟整合賦予其優越的競爭力。不容置疑地，歐洲經濟整合確實為德國產業帶來品質與競爭力升級的效果、強化了其生產高附加價值產品的能力，然而，在參與歐洲經濟整合的六個創始會員國中，德國在資本投入與人力素質上即以12%的比例優於其他會員國。因此，與其說區域經濟整合是一國提升競爭力的原因，毋寧說它更是一國競爭力的檢驗。如前所述，早在歐洲經濟整合啟動之前，德國即是一個以全球競爭為導向的經濟體，且持此一全球競爭觀點的德國產業大多是不依賴政府的產業或科技政策保護的業者。此一事實

可以解釋爲何德國主政者在1979年面對經濟成長與通膨兩難選擇時，得以立即轉向貨幣學派的物價穩定管理，而不必擔心此舉將使其在產業政策的決策空間因此受限，因爲德國產業本身良好的競爭力已不需依靠政府支持從事全球競爭，所需的是政府穩定物價使其獲利不至被變動的物價與匯率所抵銷。因此，以德國實證經驗而言，一國是否能受益於區域經濟整合，取決於其是否在國際市場上具有一定的出口競爭能力。

　　其次，德國經驗說明了一國在參與區域經濟整合的同時仍須注重與維持全球參與面向。以德國企業而言，其全球競爭觀點爲德國企業參與歐洲經濟整合的競爭利基，然而值得注意的是，在長期參與歐洲經濟整合之後，是否會影響德國以全球爲面向的競爭力？德國知名汽車 Volkswagen AG的董事長就認爲，德國汽車業受益於歐洲單一市場而能於其他會員國的市場中擴大占有率，固然是好事，但此一市占優勢對生產者而言其實是喜憂參半（a mixed blessing），因爲過於依賴單一區域市場易使德國業者耽於歐洲的軟性競爭（'soft European competition'），而在無形中減緩了其應在全球競爭中所保持的結構調整能力（Scharrer, 1990: 5）。因此，區域經濟整合在改善一國競爭力的同時，亦隱含了過度依賴特定區域其所造成的競爭力「區域化」的風險。

　　然而，值得注意的是，即使歐洲經濟與貨幣整合爲德國經濟帶來顯著的經濟效益，但德國亦無法藉由經濟整合的效益有效解決國內失業問題，因爲就業機會未必會隨經濟整合所帶動的出口成長而增加。德國因歐洲經濟整合而越趨向集中於高科技、高附加價值的產業生產，此一事實意謂著更多的就業機會將來自此類極具出口競爭力的部門，從而有利於高學歷、高專業技術的勞動力，而不利一般性或低技術層次的工作創造，因此，德國產業的高科技競爭優勢無助於國內失業問題的解決。德國經驗因而顯示，一國的失業問題其實反應的是其原有的產業結構的配置。同時，走向資本深化的產業升級固然可使一國在參與經濟整合時維持原有的就業機會，但未必可創造出更多新的就業需求。是故，欲全面性地爲無技術或低技術勞動失業者創造更多的新工作，非市場經濟整合此單一因素可

以提供解答，而有待政府關注與協助其他未能受益於經濟整合的非出口成長部門的發展。

德國企業所採的資本深化途徑固然無助於增加新的就業需求，參與歐洲貨幣整合則進一步限縮了德國政府解決失業問題的政策空間。參與歐洲貨幣整合固然有助於德國此類外貿出口型國家的匯率穩定，然而，如其實證經驗所顯示的，同時參與經濟整合與貨幣整合使得德國政府在「不可調和／不可能的三一律」的原理下，其解決國內失業問題的政策能力與空間受到大幅限制。

儘管歐洲經濟整合的效益無助於德國失業問題的解決，但是，德國經驗示範了一個少有的良性模式，意即參與區域經濟整合的預期成本之一──勞工所憂慮的薪資競低，所謂的「社會傾銷」的情形不必然會出現，它可以因企業從事品質升級而避免，反之出現企業獲利提升、高薪資勞工就業獲得維持的雙贏結果。以德國而言，其薪資水平與勞動權益保障向為歐盟會員國最好的國家之一，因此，參與歐洲經濟整合就成為德國是否能繼續維持此一高勞動成本的具體試驗。德國企業示範了一個良性模式：以改善生產效率與效能、加強研發與品牌行銷等途徑，提升非價格競爭力以將既有的生產與就業保留在本國內，而沒有因參與歐洲經濟整合引發新的失業問題。德國企業回應市場競爭方式，一方面不僅改善與提升了自身的競爭力，同時也減低了經濟整合所帶來的社會成本問題。

德國企業為何得以出現此一勞資雙贏的良性模式？則與政府的角色扮演與企業的經營環境相關。首先，在政府的角色扮演方面，德國政府不僅透過法令的制訂，協助德國的勞資關係以「共同決策」的型態走向合作式而非對立式、衝突式的發展，同時也透過教育、職業訓練、師徒制、社會福利政策、研發補助等多面向政策為企業營造出優質的供給面要素，從而間接地賦予（enabling）企業更好的競爭力。其次，在企業的經營環境方面，德國企業彼此間，包括供應商與承包商，傾向合作而非過度競爭的型態，以及與銀行體系間長期的合作夥伴關係，均使得德國企業得以在較為穩定與相對安全的環境下經營，而免於如英國企業時時暴露在被惡意

收購的風險。德國企業在營運、勞資關係、融資等方面所發展出的合作關係，使得德國企業在面對激烈的國際競爭時（例如歐洲單一市場）可得到較多的支持與保護，同時亦有利於漸進式、員工引導式的產品創新發展，從而在相關類別的產品競爭中（例如機械工具、消費者耐用品、電子／電機工程、汽車、化學、精密儀器產品、「介面」式生物科技、企業軟體與系統整合等）享有獨特的競爭優勢。

　　儘管薪資競逐的「社會傾銷」現象因德國企業所示範的良性模式得以避免，但無可避免地，「資本」與「勞動」兩者的價值在歐洲經濟整合的參與中重新被評價。誠然，區域經濟整合所帶來更大的市場開放與機會有利於生產過程中具備跨國移動的生產要素，使其得以尋求更佳的機會報酬，故資本、高專業知識勞動力等均因具備跨國移動能力而提升其價值，至於居多數的一般性勞動力則因無法跨國移動而面臨價值減低的困境。在德國的實證經驗中，雖未出現受薪階級者的所得與福利水準大幅降低的情況，然而資本獲利的成長速度遠高於勞動階級薪資成長達3-5倍之多，此一事實說明了勞、資階級在經濟整合成果分配中極為不均的現實，也隱含了區域經濟整合所可能帶來的社會極化發展的風險，因而突顯了參與國政府必須輔以所得重分配等社會安全與福利政策的配合，對於在經濟整合中相對弱勢的受薪階級與個人提供更多的支持與援助，以降低此一所得極化發展所可能引發的社會成本問題。

　　作為歐洲經濟與貨幣整合的主要，如果不是最大，受益國，德國在參與過程中所獲得的經濟效益常為外界所關注。歐債危機發生之後，德國本身，從主政者到民意，[13]則更關切德國參與歐元所帶來的成本。然而，另一項不容忽略卻常被忽略的面向即是：參與歐洲經濟整合為德國所帶來的政治效益。在歐盟區域層次上，此一政治效益表現在德國得以將德式經濟治理，貨幣的與財政的，推展到全歐盟層次，賦予德國單獨享有歐盟經

---

13 主張德國應退出歐元區的政黨Alternative for Germany（AfD），於2013 年4月正式於柏林成立。詳見*Deutsche Welle*, 'German anti-euro party makes its official debut', 15 April 2013, http://www.dw.de/german-anti-euro-party-makes-its-official-debut/a-16743534。

濟領導國的專屬地位，而非如在其他歐盟事務中必須與法國共同領導。在國際政治層次上，藉由歐體／歐盟的集體力量，德國得以擴大其在國際經貿事務上的影響力，同時藉由其領導地位使得歐體／歐盟的對外經貿政策反映其立場偏好。此一事實對後冷戰時代的今日尤為重要。因為在後冷戰時代，市場的競爭與開放已成為國際政治關係，尤其是重要經濟體之間，如美國、中國、歐盟等的關切主軸，因此區域經濟整合已非僅是單純的經濟目的或僅涉及單純的經濟事務，它同時在國際政治上產生難以量化但卻同樣重要的規模政治效益。德國以其二次大戰的戰敗國之姿得以在戰後迅速恢復其國際地位，並躍升為全球最大貿易集團中的最大經濟體的顯著國際地位，必須歸諸是歐洲經濟整合所帶來的規模政治效益。而此一國際地位的恢復與提升，達到了德國參與歐洲經濟整合的原始期待。

4 法國參與歐洲經濟整合的實證經驗

第一節　導言

作爲歐洲統合運動的發動者與領導國家，法國不同於其他歐體／歐盟的創始會員國，一開始並不支持以經濟整合途徑來發展歐洲統合運動。當荷蘭在德國支持下於1950年代中期首次提出以「共同市場」（CM）型態在西歐建立一商品與勞務的自由貿易機制之構想時，幾乎受到法國所有經濟部門的反對。因爲不同於德、荷等出口導向型的國家，作爲一偏向管制型的封閉經濟體，法國傳統上反對自由貿易，只有在結構調整是必要時才會採取對外開放路線。因此，區域經濟整合所意味的更大的市場開放與競爭對法國此類保護型的經濟而言，就會較原本即有出口競爭力的國家（如德、荷）承受更多的競爭壓力與面對不利的競爭位置。然而，在國際情勢變化[1]與經濟情勢好轉的現實下，如時任總理的Guy Mollet，法國少數具影響力的決策者開始相信，在面對法蘭西帝國瓦解之後，法國必須爲自己尋找新的替代市場，因而參與歐洲經濟整合並走向更開放的自由貿易路線是法國不得不面對的選擇；[2]其使得法國得以在全球化的市場競爭下，以歐洲市場尋求新的保護與機會，因而將符合法國利益與提升產業競爭力的目的（Parsons, 2000: 52-8; Moss, 1998: 60; Duchene, 1996: 29; Gueldry, 2001: 7; Petit, 1989: 243; Schmidt, 2002: 81）。

但是，如何使法國此一原爲保護型的經濟體在面對自由開放競爭時仍有一席競爭之地，而不致於在自由競爭下被優勢對手消滅？自由貿易體制的內容如何安排，成了法國主政者最重要的關切。當時面對自由貿易與開放市場議題，法國主政者有三種選擇：第一種是傳統的自由協

---

[1] 1956年蘇伊士運河危機與匈牙利危機的接連發生，以及歐洲防禦共同體（European Defense Community, EDC）已於1954年8月在法國國會意外遭到否決，引發了法國政府擔憂在外交上受到孤立的風險。

[2] Michel R. Gueldry（2001: 7）曾經形容法國同意參與歐洲經濟整合是在「一個很糟的選擇」（a bad solution）──意即在區域整合互依的限制下尋求發展，與「一個非常糟的選擇」（a very bad solution）──意即以單國之力獨自面對全球化與歐洲鄰國的競爭壓力──兩者間的痛苦決定。法國最後選擇以第一種途徑面對外在經濟環境的挑戰。

定，不涉及任何正式體制（formal institutions）的建立；第二種是聯合式的（confederal）歐洲經濟合作組織（Organization for European Economic Cooperation, OEEC）架構，為一包含十六個會員國的多邊經濟合作組織；第三種是共同體式（community）的關稅同盟架構，對內建立自由貿易區，對外採取共同政策，如關稅與貿易政策，涉及到超國家組織的建立，相當於經濟整合中的關稅同盟（CU）層次。當時西歐各國，如德、英、荷、比、盧等國，均偏好第二選項的多邊而鬆散的自由貿易區架構，然而法國主政者認為此舉將使法國產業完全暴露在市場競爭之下卻無適當的保護與管制，因而偏好第三種共同體途徑來發展歐洲經濟整合（Parsons, 2000: 52; Eichengreen, 2007: 173）。在共同體途徑下，法國得以保有其對產業援助補貼的政策，同時能夠控制法國產業所受到的競爭壓力限於西歐六國的內部市場，而暫時免於更激烈的全球競爭壓力，並可以共同關稅與貿易政策保護會員國的產業利益。法國政府更進一步利用德國需重建與法國的和解關係，在共同體的實施安排上，提出在建立製造業商品的共同市場的同時亦建立共同農業政策（CAP）；此舉對法國而言，不僅是自由市場與部門利益保護主義（sector protectionism）兩者間的妥協調和，同時也是依西歐市場開放後的比較利益原則，以德國的工業利益交換法國的農業利益之計算（Gueldry, 2001: 8-9; Eichengreen, 2007: 172-4）。

原本抗拒經濟整合並憂慮本國產業競爭力不敵德國商品的法國經濟體，在歷經半個多世紀的歐洲經濟整合之後，成功地適應了歐體／歐盟市場開放的挑戰，成為全球第四大出口國、第五大經濟體（Eichengreen, 2007: 172; Safran, 2007: 178）。法國以其當時劣於德國產業競爭力的條件，如何面對區域經濟整合的挑戰與壓力？其參與歐洲經濟整合所獲得的實際效益為何？所付出的成本又為何？對照德國經驗，法國經驗提供一不同的實證案例。

第二節 法國參與歐洲經濟整合的效益

參與歐洲經濟整合對法國經濟所帶來的效益可分別從量的改變與質的改變兩方面觀察。在量的改變方面，參與歐洲經濟整合爲法國經濟帶來貿易的增長，從而帶動經濟成長與國民所得的增加；在質的改變方面，參與歐洲經濟整合徹底改變了法國的產業結構與國家治理，它使得法國由過去國家主導（state-led）經濟發展、保護國內市場、與較不先進的前殖民地進行貿易的封閉型經濟體，轉變爲對外開放市場、企業自主性提高、與先進經濟體爲貿易對象的出口開放型經濟體。

一、貿易增長、經濟與所得成長

參與歐洲經濟整合對法國經濟最直接的改變即是對外貿易的大幅增長以及貿易對象的改變。以羅馬條約簽訂後的1959年到1974年共同市場初建立的十五年期間爲例，其貿易年增長率由1950年代（共同市場建立前）平均的6.5%成長爲年增長率10.8%，其後的1970年代雖因石油危機的發生而減緩，但到1980年代貿易年增長率又恢復到可觀的成長速度，使法國成爲全球第四大出口國。在1959年未參與歐洲經濟整合之前，法國對外貿易開放（trade openness）的比例僅占其GNP的12%，與1949年二次大戰剛結束後的10.8%比例相去不遠。然而，在參與歐洲經濟整合二十年之後，法國經濟的外貿開放程度則於1979年躍升到占其GDP的20.7%，在歐洲經濟整合啓動四十年之後的1999年則持續成長到占其GDP的49%比例，與德國相當（Dormois, 2004: 39-41; Schmidt, 2002: 190）。以進口貿易爲例，其製造業產品進口比例（manufacturing imports ratio）在共同市場開始運作的第一個二十年期間（1959-1979）即快速成長超過三倍（由產出的8%成長到25%）；在相同期間，出口貿易則由產出（output）的14%成長到27%，出口成長最多的經濟部門爲電子設備（electrical equipment）、企業電子與辦公室器具（business electronics and office equipment）、大宗有機化學（bulk organic chemicals）、航太設

備（aerospace equipment）等（Adams, 1989: 156-60）。儘管在參與共同市場的初期，法國進口成長速度高於出口成長，然而貿易逆差的狀況在1971年之後開始好轉，並在1973年歐體第一次擴大納入英國、愛爾蘭、丹麥等三個新會員國之後製造業出口成長幅度持續擴大，主要顯示法國出口品對英國市場的滲入（Mendes, 1987: 71-3）。

　　在此同時，對外貿易地區與對象則由過去較為落後的殖民地法郎區轉為經濟較為先進的歐體／歐盟會員國。對殖民地法郎區的貿易比重由1956年的21%大幅降低到1970年的4%，對其他歐體／歐盟會員國的貿易則由1958年的不到三分之一的比例，成長到1996年的六成以上比例，其中德國取代過去的殖民地區成為法國最主要的貿易對象（Dormois, 2004: 39-41）。

　　經濟學家Jean-Pierre Dormois（2004: 31）認為貿易增長與經濟成長的高度關連性在法國參與歐洲經濟整合的個案上尤為明顯，因為在1900-1960年法國實施貿易保護政策期間，法國花了六十年的時間才使得其GNP成長兩倍（double），但在參與歐洲共同市場，對其他歐體／歐盟國家採貿易開放路線之後，法國只花了二十年的時間就使其GNP再次成長一倍。然而，經濟學家對貿易增長如何對法國經濟成長產生貢獻看法不一。Mallet（1993: 123）認為，法國在共同市場成立後到石油危機發生前的1958-1972年期間，經濟得以年平均5.5%的速度成長，即是因為大大受惠於歐體區內貿易的增長，尤其是共同關稅與共同農業政策的實施，使得法國農產品的出口對其他會員國出現大幅成長，法國因而成為共同市場實施後的主要受益者。但Mendes則有不同的看法；他認為，不同於德國，法國並不是一開始就受益於歐洲經濟整合。根據他的經濟模型估計，法國在參與歐洲共同市場第一個十年期間（1961-1972），因製造業商品的出口競爭力尚未改善，故而儘管此一時期參與歐洲共同市場為法國帶來顯著的貿易創造，伴隨部分對前殖民地與對美國的貿易轉移，但此一貿易創造與增長並沒有反應在經濟成長的貢獻上，反而為整體經濟帶來-2.71%的負成長，是歐體六國中受到經濟整合衝擊最大的會員國；不過在歐體第一次

擴大納入新會員國之後的1974-1981年期間，法國的出口能力已明顯因共同市場的競爭效果發揮作用而獲得改善，因而能反應到經濟成長的貢獻上，在這段期間，參與歐洲共同市場為法國經濟成長帶來1.57%的增長，是歐體九個會員國中受益最多者（1987: 69-71 & 96-9）。

此一出口貿易增長帶動經濟成長的經驗在歐洲單一市場實施時表現尤為明顯。法國的出口貿易在單一市場推動後的1985-1990年期間成長了15.3%，相較於單一市場推動前1980-1985年期間-2.6%的負成長，而GDP則同一時期出現年平均3.1%的增長，相較於前期（1980-1985）平均1.5%的經濟成長率成長超過一倍；Shirm（2002: 73）即認為法國在1980後半期的良好經濟表現，完全歸功於出口貿易因單一市場實施而出現的大幅成長。此時期的出口貿易成長也帶動更多的國內投資。國內投資成長兩倍，從而在1986-1989年間創造了86萬個新工作（Mallet, 1993: 124）。長期而言，根據Badinger（2005: 69）的經濟模型推算，在總計1950-2000的五十年期間，參與歐洲經濟整合為法國平均國民所得（GDP per capita）帶來約26.8%的增長，其中投資帶動的經濟成長效果（investment-led growth effect）占其中52.9%-71.2%不等的比例。Coe and Moghadam（1993: 542）亦認為，由歐洲經濟整合所引發的貿易成長與資本投資的增加，包括政府投入的基本建設投資與研發投資，是法國在1970-1980年代此二十年期間經濟成長的完全動力。

二、對法國經濟本質的改變

儘管不同的經濟學家對法國參與歐洲經濟整合的量化評估因衡量模型的差異，結果不盡相同，然而所有評論者（Mendes, 1987: 96; Adams, 1989: 155; Mallet, 1993: 122-6; Dormois, 2004: 39-41; Eichengreen, 2007: 180 & 195）均一致指出，參與歐洲經濟整合使得法國由一個原本封閉、依賴國家保護、傾向與較落後殖民地貿易的經濟體，轉型成為一個對外開放、與先進經濟體貿易、趨向出口競爭型的經濟體。因為經歷了歐洲共同市場的挑戰，法國經濟得以進行現代化，產業結構得以進行重整

（restructuring），成為具有工業競爭力、國際化能力的國家，從而成為歐體／歐盟第二大、全球第四大出口國，而這些對法國經濟所發生之本質性改變其帶來的正面效益是難以估算的。故就此一本質性的改變而言，評論者認為事實上法國較德國更受益於歐洲經濟整合的實現，因為德國本就為一開放、出口型的經濟體，參與歐洲經濟整合只是再次突顯此一特質；然而，法國參與歐洲經濟整合卻是經歷體質性的轉變，而市場經濟整合會對原本為封閉型的經濟體帶來較大的效益。誠然，回顧1950年代法國尚未參與歐洲經濟整合之前，僅有十分之一的法國就業人口是從事於外貿出口部門的，而這項數據到1993年時已成長到五分之二的就業人口比例（Mallet, 1993: 122）。

　　參與歐洲經濟整合對法國經濟所帶來質的（qualitative）方面的效益，Adams（1989: 155-185）整理出以下四個面向。首先，共同市場的實施使得會員國間的關稅降到低於5%的稅率，法國產業被迫暴露於外貿競爭。在貿易競爭的現實下，法國產業一方面在國內市場必須面對進口商品的競爭，另一方面必須同時採取傾向出口的競爭策略，以進入國際市場。此一出口導向的轉變在電子設備、辦公室設備、有機化學、與航太等產業部門尤為顯著。在1959年共同市場尚未實施前，在法國四十六個產業部門中，僅有四個部門是受到進口商品的競爭；然而，到了1980年時，四分之一以上的法國製造業者都暴露在進口商品的競爭壓力之下，許多過去被保護的產業均經歷了巨大的進口競爭壓力與調整過程，其中以服裝產業為最鮮明的代表。[3] 其次，歐洲經濟整合使得法國企業必須面對更多的外來投資（foreign investment）。在共同市場實施之前，外國企業僅擁有不到5%的法國企業，在整合啟動的二十年後，外國企業掌握法國企業的比例已成長到25%；其中在製造業的部分，外國企業在法國國內的產出比例已與進口商品進入法國消費市場的比例相當。同時，法國企業也變得更願意進行海外投資。儘管有關於法國海外投資的確實資訊並不完整

---

[3] 法國服裝產業面對歐洲經濟整合的調整過程將於下節詳細說明之。

（不論是政府文件或私人研究部分），然而，可以確定的是，法國企業的海外投資，尤其是對歐體其他會員國的投資，在共同市場實施後明顯大幅增加，使得法國企業開始邁向跨國企業。不論是外國企業在法國國內市場的投資（inward foreign direct investment）或是法國企業從事的海外投資（outward investment），兩者都使得法國企業必須近距離面對外國企業的競爭，使得法國企業得以就近觀察國外競爭對手的先進產品與生產方式，從而學習並拉近與競爭對手的差距。以上外貿競爭與外來投資兩項因素被認為是對法國產業提供學習效應的重要來源，在學習累積到競爭的過程中（learning-cum-competition），會帶來刺激經濟成長的效果（Ibid.: 246)。

第三，共同市場的實施使得法國的物價更趨向國際水平與合理化，稱之為「進口紀律」效果（import discipline）。此因進口商品進入法國市場後會使得原本受保護產業所享有的超額利潤出現減少，以及過去不時會出現的物價上漲壓力隨著進口品的增加而減低。在進口品的競爭壓力下，法國企業等於間接被迫遵循國際市場的競價標準，從而使物價漸趨合理化。

第四，參與歐洲經濟整合對法國企業產生「出口紀律」效果（export discipline）。在共同市場實施後，法國主要對外貿易對象由過去較落後的殖民經濟體，轉為工業技術水準較為先進的歐體／歐盟會員國，此貿易對象的轉變意味著法國出口產業必須面對競爭標準與環境均較為嚴格的市場檢驗。面對條件更嚴格的出口競爭，法國出口品不再能像過去在殖民地市場中取得主導地位，從而對法國出口部門產生提升產業競爭力的刺激與升級的紀律效果（Ibid.: 155-85）。

平行於以上這些對法國產業所發生的競爭效果之外，另一項參與歐洲經濟整合對法國經濟所帶來質的方面的改變，則是法國企業與主流民意對國際化的接受以及降低對國家保護的要求。隨著法國經濟體質發生本質上的改變，歐洲經濟整合也在主觀認知上改變了原有不喜開放與競爭的法國主流民意與法國企業界的保守態度；從一開始消極認知到法國在參

與歐洲經濟整合之後，已沒有辦法再回到過去的保護主義路線，貿易與開放路線已沒有迴轉的可能，到願意轉變以積極思考並相信對外貿易是有益於法國經濟的成長與就業，從而帶動企業行為模式的改變。此一由客觀環境轉變所帶動的主觀思維轉變，在總體經濟層面上，使得法國政府得以藉由參與歐洲經濟整合的理由，不再透過保護政策追求充分就業的目標，而改以訴求自由貿易來追求經濟成長；同時在個體經濟層面上，思維的轉變也使得法國企業比較願意從事現代化與結構重整的變革，以尋求創新而非保護的方式面對外來競爭（Adams, 1989: 13 & 198-9）。事實上，Adams（1989: 196-7 & 265）即認為，歐洲經濟整合的計畫是由當時歐洲法國主管經濟建設的Jean Monnet所構思提出的，作為法國經濟計畫（indicative planning）之父，Monnet原始的目的即是以結合經濟計畫與歐洲經濟整合來追求法國的經濟成長，試圖以兩者的結合改造法國的產業與提升競爭力，並說服法國企業界對外貿易與擴張以及進行產業現代化是一必然且有利的趨勢。

　　因此，儘管參與歐洲經濟整合對不同經濟部門造成不同的影響，然而，多數評論者均同意歐洲經濟整合對法國整體經濟帶來的最重要改變──所謂的 'EU membership effect'，即是改變產業的行為保守主義（behavioral conservatism）、改變企業對機會與目標的認知以及改變法國政府與企業的相互關係。簡言之，法國產業在參與歐洲經濟整合之後，由依賴國家保護轉變為傾向追求效率、競爭力與創新，企業在競爭壓力下進步，也因此變得更具自主性；過去政府習於提供產業的特權能力，也因參與歐洲經濟整合而大幅限縮[4]（Guyomarch *et al.*, 1998: 186-7; Mallet, 1993: 125）。法國企業與民意對經濟思維由保守到開放的轉變，具體表現在1974年法國對外貿易部（Ministry of Foreign Trade）的成立與1965年他們對空椅危機（the Empty Chair Crisis）的態度上。後者為法國總統戴

---

[4]　在歐盟競爭政策的規定下，以政府契約（state contracts）支持法國產業的作法必須在1988年後停止，法國政府必須對來自其他會員國的投標企業提供一視同仁的平等待遇。參見 Alain Guyomarch; Howard Machin, and Ella Ritchie (1998), *France in the European Union*, New York: St. Martin's Press, pp.172-6。

高樂因與歐體執委會發生自主財源爭議而杯葛歐洲統合的進程，引發所謂的「空椅危機」時，法國企業與農民團體即於國內大選時以選票反對戴高樂連任，表達出他們對法國參與歐洲經濟整合的效益與必要性之認同（Mallet, 1993: 129; Eichengreen, 2007: 195）。

三、非經濟性效益

相對於較易量化、衡量的經濟性效益，經濟學者Adams（1989: 123）與Mallet（1993: 121）則認為，參與歐洲經濟整合為法國所帶來的非經濟性效益——國家安全與政治上的利益，是無法計算的。他們均指出，法國最主要是以安全與政治性的理由參與歐洲經濟整合，目的係在最大程度內，試圖以經濟整合的合作為途徑，提高法國與德國兩國間的經濟互依性（economic interdependence），從而達到國家安全與和平的目的。因此，參與歐洲經濟整合對法國在國家安全上的效益遠勝於經濟性效益。此一國家安全與政治效益觀點，亦為法國官方評價歐洲經濟整合效益時所著重的面向。

一名法國外交部資深主管級官員在接受作者訪談時指出，在歐洲統合議題上，國家安全效益對法國的重要性遠勝於任何一項經濟性效益。這位要求匿名的官員指出，歐洲經濟整合是由Jean Monnet與Robert Shuman兩位法國官員所提出，但經濟效益並不是法國參與歐洲經濟整合的最終目的，法國發動與參與歐洲經濟整合的首要目的是政治性的——在於推動德、法之間的政治整合（political integration）。他進一步解釋，法國與德國自1870年的普法戰爭起、到1914年的第一次世界大戰、到1939年的第二次大戰，在短短不到七十年的時間中，兩國即發生了三次大規模的戰爭，因此，法國發動歐洲經濟整合的目的在於追求德、法兩國之間的和解與和平（Franco-German reconciliation and peace），這也是為何Monnet與Shuman所提出的歐洲經濟整合是以涉及到戰爭物資的煤與鋼的共同體（coal and steel community）型態所展開，而不像一般區域經濟整合計畫是由自由貿易區（FTA）的型態所開始。超過半世紀之後，歐洲經濟整合

已在歐盟國家間達到實現和平與建立安全區域的重大成就，因此，對法國而言，參與歐洲經濟整合的效益是無法以純經濟觀點衡量的（訪談於2013年9月24日於台北進行）。

在國家安全的利益之外，Mallet（1993: 128-9）更進一步指出另外兩項不容忽視的政治效益。首先，基於歐體／歐盟為全球最大的經濟集團，其為會員國在國際事務上所取得的更大的協商議價能力遠非單一國家所能享有。此一規模政治的效益對法國尤其為然。在歐體／歐盟會員國中，身為領導國家的法國相當擅長利用歐體／歐盟的集體議價能力，數度在國際經貿事務談判中，如對WTO的貿易談判，有效保護與促進法國利益的實現。如同Hendriks and Morgan（2001: 18）所描述的，歐體／歐盟的出現，賦予法國得以一個中等權力地位的國家仍可在國際事務中宣稱一個重要的角色扮演。其次為對法國民眾的教育功能。他指出，參與歐洲經濟整合使得法國民眾對國際經濟事務與現實有更多、更真實的認識，同時認知到對外貿易重要性，而此一認知的轉變有助於法國經濟由內觀（inward-looking）、保守走向外觀（outward-looking）、國際化。

法國外交部資深主管級官員亦以其多年外交實務經驗證實與認同此一規模政治效益。他表示，歐體／歐盟的集合力量使得法國在WTO等國際經貿場域的談判中，在面對較大的談判對手時，如美國、中國大陸等，能更具談判力量與更有資源。同時，自1993年馬斯垂克條約生效後，歐盟實行共同外交與安全政策（CFSP）以來，法國在國際政治上可因此投射更大的力量，而得以更具份量（more weight）的姿態與美國、俄羅斯等大國共同涉入全球事務。這些因參與歐盟而在國際政治上所產生的效益對法國政府的對外行動能力相當重要（訪談於2013年9月24日於台北進行）。

第三節　為何法國受益於歐洲經濟整合？

在參與歐洲經濟整合超過半世紀的過程中，法國經濟已變得對外

開放與更為國際化。法國企業，不論是在規模、可競爭的產品範圍等方面，也都更具國際競爭力（Schmidt, 2001: 189）。法國是如何成功地回應與適應歐洲經濟整合的挑戰？其涉及到國家力量的干預介入、產業本身的調整努力與有利的歐盟共同體政策等多項因素。

一、國家力量介入

　　基於法國原本是一較封閉型的經濟體，且參與歐洲經濟整合必須立刻面對產業競爭力遠優於法國的德國商品，要如何使法國產業受益而非受害於共同市場的競爭挑戰，成為法國在參與歐洲經濟整合時一個重要的關切與挑戰。與德國及英國經驗形成對照的是，法國係以國家力量支持產業共同面對歐洲經濟整合的挑戰。[5]此一國家力量的支持是透過總體經

5　作為一個傳統上以國家力量干預經濟、指導並引領經濟與科技發展的發展型（state-led）國家，法國選擇以國家力量協助產業面對歐洲經濟整合所帶來的外環境挑戰，並不令人意外。法國政府以干預方式追求經濟成長與工業化的傳統，稱之為Colbertisme或統制政策（dirigisme），此一稱謂源自1661年擔任法王路易十四（Louis XIV）的首席顧問（principal advisor）Jean-Baptiste Colbert提出的以國家干預追求經濟發展與財富累積的觀點。他認為法國若欲在歐洲稱霸，完全依賴於國家具有強大的經濟力量，而國家必須對經濟進行干預，才能達到經濟發展，因此他為當時法國追求工業化的過程設計出一系列的經濟發展計畫。Colbertisme/dirigisme在二次大戰後重新成為法國政府管理經濟與追求發展的途徑。二次大戰期間，法國目睹法國騎兵在戰場上面對德國坦克的鮮明對比，表現出法國的農村經濟（rural economy）面對德國工業經濟（industrial economy）的落後現實，從而反省法國經濟必須現代化，尤其是在重工業方面，因此在二次戰後揚棄自普法戰爭到二次大戰期間所採取的自由放任主義，改採政府干預經濟方式以追求工業水準的提升，戴高樂政府時期尤其注重高科技產業的發展，視之為攸關國家安全獨立與光榮之關鍵，因此與國防相關的科技產業多由政府主導發展，目的在提升法國的科技自主能力，與德國的科技產業政策目的在轉移到其他經濟部門以創造更大的商業效益兩者有本質上的不同。法國政府干預經濟的政策在歐洲單一市場實施後已明顯限縮，但與政府部門相關的經濟活動至2000年時仍占過半的GNP（52.4%）與四分之一的就業人口。參見William James Adams (1989), *Restructuring the French Economy: Government and the Rise of the Market Competition since World War II*, Washington, D.C.: The Brookings Institution, pp. 45-9; Alain Guyomarch; Howard Machin, and Ella Ritchie (1998), *France in the European Union*, New York: St. Martin's Press, p.166; Wayne Sandholtz (1995), 'Cooperating to compete: Europe', in David P. Rapkin and William P. Avery eds., *National Competitiveness in a Global Economy*, London: Lynne Rienner Publisher, pp. 236-7; Patrick Cohendet and Patrick Llerena (1993), 'The European Community R&D policy and its impact on the French R&D policy, in Francois-Georgrs Dreyfus, Jacques Morizet and Max Peyrard eds., *France and EC Membership,* London

濟（macro-economic）政策、個體經濟（micro-economic）政策、區域發展、教育訓練、社會福利等多種政策，全面性地介入法國企業在面臨歐洲市場競爭時的轉型升級工作。

在總體經濟管理政策方面，法國總統戴高樂於1959年歐洲共同市場實施之初，先以貶值法郎30%的方式幫助法國出口品提升價格競爭力，因而使得法國出口品在1960年代出現高速成長。在個體經濟管理層面，戴高樂政府在違反羅馬條約的精神下，以經濟計畫下的國家經濟與社會發展基金（FDES: Fonds de developpement economique et social）提供法國企業各式的國家補助（state aids）、補貼（subsidies）、減免稅優惠等手段協助與改善企業的產品競爭力（Moss, 1998: 61）。在這些政策措施的鼓勵下，法國企業以擴大投資因應共同市場的競爭挑戰。法國國內的總固定投資（gross fixed investment）由共同市場實施前（1952-1959期間）占GDP的17%，在1959-1969年期間提升到22%的比例。在法國企圖以歐洲經濟整合帶動投資與出口擴張的成長方程式中，製造業的生產部門進步最為顯著，其中又以汽車業表現最突出，其快速擴張的速度與同時期日本的汽車產業相當；同時，部分產業也在市場整合的競爭挑戰下展開重整，較不具效率的企業，例如部分在工程產品（engineering products）與電子設備（electrical equipment）部門的生產者，則被更具效率的競爭者所淘汰或吸收，進而使得在市場競爭下存活的企業得以享有產業重整後規模經濟的效益（Eichengreen, 2007: 200-1）。[6]

---

and New York: Pinter Publishers and St. Martin's Press, pp.34-5; Andre A. Boltho (2001), 'Economic policy in France and Italy since the War: Different stances, different outcomes?', *Journal of Economic Issues*, Vol. XXXV, No.3, pp.713-31; Michel R. Gueldry (2001), *France and European Integration: Toward a Transnational Polity?*, London: Praeger Publisher; Jean-Pierre Dormois (2004), *The French Economy in the Twentieth Century*, Cambridge: Cambridge University Press, pp.45-7; Lila Truett and Dale B. Truett (2005), 'European integration and production in the French economy', *Contemporary Economic Policy*, Vol.23, No.2, pp.304-5; George Menz (2005), *Varieties of Capitalism and Europeanization: National Response to the Single European Market*, Oxford: Oxford University Press, pp.41-3。

[6] 根據John Groenewegen（2000）的研究指出，法國企業的公司治理在市場整合的競爭壓力下，已趨向英美的盎格魯薩克遜模式（Anglo-Saxon model）所強調的競爭力與

　　除了以國家力量支持產業面對歐洲共同市場的競爭之外，法國政府並進一步積極利用歐洲經濟整合作爲促進與檢驗國內經濟計畫成效的工具。戰後法國政府爲了在短期內提升法國的工業與科技水準，採取國家干預方式，以連續數個大型經濟計畫介入發展大規模的「未來產業」（large-scale 'industries of future'），例如重金屬（heavy metals）、汽車（motor vehicles）、電子工業（electronics）、化學（chemicals）、通訊（telecommunications）、高速鐵路（high speed railways）、核能與核武（nuclear power and weapons）、與航太（aerospace）等產業部門發展，企圖以國家力量培育出上述產業的法國冠軍企業（national champion firms），例如CGE/Alcatel, Thompson, Dassault, Aerospatial等；[7]而爲使這些受保護扶植的科技產業具有眞實的國際競爭力，參與歐洲經濟整合並使之接受歐洲市場的檢驗，即成爲法國政府評估經濟計畫成效的重要工具與手段。Adams（1989: 265）認爲法國產業政策得以成功，就在於法國政府利用歐洲經濟整合的市場競爭爲紀律，配合干預扶植的產業政策，才得以使法國產業結構成功轉型。因此，在歐洲單一市場尚未實施競爭政策、限制政府補助之前，對法國政府而言，參與歐洲經濟整合與國內的產業干預政策兩者是相互促進與調和的（Truett and Truett, 2005: 305; Cohen, 2007: 27-31; Thatcher, 2003: 315; Gueldry, 2001: 30-3; Schmidt, 2001: 190;

效率的企業競爭概念。然而，它並未如市場預期般產生完全同化的結果。相反地，法國企業的公司治理仍保有其原有特色，市場整合所帶來的企業行爲的改變係由現有的體制與結構吸納後再呈現。參見John Groenewegen (2000), 'European integration and changing corporate governance structures: The case of France', *Journal of Economic Issues*, Vol. XXXIV, No.2, pp.471-9。

[7] 對於法國政府以干預方式扶植特定產業的政策成效如何，經濟學界見解不一。例如A. S. Vasconcellos and B. F. Kiker（1970: 227-32）即認爲法國一直到1950年代初期，科技競爭力仍落後於主要工業國家，然而，在數個經濟計畫的實施下，法國在1949-59年間，其勞動生產力與資本生產力均表現得非常好，並達到充分就業、外貿收支盈餘的目標，使法國在加入歐洲共同市場之前，已是一成長強健的經濟體。相反地Williams James Adams（1989: 116-7 & 264）則指出，法國的經濟干預計畫確有一定成效，然而此一成效是有限的，且成效較顯著的爲與軍事科技產業相關者，同時在未受干預與扶植的部門，例如製藥、塑膠產品、煤氣（manufactured gases）、有機化學等，亦出現成長快速與擴張的情況。

Guyomarch *et al.*, 1998: 163-6）。

　　對於未參與經濟計畫的中小企業，法國政府則以個別部會的資源與區域發展計畫協助其改善組織管理能力、勞動技能與解決企業融資需求。例如在高科技產業部門，法國政府成立ANVAR（French Innovation Agency，法國創新機構）協助高科技產業的創業者與中小企業主處理短期融資問題與提供研發資金的補助；外貿部門（Foreign Trade Office）則介入協助小企業進行組織與技術的升級，以及協助其發掘新的對外銷售市場。同時，區域經濟發展計畫亦發揮了促進中小企業現代化（modernization）的功能。法國的地區經濟發展計畫主要是由某一大企業與地方政府共同合作此一型態進行。然而，在地區經濟發展的過程中，大企業面臨到地區性中小企業的組織與供應能力無法適時現代化以符合大企業需求的問題，從而形成地區經濟發展的障礙。對於此一問題，法國政府則承擔起統合協調與支持的工作，透過合組公私協力的企業風險資本基金（public-private venture capital funds），法國政府協助中小企業進行組織與物流供應管理的現代化工作，此一對地區性中小企業現代化的協助在1990年代末期已證實有相當成效，部分地區已出現成熟的現代化企業網絡運作（Schmidt, 2002: 198-9; Hancke, 2001: 328-9）。

　　在各式的總體經濟與個體經濟政策的直接協助之外，法國政府亦透過教育訓練政策、社會福利政策等較為間接的途徑，協助法國企業提升競爭力。在教育訓練政策方面，1980年代，法國政府透過實施早期退休計畫（early retirement programs）大幅重整了企業運作與更新勞動力。超過85%從事大量生產（mass production）的大企業與33%的小企業，尤其在汽車產業與鋼鐵產業，由於此一勞動力的更新而得以轉進與開發更多元化的產品市場（diversified markets）。配合早期退休計畫的措施，法國政府同時於1984年啓動青年教育水平提升計畫，設定在十年間，將法國青年擁有中學畢業教育水準的人數，由當時40%的比例大幅成長至80%的目標（至1995年時雖未達成此一目標，但也已達到75%的高比例），其目的在仿效德國職業與技術訓練的雙元訓練體系。此一對勞動力一般性技能

（generalist skills）的提升對於法國勞動生產力的提升相當關鍵，因爲此一般性技能的提升，降低了組織管理、監督、品質流程等方面的成本，提高了企業人力資源在電腦使用、管理技能方面的素質；儘管法國勞動力生產仍偏向重複性、機械性的泰勒式（Taylorist）生產而與德國高技術層次的勞動力有所不同，然而，此一一般性技能的升級對於許多法國大企業的福特式（Fordist）生產模式卻相當切合其需要，使得法國企業經此勞動力重整、更新之後，大幅改善其競爭力。此一勞動力更新與教育政策的結果使得法國勞工的人力資源品質大爲改觀，已變得更爲高技能（higher-skilled）、高薪酬（higher-paid）與更佳訓練（better-trained）的勞動力，從而可生產更爲高品質的產品，並給予企業更多組織重整的空間與機會。儘管法國的勞動技能與職業訓練水平仍比不上德國，但已遠優於英國；其勞動力單位生產成本僅略高於德國，而遠低於英國；其生產力在參與歐洲經濟整合初期的1960年代仍遠低於德國、英國，但至1970年代時，法國勞動生產力已超越英國，至1990年代時則已趕上德國（參見表4.1）（Schmidt, 2002: 198-203; Hancke, 2001: 317 & 323-4）。

　　誠如Schmidt（2002: 203-4）所評論的，法國在面對歐洲經濟整合的市場競爭中得以調適成功，除了企業本身的回應能力之外，最明顯的特

表4-1 製造業的相對勞動生產力比較，以美國為100（Relative labour productivity levels in manufacturing, US=100）

	1960:Value added per		1973:Value added per		1985:Value added per		1995:Value added per	
	Person hired	Hour worked	Person hired	Hour worked	Person hired	Hour worked	Person hired	Hour worked
Germany	60.6	56.0	72.5	76.1	75.6	86.4	63.1	81.4
France	47.5	45.9	66.0	70.0	72.3	85.8	70.1	85.1
UK	48.6	45.0	52.0	53.6	54.7	59.7	59.6	69.7

資料來源：Vivian A. Schmidt (2002), *The Futures of European Capitalism*, Table 4.1 in p.155.

色即是政府介入主導企業的轉型與升級，在其認爲有必要時隨時積極介入。儘管法國政府扶植產業的能力在1988年後因歐洲單一市場的實施已大幅減少，然而政府的產業計畫在高科技、國防工業、具獨占性質的國營企業等產業中，仍保有其主導角色（Ibid.: 199-200）。Hancke（2001: 316&332-3）則進一步分析，法國政府對企業競爭力提升的協助可分爲兩個階段來觀察。第一階段是1960、1970年代，法國政府對企業的協助是直接提供大規模的資金援助，以大量的資本挹注，協助大企業在激烈的市場競爭中免於破產倒閉並仍可進行生產性投資計畫；在此一時期，汽車業的雷諾汽車（Renault）與鋼鐵業的Usinor與Sacilor此三家企業即獲得政府資金援助總額的四分之三援助。如果不是政府如此大規模的資金挹注，此三家企業不可能在市場競爭中存活。在1980年代中期之後的第二階段，法國政府對企業競爭力的協助則是在供給面（supply-side）條件的改善，透過早期退休計畫、教育訓練等政策，協助法國產業重整與提升組織內部，包括人力素質、勞動生產力、組織運作管理等面向的競爭力。與英國經驗形成對照的是，法國政府並沒有將市場競爭所帶來的企業重整所涉及到的協調統合工作純然交由市場機制來決定，而是由政府干預介入，補足產業經濟在重整過程中所需要的協調統合的介面——包括企業與銀行體系的企業融資介面、大企業與中小企業的供應傳輸介面、企業與勞動力需求的生產力介面。

二、產業的調整與回應途徑

在國家力量介入之外，法國產業界本身則多數以購併聯合（merge and acquisition）的方式，以產業集中化、大型化的策略因應市場經濟整合的挑戰。此一購併途徑除了在國內市場進行，試圖以量的擴大達到規模經濟以強化法國企業在面對進口商品時的價格競爭；同時更多的購併是在另一歐體／歐盟會員國進行，企圖以跨國的企業聯合進入其他會員國的市場，如同歐盟執委會調查所指出的，對於急需在短期間取得市場優勢的企業而言，購併聯合是最快消滅其他競爭者的作法。此一策略的運用在汽

車業、鋼鐵業、化學製藥業尤爲明顯。以汽車業爲例，經購併聯合後，已重整爲雷諾汽車與標緻汽車（Peugeot）兩家大型企業；原本存在許多小型企業與些許大型公司的鋼鐵業，經整併後亦成爲單一巨型的鋼鐵集團；化學製藥業則在政府運用其持股的情況下，將該產業整併爲少數幾家彼此爲互補性（complementary）、而非競爭性（competing）的大企業。以法國企業面對歐洲單一市場的實施爲例，根據法國產業部（Industry Ministry）的調查顯示，在所調查的三百家法國企業中，多數表示會以購併與海外聯合方式因應單一市場的實施。確實，在執委會統計資料中，法國與義大利兩國的企業購併比例是歐體會員國中增幅最大者（Hancke, 2001: 311-2; Buzelay, 1993a: 18-9; Mallet, 1993: 128; Ziltener, 2004: 963）。

以歐洲單一市場的實施爲例，爲因應單一市場於1992年完成的競爭挑戰，法國的企業併購案數量由1986年的284件，大幅躍升至1990年的1774件，成長幅度多達六倍之多。經過大規模的企業整併過程後。過去法國企業因受限規模較小而產生的競爭劣勢已顯著改善，呈現出來的產業面貌則是生產製造業係由大企業以垂直整合其供應商的型態主導，生產方式大多是以低生產成本、大量製造（mass production）的產品爲主，搭配部分少數針對高報酬、利基市場的產品生產。以汽車業爲例，雷諾汽車的產品結合大量生產的低成本與創新設計（innovative design）兩者爲其主要的生產途徑；鋼鐵業的Usinor則是一個走大量生產與提供少量特色產品（small specialty）並行的鋼鐵集團；家電業則由Moulinex與SEB兩家大型企業主導，提供單一功能商品與部分多功能商品（Schmidt, 2002: 189 & 197）。

與整併、大型化風潮並行的是法國企業在業務、組織、與人力訓練的重整變革（restructuring）。在產品生產方面，經檢視後，對於不具競爭優勢的營運項目，法國企業採取全面退出策略，集中資源發展「核心事業」（'core business'），並增加對研發項目的投資以改善生產力；在企業管理方面，進行組織現代化、精簡化與效率化（modernized, slimmed down, and streamlined）的變革。在人力資源方面，法國仿效德國強調職

業訓練與教育的作法（vocational training and education），對勞動力進行再技術化（re-skilling）的訓練，對於無法適應再技術化的勞動力，則透過法國政府提供的早期退休計畫（early retirement programs）協助其離開職場以利勞動力的更新與提升。此一藉由職業訓練與教育所推動的再技術化的作法大幅改善了法國的生產力，使得法國製造業在此方面比較接近德國產業。經此一企業重整、組織改造、與勞動力再技術化之後，至1990年代初期，法國不論在企業規模、產品範圍與對外投資上（in size, scope, foreign direct investment）均已可以與德國、英國等同等級規模企業競爭。以全球出口商品市場占有率為觀察，法國產品的競爭力固然尚未能超越德國出口商品，卻已遠超越英國出口商品的競爭力（Schmidt, 2002: 129 & 189）。

面對歐洲經濟整合在不同階段所產生不同型態的市場競爭挑戰，法國產業亦能展現適時改變企業經營策略的調整彈性。以法國較成熟且具優勢的服裝產業（apparel industry）為例，其數次因應市場競爭所進行的變革轉型，具體說明了歐洲經濟整合對法國產業所帶來的多面向、多變性的挑戰。根據Courault and Doeringer（2008: 261-82）針對Cholet與Roanne兩個法國傳統的服裝產業重鎮所做的實地調查顯示，在1960年代歐洲共同市場實施後，兩地的生產者均朝向大型化的方式進行生產，由大公司主導、中小企業參與大公司的生產供應鍊的型態，來因應歐洲經濟整合後擴大的大眾市場，規模經濟與範疇經濟為此一時期法國服裝產業對歐洲市場整合的回應方式。然而，到了1970中期至1980年代，歐體納入更多新會員國，並且受到其他會員國，如義大利，更低價的競爭挑戰之後，走大量生產的規模經濟模式已不再能有效提供法國服裝產業比較優勢，導致許多Cholet當地的大型公司關閉工廠與宣告倒閉，當地的服裝產業進入快速衰退；在產業進行快速重整之際，少數存活的大型公司，如Group Salmon Arc-en-Ciel，放棄過去規模經濟的生產模式，改採將生產外包（outsource）給其他提供低價生產的歐體會員國，而將國內生產限縮在選擇性的採樣生產（sampling collection），並同時集中資源發展鮮明的自我

品牌，服飾品牌Catimini與IKKS即在此時期發展出來。另一方面，過去附隨大公司生產業務而生的中小企業，則以專業化、分殊化生產試圖轉型與找尋利基市場（niche markets）。部分中小企業專攻高階商品生產、部分選擇專攻低價的流行服飾、部分只瞄準運動服飾市場、部分則專門提供設計服務。Cholet當地服裝產業由規模經濟到品牌與利基市場建立的轉型調整，成功地適應了1980年代歐體的擴大與大眾市場的改變。

Roanne的經驗則與Cholet有所不同。不同於Cholet的業者，Roanne生產者係以針織產業為主，走的是高附加價值的高價位產品，因而對其他會員國的低價競爭較Cholet的業者不受影響。然而，到了1990年代中期，主要競爭者義大利商品亦發展出高級時尚的品質產品與里拉大幅貶值兩項因素，對法國Roanne的針織產業形成嚴重挑戰，當地針織產業生產出現大幅衰退，許多中大型生產者面臨關廠。此時當地業者組成針織業者協會（knitwear trade association）作為因應，透過該協會配合當地政府所提供的資金協助——MUTEX計畫，展開產業再造計畫。MUTEX的目的在於重新訓練產業的管理階層，使其有面對新市場挑戰的知識與規劃能力、協助中小企業發展新的技術與產品企畫能力、結合所有大、中、小型企業發展出協力合作的關係，稱之為地區伙伴關係（local partnership），目的除了改善生產效率之外，同時還在於以此種合作協力關係共同拓展海外新市場。觀念分享（idea-sharing）是此一計畫的特色，其有效促進了企業重新思考尋找市場定位的方法。儘管在Roanne的四百家業者中，只有七十家參加了MUTEX計畫，然而所有參加者，不論企業大小，其生產規模都更加成長擴大且產品更具競爭力（Courault and Doeringer, 2008: 271-7）。

另外，根據Bull *et al.*（1995: 131 & 135-6）等人針對法國Lyon地區所做調查亦顯示，在更激烈的市場競爭，該地的紡織業者中，成功者選擇以品質與專門化生產專供上層市場（up-market），其中能快速成長的生產者不僅是能提供較佳品質者，同時也是在生產機械設備項目上投資較高者。他們的調查指出，增加投資與提供高階產品的能力兩者有必然關連。投資比例低、專注低價商品市場是Lyon地區部分生產者被市場淘汰

的原因，因為僅只是提供多樣性的產品而不注重品質、設計與設備投資無法適應多變的歐體市場競爭。

　　法國服裝產業的經驗說明了在歐體市場不斷擴大整合所帶來的競爭中，只有最具效率、能適應市場改變者能成為生存企業，曾經可為產業帶來競爭優勢的規模經濟，在市場變遷與競爭環境改變下，不必然能提供同樣的解答，法國紡織產業靈活展現出在不同階段以量的提升與質的提升兩種不同的策略途徑，回應歐洲經濟整合帶來的市場變遷與挑戰。Roanne一地的經驗復又說明了，在產業轉型與適應市場整合的過程中，政府可有效扮演積極與促進的角色。

三、共同農業政策的實施

　　如果歐洲經濟整合對法國製造業帶來的是對原有封閉保守模式的挑戰，那麼歐體／歐盟的共同農業政策（CAP）對法國農業部門帶來的則是更多的機會。[8]作為農業生產大國，法國受益於共同農業政策的價格支持措施（European Agricultural Guidance and Guarantee Fund, EAGGF），自不令人意外。在價格支持的措施下，法國農產品不必擔心生產過剩與如何進入國際市場的問題，而只需專注於出口歐洲市場，此舉使得法國農業生產量出現大幅提昇。根據Morley and Morgan（2008: 189-98）調查1975-2002期間的實證資料顯示，法國農業生產力得以快速提升，尤其在部分農業次部門上特別成功的表現，係歸功於出口擴張帶動的生產力成長（export-led productivity growth），而此一出口擴張的動力則來自於共同農業政策的鼓勵。共同農業政策對法國農業顯著的正面效果還表現在與其他會員國的比較之上。[9]在歐洲經濟整合啟動後的1958-1995近四十

---

[8]　CAP的主要內容為以保證價格購買歐體／歐盟會員國所生產的剩餘農產品，同時以共同關稅限制第三國農產品廉價進口到歐體／歐盟市場。CAP曾於1992-1993年時進行改革，然而，並沒有改變它保護歐盟農業市場的本質。參見Alain Guyomarch, Howard Machin, and Ella Ritchie (1998), *France in the European Union*, New York: St. Martin's Press, 有關 'Agriculture policy' 一章。

[9]　根據Morley and Morgan (2008) 的調查，共同農業政策所帶動的生產力成長效果因會

年期間，歐盟會員國的農業生產在共同農業政策的鼓勵下總體成長兩倍
（double），但法國的農業生產卻出現三倍數（triple）成長。儘管法國在
參與歐洲經濟整合之前已是六國中最大的單一農業國，但到了1988年，
其農業生產已占歐體十二個會員國總體農業生產的四分之一。農產品成為
法國對其他歐體／歐盟會員國的主要出口部門，在1960年代初期，法國
農業部門仍有少部分貿易赤字，但到了1990年代時，法國的農業部門已
可創造50億法郎的盈餘，占法國出口貿易的15%，其中農產品對歐體／歐
盟的出口由對歐體／歐盟出口的25%比例大幅成長到1998年的71%。農業
部門出口能力的快速成長，使法國成為全球僅次於美國的第二大農產品
出口國，並為法國的外貿平衡提供主要的外匯收入，Rouen並成為全球最
大的穀物商港（Pivot, 1993: 65; Guyomarch *et al.*, 1998: 152; Mallet, 1993:
127; Dormois, 2004: 108-9）。

　　有趣的是，對於法國經濟大幅受益於CAP的事實，法國官方的反應卻
相當低調而不願多作回應。一名法國外交部資深主管級官員在受訪時談
到CAP時僅簡單地表示，作為一個農業生產國，無可否認地，法國確實是
CAP的主要受益國家，但他強調法國並非是唯一受益國家（訪談於2013年
9月24日於台北進行）。

　　法國農業生產得以成長快速，很大程度來自於農業部門在生產效率
上的改善。生產效率的改善來自於機械化的實施、灌溉系統與排水系統的
進步、新的農業研究成果，如新肥料的開發、害蟲防制等應用在種植與飼
養業上。另一方面，法國政府也在政策上鼓勵農地整併，以較大規模的耕
種面積追求規模經濟效益，並同時協調金融機構提供農業融資與進行鄉村
地區基礎設施的改良。因此，法國農業得以在每一生產部門都出現生產

員國不同而異。例如在法國與愛爾蘭的農業部門均出現因共同農業政策的鼓勵而帶動
出口擴張，從而刺激生產力提升的因果關係。然而在德國與英國，其農業部門的生
產力提升則未見與共同農業政策有明顯因果關連。詳見Bruce Morley and Wyn Morgan
(2008), 'Causality between exports, productivity and financial support in European Union
agriculture', *Regional Studies*, Vol.42, No.2, pp.189-98。

量大幅成長的現象，[10]但從業人口卻出現下降的趨勢。1958年時，法國仍有五百萬農業部門的就業人口，占總就業人口的24%，到了1996年，農業就業人口降低到兩百萬，占總就業人口的5%，且其中多數的農業就業人口是屬兼職性質（part-time basis）（Guyomarch *et al.*, 1998: 140 &152-4; Dormois, 2004: 109）。因此，Eichengreen（2007: 184）即認為，共同農業政策對法國經濟的貢獻在於促進法國農業的生產合理化與效率化。[11]

農業部門的成長與效率化其產生的直接效益就是農民生活水準的提升。在1968-1978十年期間，法國農民所得以每年3%的比例成長，約與工業部門的薪資成長相當，其中共同農業政策的直接補助貢獻約25-30%的比例。然而，自此之後，農民所得即出現大農與小農所得成長比例不均的情況。在共同農業政策的價格支持下，能以最有效率的方式生產最多產量的農民通常是大農，自然可享受到最多的所得，形成了所謂的雙元農業（'dual agriculture'），意即大農以不到三分之一的比例卻生產了三分

---

[10] 例如小麥由1970年總生產量1200萬公噸，增加到2000年總生產量3500萬公噸，成長近三倍；玉米由1970年總生產量750萬噸，增加到2000年總生產量1570萬公噸，成長兩倍；馬鈴薯類每平方公頃的生產則在1960-1985十五年間成長兩倍；酒類則從1970年總生產量1550萬公噸，增加到2000年總生產量4300萬公噸，成長近三倍。更多的統計數據詳見Jean-Pierre Dormois (2004), *The French Economy in the Twentieth Century*, Cambridge: Cambridge University Press, pp.109, Table 7.3。

[11] 針對共同農業政策對法國農業的效益，Catherine Pivot; Jacques Mallet; Jean-Pierre Dormois等人有不同看法。Catherine Pivot（1993）認為，共同農業政策固然使法國農業受益良多，但也使得法國農業在政策保護下只專注在歐體／歐盟市場，而無法跟上真實國際環境的競爭現況。參見C. Pivot (1993), 'Costs and benefits of the CAP', in Francois-Georges Dreyfus; Jacques Morizet, and Max Peyrard eds., *France and EC Membership*, London and New York: Pinter Publishers and St. Martin's Press, pp.65-7。另外，Jacques Mallet（1993）亦認為法國產業在參與歐洲經濟整合之後，已轉變為有工業競爭力的經濟體，因此共同農業政策的保護作法雖使得法國農業得以現代化與擴大成長，但是一過度簡化與過時的措施，同時也可能妨礙法國農業在國際分工下朝向更專業化的生產。參見J. Mallet (1993), 'The EC and France's foreign trade', in Francois-Georges Dreyfus; Jacques Morizet, and Max Peyrard eds., *France and EC Membership*, London and New York: Pinter Publishers and St. Martin's Press, pp.126-7。而Jean-Pierre Dormois則認為儘管法國農業的生產力與效率在共同農業政策的實施下進步顯著，然而以獲利能力而言，法國農業並沒有表現得比英國或瑞士農業來得好。因此，與其說農業是法國的綠色石油，不如說它是綠色煤礦（green-coal）（煤礦業為另一個歐盟高度補助的產業）。參見Jean-Pierre Dormois (2004), *The French Economy in the Twentieth Century*, Cambridge: Cambridge University Press, pp.111。

之二以上的作物，大部分小農的收入則有一半以上仰賴共同農業政策的補助；到了1988年時，共同農業政策的最大受益者已爲法國農產富庶地區的大農戶。此一雙元農業分配不均的問題曾引發兩萬名農民於1991年聚集於首都巴黎的抗議事件（Guyomarch *et al.*, 1998: 154; Dormois, 2004: 110-1; Mallet, 1993: 127）。

儘管共同農業政策在法國出現大小農之間的所得分配問題，然而，法國農業部門在此一政策的保護傘下迅速成長擴張，並爲法國經濟提供出口貿易的主力，則爲不爭的事實。Guyomarch *et al.*（1998: 141）等人即認爲，共同農業政策爲法國利用歐體／歐盟架構有效保護國內部門利益的最佳範例，此一政策使得德國此類的農業進口國必須負擔較高的代價以取得食物來源，同時將法國傳統保護農業的作法透過歐洲經濟整合的途徑予以體制化、區域化。如果以共同農業政策至今仍占歐盟整體預算的43%，且超過五分之一的比例是給予法國而爲最大受益國等事實觀察（Safran, 2007: 184），法國戴高樂總統當時因反對共同市場的實施將偏向德國工業利益，但亦不能忽視西歐市場整合的要求，而改以共同農業政策交換共同市場的替代性作法（Burban, 1993: 187），確實有效地將歐洲經濟整合形塑成法國利益的保護機制與促進工具。

四、產業的優勢與劣勢

參與歐洲經濟整合打開了封閉的法國經濟，刺激產業競爭力的改善與進步，但同時也暴露了其原有的產業競爭劣勢。以法國產業在歐洲共同市場的出口能力觀察，其產生貿易順差的國家主要爲英國、西班牙、葡萄牙、希臘等工業製造能力較弱的歐體／歐盟會員國，而產生貿易逆差的國家則爲德國、荷、比、盧、瑞典等較先進的經濟體（Bilger, 1993: 114）。此一特點與法國整體對外貿易型態一致：意即法國高科技的製造業商品是出口到第三世界的開發中國家，而向其他先進工業國，如美、日等國，進口同類型的高科技產品。此一事實顯示，儘管法國整體產業在歐洲經濟整合的競爭壓力下已更具活力與競爭力，但法國科技產品仍缺乏出口到較先

進經濟體的競爭能力（Adams, 1989: 247-8; Petit, 1989: 251）。

　　如果以經濟部門來觀察，法國與歐體／歐盟國家的貿易型態中，產生貿易盈餘的部門來自農業部門（部分歸功於共同農業政策的實施），貿易赤字部門來自製造業部門，而製造業的赤字比例往往多達農業盈餘的兩倍；且在單一市場逐步完成後的1980年代後期，法國對其他歐體／歐盟會員國的赤字逐年擴大而必須依靠農業與出口到其他開發中國家的武器貿易來平衡，此一事實同樣顯示法國製造業在歐體／歐盟的競爭中仍待加強（Petit, 1989: 250-1）。

　　歐洲經濟整合所帶來的競爭刺激對不同的經濟部門顯然也形成不同的效果。根據Dormois（2004: 41-2）的調查，法國產業中原本已具競爭優勢的航太工業、飲酒業、香水與化妝品產業、穀物業、汽車零件、化學製藥等產業，在歐洲經濟整合實施後其優勢更加強化；而原本不具競爭優勢的電子零件業、發電業、金融服務業、交通運輸、觀光等產業，亦在西歐市場整合後有效地改善其產業競爭力；在製鞋業、石油次級產品、造船、金屬製造、電腦設備、塑膠業、農業機械等產業，則在歐洲經濟整合的競爭中未能有效調適而失去市場競爭能力。

　　若再進一步觀察可發現，法國的產業出口優勢與國家扶植或保護的產業有一定關連。法國的出口產業明顯集中在資本密集產業與農業部門。與德國不同的是，此一資本密集產業的出口並非是資本財型的產品，也非是美國與日本傾向的民生類型的高科技產品，而是在民生需求較少、且與國家支持的產業有關的科技類型產品，例如航太、軍事科技等產業（Shirm, 2002: 65; Buzelay, 1993a: 12-8）。如Petit所指出（1989: 243 & 255），法國製造業的貿易盈餘有一半以上的比例是來自於與開發中國家，尤其是石油生產國家的武器交易（arms trade）出口，然而此類型的出口貿易並不能長久提供法國穩定貿易盈餘的安全之道，因為武器貿易是具高度政治風險與財務風險的市場且多集中在第三世界國家，從而隱含較高的不穩定性與危險性。而其他能製造出口盈餘的製造業部門，如航太、電子、核能、交通運輸（如空中巴士與高速鐵路的輸出），亦多與法

國政府對外的國際談判交涉能力有關。在參與歐洲經濟整合、主要貿易對象移轉為較先進的經濟體之後，法國相對欠缺在非軍事相關的高科技領域的競爭力之事實，即被鮮明地突顯出來。

因此，Adams（1989: 257-8）認為，法國應該在參與歐洲經濟整合所帶來的外貿市場結構改變之前就應先發展出非軍事的高科技能力，才能在貿易對象轉為較具工業競爭力的對象之後，仍具有一定的市場競爭能力。然而，他亦指出，儘管參與歐洲經濟整合突顯出法國在民生科技領域上的競爭劣勢問題，然而，整體而言，它仍為法國經濟帶來產業重整的效益。歷經五十年的區域經濟整合，法國產業並沒有出現David Landes在1951年時的悲觀預測：「（產業）改變，然後在改變中死亡；或者不改變，換得一個更快死亡的風險（To change and, in changing, die; or not to change, and risk a swifter death）」（Ibid.: 260）；相反地，不少評論者均指出，法國在經濟整合的挑戰下，表現得已遠比預期中來得好（Petit, 1989: 243; Adams, 1989: 260; Safran, 2007: 178）。

第四節　法國參與歐洲經濟整合的成本

參與歐洲經濟整合所帶來的更激烈的市場競爭對法國經濟之首要成本即為失業率的增加。此一失業率的增加，一方面源於產業經濟所面臨的劇烈轉變，因此失業人口的增加表現在衰退的經濟部門（declining sectors）、衰退中的地區（declining regions），另一方面則源於法國因參與歐洲貨幣整合之故，經濟治理重心由創造就業轉變為降低通貨膨脹的緊縮政策之所致。同時，參與歐洲經濟整合亦加重了，而非減緩了，法國原本區域發展失衡的問題。

一、失業成本

法國產業在參與歐洲經濟整合下所產生的結構調整過程中，其成本

代價就是失業人口上升；此一失業人口的上升不僅發生在衰退中的經濟部門，也發生在衰退中的地區（Adams, 1989: 263）。以1958-1999年法國參與歐洲經濟整合四十年的成果來看，在所有的總體經濟指標上，如低通貨膨脹、物價穩定、貿易盈餘、生產力的成長、企業競爭力的提升、政府赤字的降低、公債的減少等，法國經濟均出現正面的結果，只有在工作創造／失業率此一指標上是表現得更糟（Gueldry, 2001: 110-1; Schmidt, 2005: 372）。在1979年時，法國有100萬失業人口；到了1982年時，法國失業人口倍增到兩百萬；到了歐洲單一市場完成後的1993年時，法國失業人口增加到三百萬。同時，對比其他歐體／歐盟會員國，法國的失業人口增加的比例也較其他會員國爲大。以1983-1986年間爲例，當歐體其他會員國，如德國、義大利的失業率不是出現下滑，就是失業增加率減緩之際，法國的失業率與增加比例仍維持相對高檔（Adams, 1989: 244 & 316）。

在失業者的型態上，則以低技術勞工爲失業風險最高的一群。根據Bazen and Cardebat（2001: 801-10）與Truett and Truett（2005: 304-16）的研究調查顯示，歐洲經濟整合所帶來的市場開放直接帶動進口商品價格的降低，對投資中間商品製造者固然帶來生產成本降低的好處，但在歐洲勞動市場流動性尚低的現狀下，降低價格後的進口商品即直接衝擊法國低技術勞動者的就業機會。在低技術密集度的產業中，較低廉的進口商品先是減低了低技術勞動者的就業機會，而後又降低了他們的實質薪資水準，從而使低技術勞動者的失業／創造就業問題益形難解。另一方面，有專業技能的勞工則與白領階級薪資所得出現拉近的情況（Moss, 1998: 70）。

然而，在2000年之後，傳統上由低技術勞動者承受較高失業風險的現象出現部分改變。Dormois（2004: 99）指出，白領管理階層（cadres）的失業率在1999年時已升高到4.6%，過去被認爲能有效抵抗失業風險的高學歷文憑已不再是就業安全的保障。同時有越來越多的失業大學畢業生從事所謂的「垃圾工作」（junk jobs），青年失業率（指二十五歲以下失業人口）則高達25%，出現所謂的世代問題。另一方面，就業創造的水平

卻始終處於低檔，且多屬短期性工作。在整個1990年代，終身職型的工作機會（tenured jobs）僅增加了2%，而短期性工作，通常是十八個月的契約工作，卻增加了60%，政府補助的培訓課程則增加了65%，臨時性工作（temporary employment）則增加了130%。這些事實顯示，參與歐洲經濟整合之後，失業風險的升高與工作安全保障的降低已從低階勞動力的特定現象擴及為法國勞動市場不分階級的一共同特色。

　　關於法國的高失業問題，有許多不同的解釋。在OECD的官方報告中認為，法國違反競爭精神的勞動法規與僵化的薪資政策是此一高失業率的主因。其他學界研究則指出，法國教育系統與商業世界的脫節、勞工在國內各地區間的低流動率、勞動薪資的高賦稅與依賴政府資助的就業安置政策等因素，均為法國高失業率的主因（Gueldry, 2001: 110-1）。以上這些因素，固然可程度不等地解釋法國高失業率的形成，然而，檢視上述理由，許多現象，如保護性的勞動法規與薪資政策、教育體系問題、高賦稅等，其實並非法國獨有，因而無法有效解釋為何法國的失業率與增加比例均比其他歐體／歐盟會員國來得顯著。因此，一個更根本的問題毋寧是，法國以其原本較封閉、保守的經濟體在參加歐洲經濟整合的過程所面臨到的結構調整與產業轉型幅度，較其他已相對開放的歐體／歐盟會員國而言來得更大，故此所引發的調適與失業成本問題也隨之較高。

　　然而，為何在經濟整合與開放的過程中，總是勞工的成本代價大於資本家的代價？甚至更精確地說，從法國總體經濟的多項指標皆在參與歐洲經濟整合後出現好轉，尤其是通膨降低、物價穩定、生產力提升等事實來看，顯示資本家的資本報酬在參與經濟整合的過程中已有更好的表現，然而，唯獨失業率是上升的事實則顯示勞工顯然沒有受益於經濟整合的開放，反而受害於產業轉型成本的付出。Moss（1998: 78）與Gueldry（2001: 141-2）解釋，這是因為在經濟整合開放的過程中，法國企業透過重整轉型尋求最佳的資源配置，然而此一重整轉型可能是以裁員、關閉工廠、資本移出等資本減縮（disinvestment）的形式來進行，勞動階級卻因語言與文化的限制而相對地較不流動，因此在結構變動的過程中，因移動

能力差異的現實下，勞工會面臨比資本家更大的風險成本。如同Gueldry（2001: 114-7）所指出的，經濟整合帶來工作，也毀滅工作；以單一市場的實施爲例，如果法國企業因單一市場創造了五百萬個新工作機會，那麼更大於這個數字的工作也因產業進行重整而消失。因此，市場的更加開放固然爲投資者提供更好的機會，然而，經濟整合機制的本身並不會自動推動社會的進步，因此他呼籲歐洲經濟整合不應只有市場開放而爲投資者的天堂，而以勞工工作爲代價。

二、參與歐洲貨幣整合的成本

　　1960年代晚期，規範國際貨幣秩序穩定的布列敦森林協定逐漸走向瓦解，造成歐體會員國的幣值匯率變動過大，影響區內貿易的進行與共同農業政策的執行，此一國際經濟體系變動的背景催生了歐洲貨幣整合運動。1969年的海牙高峰會首次同意建立歐洲經濟與貨幣聯盟（EMU），然而規劃如何執行EMU的魏納計畫（Werner Report）因1970年代國際政治與經濟情勢的變動最終沒有付諸實踐。取而代之的是仿效布列敦森林協定，在1972年四月於歐體會員國之間建立一固定而可調整的匯率機制，稱之爲蛇行浮動（the snake）。[12]作爲一傳統上偏好以國際合作機制來管理匯率的國家，法國並不是歐洲貨幣整合運動的忠實參與國。其在1974年一月因法郎貶值壓力首次退出蛇行浮動，1975年七月重新加入，1976年三月因石油危機再次退出，直到1979年蛇行浮動被歐洲匯率機制（ERM）取代時都未再重返。然而，置身蛇行浮動之外使得法國政府不斷面臨如何維持法郎幣值穩定的壓力使得法國政府於1979年與德國共同提出建立歐洲貨幣機制（EMS）之議，並以創建ERM取代蛇行浮動作爲歐體會員國彼此間新的匯率管理途徑（Hendriks and Morgan, 2001: 58-9; Guyomarch et al., 1998: 170; Bilger, 1993: 101-3）。

---

[12] 蛇行浮動分爲隧道內蛇行浮動與隧道外蛇行浮動兩階段。前者指的是歐體會員國對美元在一狹幅內浮動，稱之爲「隧道」（the tunnel），歐體會員國彼此間則再採一更狹幅的範圍浮動，稱之爲「蛇」（the snake）。後者指的是在布列敦森林協定正式瓦解後，「隧道」也隨之瓦解，只剩下歐體會員國彼此間的匯率管理。

　　參與ERM意味著法國政府必須放棄過去訴求以貶值性的競爭政策（competitive devaluation）與通貨再膨脹（reflation）的凱因斯式經濟管理來追求經濟成長與就業創造，這對傳統上重視成長與就業更甚於物價穩定的法國而言，是國家治理上的一大改變與挑戰；誠如Schmidt（2002: 91）所形容的，此一改變對法國的經濟治理來說，是一重大的質變（transformative）。參與歐洲貨幣整合對法國主政者最困難的考驗與挑戰發生在1983年三月當法郎危機於ERM機制下首次發生時。時任的密特朗政府在面臨危機時出現兩派不同意見。一派主張法郎退出ERM讓其自由浮動，同時管制資金流動以削減國際投機客對法郎的攻擊壓力，另一派則主張繼續留在ERM，並對中心匯率做出重整（realignment）。時任總統密特朗選擇後者主張，由法郎在ERM體系中貶值2.5%，並協調德國相對升值馬克5.5%的方式因應；換言之，德國承擔了此次法郎危機的主要成本，換取法國同意放棄過去擴張式的凱因斯經濟管理模式，接受德國所要求的強調平衡預算、穩定物價的貨幣學派管理法（Schmidt, 2002: 187&274-5; Guyomarch *et al.*, 1998: 170-1; Hendriks and Morgan, 2001: 60-1; Petit, 1989: 257, Hancke, 2001: 315）。[13]此次法郎危機不僅標示出法國經

---

[13] 有關於密特朗為何最終選擇以留在ERM因應1983年法郎危機而不是選擇退出ERM並管制資本的手段，一般學界看法認為這是在貿易自由與資本開放的世界經濟體系中，任何追求無限制的經濟擴張政策都會受到匯率市場的懲罰。然而，Hendriks and Morgan（2001）、Schmidt（2002）、Moss（1998）等人持不同看法。Hendriks and Morgan（2001: 61）認為國際情勢的不安是其決策的主要因素。當時德國民意反對北約在德國境內部署中程核彈而引發社會大規模的抗議活動，引發密特朗對德國是否繼續留在歐洲統合的關切，因而決定法國繼續留在ERM以確保德國對歐洲的承諾。Schmidt（2002: 279）則認為，法國為歐洲統合領導國家的事實攸關其國家榮譽感（national pride）的建立與維繫，因此，密特朗選擇法國續留ERM的決定是為保持法國在歐洲統合中的領導地位。相反地，Moss（1998: 64-5）認為國內政治因素才是密特朗此一決策的主因。他認為歐洲因素不是限制他決策的主因，而是在國內的政治現實上，密特朗沒有取得國內政治對其在1981-2年所推行的社會主義改革政策的多數支持。參見Gisela Hendriks and Annette Morgan (2001), *The Franco-German Axis in European Integration*, Cheltenham, UK and Northampton, USA: Edward Elgar, p.61; Vivian Schmidt (2002), *The Futures of European Capitalism*, Oxford: Oxford University Press, p.279; Bernard H. Moss (1998), 'France: economic and monetary union and the social divide', in Bernard H. Moss and Jonathan Michie eds., *The Single European Currency International Perspective" A Community in Crisis*?, New York: St. Martin's Press, pp.66-7。

濟治理模式的重大轉變，意味著法國放棄過去以貨幣貶值的方式來保護國內產業的競爭力，其亦成爲法國參與歐洲貨幣整合態度轉變的分水嶺，自此危機之後，法國即成爲ERM的堅定參與者，並於1990年代初期進一步推動建立EMU與歐洲單一貨幣。

參與ERM帶給法國預期中的匯率穩定與通貨膨脹降低的優點，也帶給它經濟成長減緩與失業率上升的代價。在參與ERM期間，法國的物價指數從1983年高達9.2%大幅降低到1990年與德國水準相仿的低指數2.7%，有效地解決了通膨問題；法郎幣值亦在法國參與ERM八年之後，對德國馬克長期穩定下來（Hendriks and Morgan, 2001: 62; Horvath *et al.*, 1998: 1592-3; Bilger, 1993: 110）。然而，物價與匯率穩定的代價即爲經濟成長與就業。在1983-1987年期間，法國的失業率持續增加，且經濟成長率是低於主要工業國家的平均值，而對外貿易則因爲法郎在ERM中採強勢法郎政策以維持匯價穩定，使得幣值偏向高估而不利商品出口，出現貿易赤字增加的情形（Bilger, 1993: 110-1; Moss, 1998: 67）。如果以整個1980年代觀察（1981-1990），法國的經濟成長較前十年（1971-1980）平均值減少了0.8%；就業成長則平均降低了0.2%。如果以1990年代（1989-1997）法國爲參與EMU而努力達成聚合指標門檻的ERM後期時代觀察，法國平均每年減少1%的GDP成長，失業率則從6%上升到12.8%（Zervoyianni, 2006: 184; Moss, 2005a: 55）。值得注意的是，此一成長與就業的代價卻不是平均地由勞資雙方所共同承擔。受薪者與勞動者顯然比企業／資本家承受更多的成本付出。據估計，法國受薪者在1982-1988年期間的平均實質薪資降低了1.7%，家戶所得占整體經濟的附加價值則下降了4.7%，同時期企業所得占整體經濟附加價值則是上升了3%。企業獲利能力則是從1982年的13.3%上升到1987年的18.4%（Moss, 1998: 66）。簡言之，在法國選擇持續參與歐洲貨幣整合期間，通貨膨脹、企業競爭力、勞動生產力等經濟指標都持續改善，唯有失業率持續攀升（Schmidt, 2005: 372）。[14]

---

[14] 爲何在參與ERM的過程中，法國企業顯示出較佳的獲利能力而勞工則面臨實質薪資下降的成本？Moss解釋（1998: 67），這是因爲法國政府在ERM中採取強勢法郎的政

　　然而，與其說經濟成長的減緩與失業上升是法國參與歐洲貨幣整合的代價，毋寧說它們是1980年代法國選擇由凱因斯學派的經濟管理轉向貨幣學派管理的成本。法國於1979年重新加入歐洲貨幣整合的ERM機制，此一轉變並不來自於法國對歐洲貨幣整合運動的重新賦予承諾與認同，而是反映其本身經濟管理思維的轉變。在歐洲共同市場成立到石油危機發生的1970年代中期此一期間，法國主政者一直企圖同時達成經濟成長與物價穩定兩個主要的經濟目標。在石油危機發生後，此兩者目標即顯得難以同時達成。法國兩次退出蛇行浮動的事實顯示當經濟成長與物價穩定兩者目標只能選擇其一時，其通常選擇前者而放棄後者。然而，缺乏穩定且可預期的匯率交易環境使得通貨膨脹問題在法國始終無法有效解決。在1976-1981年期間，執政的法國右派政府即已嘗試改以貨幣穩定管理法企圖降低通膨以維持經濟成長；採取貨幣管理法之後，雖有效使總體經濟穩定下來而有利於出口競爭力，但經濟成長與就業增加即明顯放緩。也因為經濟管理思維的轉向，法國才會於1979年時提出建立EMS與ERM之議。因此，此一倡議並非來自於法國認知到歐洲貨幣整合對於經濟整合的必要性，而係顯示歐洲貨幣整合作為一經濟管理途徑與法國經濟管理思維由凱因斯學派轉向貨幣管理法之後的新政策需求契合。成立與參與ERM不僅可使法國藉由歐體集體之力，達成穩定法郎匯率以解決國內通膨困境的目的，同時尚可利用歐洲貨幣整合作為政策轉向合理化的藉口（Bilger, 1993: 108-9; Dormois, 2004: 24; Shirm, 2002: 70-1; Thatcher, 2003: 319; Moss, 1998: 67; Schmidt, 2005: 372-3）。

　　另一方面，Bilger（1993: 112-7）則不認同參與ERM為法國帶來低成長與低就業的一般性看法。他認為，在ERM機制下，法國政府已不能再利用貨幣政策手段保護企業與訴求貨幣貶值來調整外貿平衡，因而真實地

策，有利於利率的下降與抑制薪資成長，從而有利於企業投資與獲利率。進一步內容參見Bernard H. Moss (1998), 'France: economic and monetary union and the social divide', in Bernard H. Moss and Jonathan Michie eds., *The Single European Currency in National Perspective: A Community in Crisis?*, Basingstoke, UK and New York: Macmillan and St. Martin's Press, p.67。

暴露了法國經濟原有的缺點，而這些結構性缺點，對一個開放經濟體而言，即使是在浮動匯率機制下，也一樣會帶來成長與就業減緩的代價。他表示，儘管法國為全球第四大出口國，但以法國在ERM中不時出現的貿易赤字此一事實顯示，法國產業尚未完成產業結構的現代化與調整，並仍缺乏非價格的競爭力。因此他認為，只有在法國能穩定地維持貿易盈餘以顯示其為一強健經濟體的情況下，類似ERM的貨幣管理法所帶來的物價穩定的優點，才能展現其對經濟促進的良性循環。Hendriks and Morgan（2001: 62）亦持類似的看法。他們指出，儘管法國在ERM體系中大幅降低了通貨膨脹並拉到與德國相似的低水平，然而，在產業背景、民間儲蓄、投資政策等方面的傳統差距，使得法國仍未具有德國的經濟實力。相反地，Bilger認為（1993: 112-7），ERM的參與為法國的經濟管理帶來合理化與紀律化的正面效果，同時使得法國企業不再能依賴政府在匯率操作上的保護而走向國際化，從而逐步提升在國際分工中的地位，而能與德國、日本等工業強國競爭。他以參與ERM的德國、法國，和未參與ERM的英國在1985-1990年期間的經濟表現指出，德國以較佳的產業競爭力在所有的經濟指標中──經濟成長、失業率、通貨膨脹、外貿平衡等，均是三國中表現最佳的。英國在未加入ERM而仍保有其獨立的貨幣決策權的情況下，只有在失業率降低一項指標上表現得比法國好。因此，他認為德國的經驗顯示，ERM不必然以成長與就業為代價，同時法國在經濟成長、通膨與外貿等指標表現較英國為佳的事實也說明，ERM有效地刺激了法國產業競爭力的提升，從而反應在1988年後經濟成長與外貿平衡的好轉。

　　如果成長與就業的代價仍為一爭辯中的議題，那麼參與歐洲貨幣整合象徵法國交出經濟主權並接受德國模式的經濟管理，則為另一個較不受爭議的成本代價，而此代價表現在法國經濟治理型態的改變。參與貨幣整合涉及到會員國彼此間在匯率政策上的相互協調與合作，從而影響本國在利率政策上的自主權，因此必然牽涉到部分經濟主權的失去，同時也使得參與國對其他會員國的經濟政策有一定程度的影響力與控制權。

在ERM機制下，其原始設計為相互平等的合作機制，然而，基於德國為ERM中最大的經濟體、馬克為ERM中最強勢的交易貨幣，形成ERM在實質運作上成為以德國央行為領導地位之不平等、不對稱的上下關係。此一運作型態的正面效果是，德國央行所採行的穩定物價政策的優點會擴及到整個ERM體系中的會員國，其缺點則是其他會員國，包括法國，必須接受德國央行的實質領導而將經濟主權讓與德國央行。此一領導權之讓與對法國的意義較其他會員國尤為重大，因為法國本與德國為ERM的共同倡議國，其目的即在以ERM的集體架構，與德國共同領導歐洲貨幣整合；然而，歷經1983年的法郎危機，並由德國承擔主要的匯率調適成本之後，法國體認到兩國經濟實力的差距以及法郎對馬克而言是一較弱勢伙伴（junior partner）的現實，因而必須承認與接受德國在ERM的優勢地位。1983年的法郎危機與法國最終接受德國要求改採經濟緊縮政策，被視為是法國放棄過去經濟治理的型態、交出ERM的共同領導權與承認德國為單一領導國的分水嶺（Hendriks and Morgan, 2001: 62; Bilger, 1993: 104-5）。

三、區域發展失衡的成本

　　正如同區域經濟整合的效益是不均等地影響不同的經濟部門、不同資源與條件的勞動者及生產者，其亦不均等地影響法國各地的區域發展。如Guyomarch et al.所指出的（1998: 190），歐洲經濟整合所帶來的商品市場與勞動力的自由流動容易導致經濟活動在地理面貌上的新分配。以法國而言，以其中央集權制的國家型態而言，原本即有核心與邊陲地區發展不均衡的問題，然而，參與歐洲經濟整合則無疑地持續加重了此一發展不均的現象。事實上，Buzelay（1993b: 83-4 & 91）指出，因經濟整合所帶來區域生產必然走向專業化、分殊化的競爭壓力比較會在區域層次（regional-level）而非國家層次（national-level）發生，這是因為以下兩項因素。首先，各區域不僅要與會員國的各區域競爭，同時還要與本國其他地區競爭；此一情況尤以法國鄰近德國的地區為代表，該區域不僅需與

較進步的法國北部地區競爭企業投資，同時還要面臨鄰近德國地區的跨國際競爭。其次，各會員國的核心地區會較邊陲地區更受益於市場整合與開放，即使在較貧窮的會員國亦是如此；因此容易在統計上呈現各國家之間發展差異減少，但地區差異，不論是國內各地之間或跨國地區的差異，卻出現擴大的現象。

　　因此，在參與歐洲經濟整合所呈現的地區發展過程中，法國各地區出現勞工與資金往比較繁榮的核心地區流動之現象。此一資源向核心地區流動的現象，在1980年代歐體推動單一市場後速度開始增加，在1990年代歐盟推動單一貨幣之後則更為顯著。以個別地區而言，巴黎地區展現快速的經濟成長，而里昂、馬賽、史特拉斯堡、土魯斯（Toulouse）等其他主要地區，雖也表現出與全國平均值相當的成長率，然而卻與巴黎的顯著成長仍有一段相當大的差距。在經濟成長的差異之下，核心地區的所得成長也明顯高於非核心地區。核心地區的平均所得不僅較其他地區成長為快，且遠高於全國平均值。邊陲地區的所得雖亦出現成長，並且以中等偏高的成長率追趕，但仍遠不及核心地區的所得水準。至於法國半核心／半邊陲地區，則沒有表現出明顯的特色（Guyomarch *et al*. 1998: 196; Krieger-Boden, 2008: 115-6）。為何經濟資源傾向往勞動與生產成本較高的繁榮核心地區流動，而不是向勞動力便宜、失業率高的邊陲地區流動？Guyomarch *et al*.（1998: 203）解釋，這是因為企業投資偏好在基礎設施與技術勞工條件均較佳的地區；在較不繁榮的邊陲地區，企業必須面臨較高的運輸成本以及較差的基礎設施提供，從而提高其生產成本與風險。歐洲經濟與貨幣整合的實施則進一步突顯法國各地區的競爭差異，從而形成法國區域經濟兩極化的發展。

第五節　結語

一如Adams（1989: 123）與Mallet（1993: 121）所直言，要確切評估法國參與歐洲經濟整合的效益是很難計算的（incalculable），因爲法國參與歐洲經濟整合的動機並非是經濟性的，其並不單純地期待以經濟整合達到提升國內所得水平的目的，也不是企圖以經濟整合迫使國內企業面對更多競爭。其最主要是以安全與政治性的理由參與歐洲經濟整合，目的在於能在最大程度內，提高法國經濟與德國經濟的互依性（interdependence），從而達到國家安全與和平的目的。

然而，儘管法國參與歐洲經濟整合的動機是非經濟性的，我們仍然可以觀察到在非經濟的動機下，一國如何巧妙地運用區域經濟整合爲工具達成國內經濟改造與產業結構重整的目的。如果出口能力的提升與所得的增加兩者相加等於國家競爭力之定義（Rapkin and Strand, 1995: 2-3），那麼法國參與歐洲經濟整合五十年的結果確實有達到改善出口能力與增加所得的結果，從而達到競爭力提升和國家經濟福祉增進的效果。George（1991: 14-5）即指出，法國產業是歐體／歐盟國家中，面對歐洲經濟整合調適表現最佳者，從一開始對和德國產業同台競爭的恐懼與反對，到體認無法逃避於開放市場的競爭進而積極調整準備，至轉而要求法國政府加快共同市場完成的幅度與時程，其大幅轉變說明了法國產業成功地面對與回應歐洲經濟整合所帶來的挑戰與機會。Deubner（2006: 63）則認爲，純就經濟利益的得失而言，參與歐洲經濟整合當然有使法國的經濟變得更好，因其使得法國脫胎換骨成一更開放的自由貿易經濟體。他認爲，如果不是參與歐洲經濟整合，今日的法國經濟將顯得保護主義，同時國家也仍會相當權威性地介入經濟活動。Deubner（2006: 63）與Gueldry（2001: 31）均指出，歐洲經濟整合對法國經濟最重要的兩項改變，即爲促進產業結構的現代化與達到對農業部門的保護。Gueldry（2001: 31）認爲由於有共同農業政策的保護，使得法國參與歐洲經濟整合面臨到產業結構重整時，不至犧牲農業部門的資源與發展，若無共同農業政策的保護，勢必會

有相當多的資源從農業部門移轉以支持產業追求現代化，因此，共同農業政策有效地幫助了法國在進行產業結構重整時減緩其必須付出的部門調適成本。

　　儘管歐洲經濟整合為法國帶來產業重整與現代化的效益，但法國總是在不情願的情況下接受歐洲經濟整合所帶來開放與競爭的挑戰壓力。如Safran（2007: 183）與Mallet（1993: 133）俱指出的，無論歐洲經濟整合有無發生，法國無法永遠逃避世界的競爭；尤其作為德國的鄰居，其無法漠視德國強大的經濟實力與工業競爭力，因此參與歐洲經濟整合是法國面對全球競爭時所能採取最好的區域途徑，由於透過參與區域經濟整合使得法國對外的開放與競爭是在一有組織的步驟下進行，並且透過歐體／歐盟內共同政策的實施，如共同農業政策、區域政策等，法國得以較佳的位置面對全球性的競爭。

　　如果回顧每一次法國如何面對歐洲經濟整合的動議時，即可發現法國此一被動卻又不得不接受的特色。以1958年共同市場的實施為例，時任總統戴高樂原本希望建立的是政治性的歐洲國家聯盟（European States Union），而不是經濟性的關稅同盟，但最後在無法漠視西歐市場整合與開放的壓力下同意建立歐洲共同市場。同樣地，1990年代歐洲單一市場與單一貨幣的計畫亦是在法國面對失業率不斷上升、經濟成長不斷下降所產生的危機感之下，始接受時任歐體執委會總裁Jacques Delors的說法，視單一市場與貨幣為法國與歐洲經濟的救贖（Burban, 1993: 187 & 9）。也正因為此一被動接受的特色，使得法國，相較於德國與英國，對歐洲經濟整合的詮釋並非是完全去管制的市場自由競爭，而是管理式的自由市場（managed liberalism）。法國並不視經濟整合所帶來的開放與競爭本身為一最終目的，而為一手段；企圖利用此一手段對外在面對國際競爭時提供，一區域的保護傘，對內則利用區域內的開放競爭達到國內經濟結構重整與現代化的目的（Gueldry, 2001: 72）。法國參與歐洲經濟整合半世紀的經驗顯示，此一以區域途徑達到國際化的途徑顯然是成功的。法國整體經濟較未參與前已更開放與具有國際競爭力。

誠如Rollet（1993: 27）所提醒的，衡量一國參與區域經濟整合的得失時，經濟效益不應是唯一的指標，而應採經濟、政治、社會（如就業與區域的發展）等三種綜合指標做一衡平的評量。若以就業與區域發展此一社會指標而言，法國的勞工與邊陲地區顯然付出更大的成本代價。失業人口的增加與區域失衡的發展進一步反饋到民主政治上，即為極右派政黨在1980年代中期的首次出現，以及極右派候選人Jean-Marie Le Pen得以在1988年總統大選時在第一輪選舉中意外拿下14.4%的選票（Adams, 1993: 245）。同時，歐洲貨幣整合不僅延續了經濟整合所帶來的社會分裂（social divide），如勞工、專業人士、資本家之間，其緊縮式的貨幣管理法也使得法國民意對歐洲統合的深化與廣化產生疑慮而轉向保守。2003年歐盟面臨東擴時，法國多數民意即持反對意見；2005年時更首次於公投中否決了歐洲憲法（Moss, 2005b: 143; Safran, 2007: 184）。儘管自1980年代以來，所有執政的法國政黨皆以處理失業問題、創造就業為施政第一目標，並在2000年之後有效地將失業率降到10%以下，然而，以近十年（1999-2009）法國失業率平均仍有8-9%的高比例，似乎印證了Moss（1998: 78）的悲觀預期：在歐洲經濟整合與全球化所創造的資本自由移動的時代，一國主政者欲創造就業的措施極可能僅具有限的效果。

如果市場的開放與整合有利於交易條件較佳者，如資本家與核心地區，而不利於交易條件有限者，如勞工與邊陲地區，是一鑲嵌性的結構性偏差，如何扭轉或減緩此一偏差無疑是一國在參與區域整合並關注是否或如何受益之餘，另一個同樣需要關切的重點。Buzelay（1993a: 20-1）因而呼籲法國政府在推動創造就業措施的同時也應建立重分配機制，以回應輸家（losers）的成本問題。以法國民意在2000年之後對歐洲統合進程的反應來觀察，社會成本問題如果處理不當，顯然將反噬到經濟整合運動的本身，而成為自己成功的受害者（the victim of its own success）。因此法國官員在接受訪談時表示，歐洲經濟整合從單一市場到單一貨幣不斷進行深化，此一過程已使得部分法國民眾感到薪資下降的壓力與貧窮階級未受其利的感受，因而表現於2005年法國民眾在公投中首度否決歐盟條約的

意外結果。他認為，歐憲公投被法國民意否決的結果，顯示出歐盟在推動經濟整合與深化的同時，亦需同時推動社會整合與發展（social integration and development）的必要（訪談於2013年9月24日於台北進行）。

　　回顧法國參與歐洲經濟與貨幣整合半個世紀以來的實證經驗，其整體經濟，從產業結構、政府經濟治理、到民眾認知，都歷經了本質性的變革與轉型。不同於德國，法國是在缺乏產業競爭優勢的現實下參與歐洲經濟與貨幣整合。然而，在國家支持協助與產業本身積極調整，不論是透過生產量的提升或是產品品質提升的途徑，兩者計畫性的合作下，法國經濟成功回應並適應了歐洲經濟整合的挑戰。法國的成功經驗說明了區域經濟整合不必然是贏者全拿（winner takes all）的遊戲。原本不具競爭優勢者仍可藉由公、私部門的合作協力成為區域經濟整合的受益者。

5

英國參與歐洲經濟整合的實證經驗

第一節　導言

　　英國向來被視爲是歐洲統合的遲到者（late comer）與不情願的參與者，然而有趣的是，歐洲聯合／歐洲聯盟（European unity／European union）的概念卻是由英國首相邱吉爾（Winston Churchill）在二次戰後首度正式提出。1946年在其著名的蘇黎世演說中，邱吉爾首度提出西歐應建立一歐洲合衆國（United States of Europe）以因應蘇聯主導的共產主義集團形成的態勢。邱吉爾的主張被視爲是西歐政治領袖中倡議歐洲統合的先聲與發起者。[1]然而，有趣地是，在邱吉爾所倡議的歐洲合衆國中，他卻認爲英國不屬於、也不應參與此一歐洲合衆國的建立，因爲英國有自己的帝國利益與任務而不能融合在較爲區域性、次要性的歐洲國家中（Gowland and Turner, 2000: 3&8; May, 1999: 99-100; Ponting, 1996: 36-41; Greenwood, 1996: 47; Watts and Pilkington, 2005: 271）。

　　基此一帝國的、世界強權（global power）地位的觀點，當歐洲統合的第一階段——ECSC於1951年創建時，英國即回絕法國發出的參與邀請。[2]當英國於1973年正式加入歐洲統合而成爲歐體會員國時，歐洲經濟

---

[1] Clive Ponting認爲邱吉爾積極倡議歐洲統合的概念，其動機源自於英國帝國利益的考量。他指出，邱吉爾個人的政治生涯發展與英國帝國勢力的步向衰退同時發生，因此邱吉爾的中心思考即在於如何保有英國的帝國勢力與地位，其中一個重要的可能性即是英國降低它對歐洲事務的參與而將資源與力量專注於大英帝國本身與經營英美特殊關係，因此一個穩定、繁榮的歐洲將有助於此一目的的達成，並使得英國免於歐陸戰爭的威脅。邱吉爾認爲，帝國的維繫攸關英國的認同建立，因爲如果缺少了帝國與全球利益，英國只不過是一個居住著幾百萬人口的歐陸邊緣小島。詳見Clive Ponting (1996), 'Churchill and Europe', in R. Bideleux and R. Taylor eds., *European Integration and Disintegration: East and West*, London and New York: Routledge, pp.41 & 43-4。

[2] 歷史學家Alan S. Milward根據英國政府所解密的資料指出，二次戰後英國政府採取的國家戰略（national strategy）與德、法不同，是採全球而非歐洲戰略，目標是以大英國協領導國家的地位成爲與美、蘇並立之強權，此一戰略係出於戰後英國仍爲一世界性的強權，享有獨立的核子武器部署、廣及非洲與加勒比海的軍事基地、遍及全球的大英國協體系、英美軍事合作、以及倫敦爲全球資本中心等許多歐洲國家所缺少的優勢。因此，歐體的區域性關稅同盟的型態並不符合英國政府全球戰略的需求。另一方面，在對外經貿依存度上，1950年代英國主要貿易對向爲大英國協體系成員，而非歐體六國。其與大英國協前四大成員國—澳洲、紐西蘭、加拿大、南非的貿易量爲與歐體六國的兩倍之多，因此亦無經貿上必須加入歐體的急迫性。詳見Alan S. Milward

整合已經運作了超過二十年。英國對參與歐洲經濟整合的立場轉變來自於國內經濟與國際政治的現實。經濟方面，1960年代，歐體六國的經濟成長明顯表現優於英國，顯示歐洲共同市場比大英國協體系與歐洲自由貿易協會（EFTA）[3]帶來更多的經濟成長。政治方面，美國偏好歐體而非英國主導的EFTA作為歐洲主要的區域組織，以及蘇伊士運河危機事件使得英國政府體認到英美特殊關係的不足為恃。在挽救經濟衰退（economic decline）與維繫全球地位的考量下，英國於1961年首次向歐體提出加入申請，[4]但遭到法國總統戴高樂以疑慮英國是否將英美特殊關係置於歐體事務之上為由而否決，1967年在英鎊危機的背景下第二次提出入會申請，但亦以相同理由再度被戴高樂否決，[5]直至第三次申請才成功加入

(2002), *The Rise and Fall of A National Strategy: 1945-1963*, London: Whitehall History Publishing, pp.3 & 16 & 76 & 187 & 216。

[3]　在歐體建立之初，英國曾嘗試說服歐體六國以不涉及主權讓渡的自由貿易區而非關稅共同體形式進行歐洲經濟整合，但未獲接受。英國因而聯合其他歐洲國家（奧地利、丹麥、挪威、葡萄牙、瑞典、瑞士）於1960年成立歐洲自由貿易協會。

[4]　A. J. Nicholls 則不認為經濟與政治的理由可以充分解釋英國加入歐體的必要性。他指出，英國加入歐體時正值石油危機發生，全球經濟步入停滯性通貨膨脹，參與歐體的經濟效益並不明顯。而在政治效益上，英國不像其他的後進參與者，如西班牙、葡萄牙、希臘等，需要藉由參與歐體來鞏固國內新興脆弱的民主體制。因此他認為，在此政治經濟背景下，英國仍選擇加入歐體的主要動機在於英國恐懼被排除（fear of exclusion）與邊緣化（fear of being left out）的心理因素，它在失去大英帝國舞台之後，需要加入一個有前景的強權集團（prospective power bloc），並於其中嘗試取得領導權以維繫其國際地位。詳見A. J. Nicholls (1992), 'Britain and the EC: the historical background', in S. Bulmer, S. George and A. Scott eds., *The United Kingdom and EC Membership Evaluated*, New York: St. Martin's Press, pp.4-5。

[5]　儘管英國第一次與第二次申請加入歐體均包含政治與經濟因素，然而，兩次申請的動機有部分差異。從官方資料顯示，第一次入會申請的政治考量較經濟因素顯著，主要係出於美國甘迺迪政府明確向英國首相麥克米蘭提出希望英國加入歐體的要求，在維繫英國對全球政治與對華盛頓的影響力之考量下，英國政府第一次提出入會申請。第二次申請則主要出於經濟因素，此因1960年代，歐體六國平均經濟成長為4%，英國僅為2.5%；歐體六國平均實質所得提升為76%，英國為39%，英國同時還不時面對經常帳赤字所引發的英鎊貶值危機。此一發展上的對比顯示大英國協市場與EFTA均無法提供英國經濟復興足夠之動力，前者因去殖民化運動開始進行進口替代以及紐、澳貿易轉向美國的趨勢，後者則因總體市場規模不大而成效有限。另一方面，英國政府在國內所推動的航空與電腦產業發展計畫則因受限國內市場因素而不成功。以上國內外經濟因素均使得英國政府體認到進入歐體市場的必要性。詳見 Milward (2002), *The Rise and Fall of A National Strategy*, pp.310-1; Gowland and Turner (2000a), *Britain and European Integration 1945-1998*, London and New York: Routledge, p.85; Sean Greenwood

歐體（Allen, 2005:120-2; Milward, 2002: 311; Gowland and Turner, 2000a: 109; Gowland and Turner, 2000b: 41&125-40; May, 1999: 29-55; Gamble, 1998: 14-7; Greenwood, 1996:10-2; Bulmer, 1992: 7-8）。此一經歷的轉折使得英國加入歐體的過程與德、法經驗形成一明顯對照，亦即當英國於1951年選擇拒絕加入歐體、到1960年代的改變為申請加入卻兩度遭拒、到1973年終於獲准加入時，英國國內已經反覆經歷了長達二十年的有關「英國是否應加入歐體？」與「歐體是否可帶來經濟實益？」的長期論辯（Nicholls, 1992: 3）。支持加入歐體者認為，英國經濟與競爭力在1960年代顯現出的衰退現象其癥結在於生產力的低落，而生產力低落係導因於企業缺乏投資或投資不足，此一投資不足的問題則是因為英國企業缺乏競爭壓力而未積極投資於新機器與工廠設備，故使得英國產業無法進行現代化的改革努力。因此，加入歐體被期待可為英國產業帶來必要的競爭壓力，從而帶動其產業現代化的投資需求以改善生產力與效率，並將同時受益於更廣大的歐體市場規模以帶動英國製造業的成長。反對加入歐體者則認為，加入歐體將會使得英國的經濟轉型更加困難，因為加入歐體意味著英國將遵守羅馬條約中的全然資本主義自由競爭市場的原則，英國政府不再能運用干預式的產業政策協助與保護英國產業轉型。因此，加入歐體將使得英國產業直接面對歐體會員國的競爭，從而加速，而非扭轉其製造業的衰退（Scott, 1992: 14-5; Millington, 1988: 13）。

在英國政府於1970年出版標題為*Britain and the European Communities: An Economic Assessment* 的政策白皮書中，其以經濟必要性與別無選擇說（there is no alternative, TINA）的經濟理性訴求，肯定英國加入歐體的經

(1996), *Britain and European Integration since the Second World War*, Manchester: Manchester University Press, pp.10-12&119&131; S. F. Goodman (1993), *The European Community,* London: Macmillan, pp.44-51; Andrew Sentence (1998), 'UK macroeconomic policy and economic performance', in T. Buxton, P. Chapman, and P. Temple eds., *Britain's Economic Performance,* London and New York: Routledge, p.35; Stephen George (1991), *Britain and European Integration since 1945,* Oxford: Blackwell, pp.45-7; Stephen George (1990), *An Awkward Partner: Britain in the European Community*, New York: Oxford University Press, pp.10-11 & 28 & 39-40。

濟實益（Booth and Howarth, 2012: 7-8; Milward, 2002: ix; Bradbury, 1996: 66-71）。白皮書中指出，以靜態效益來衡量，加入歐體對英國經濟的成效是負面的；然而，以動態效益衡量，加入歐體預期將會產生規模經濟、生產專業化的提升、與競爭環境的形成等成效，從而可帶動更高的經濟成長與所得提升。英國政府預期正面的動態效益將會大於負面的靜態效益，因此就長期與整體而言，將使得英國加入歐體可藉由更佳的生產效率導引競爭力的改善，從而帶動經濟成長與國民所得提升。在正面表述加入歐體的實益之外，白皮書中亦指出，無法評估英國不加入歐體的經濟風險與後果（Scott, 1992: 16-7; Gowland and Turner, 2000a: 129; Greenwood, 1996: 156; Cohen, 1983a: 5-7; Goodman, 1993: 49-50）。

誠然，對戰後英國的主政者來說，如何挽救英國衰退的經濟並加以現代化，攸關英國國際強權地位的維持，從而支配了整個戰後英國國內政治的思辯。對照國內干預式的產業政策與對外的大英國協及EFTA市場均已無法作為解決英國經濟衰退的途徑，以及歐洲經濟整合為歐體六國帶來強勁的經濟成長之事實，使得加入歐體被視為是挽救衰退中的英國經濟之最後解答（Bradbury, 1996: 69-72; George, 1999: 1-19; Hix, 2002: 47-68; Peters and Carman, 2007: 90）。

第二節　爭辯中的歐體／歐盟效益

以高度經濟動機加入歐洲經濟整合的英國，加入後確實相當頻繁地檢視其加入歐體的經濟效益。然而，有趣地是，此一頻繁地檢驗並未使得英國國內社會對英國參與歐體的效益評估產生共識，在成為歐體／歐盟成員國已數十年後的今日，「英國是否或是如何受益於參與歐洲經濟整合」持續是其國內政治與社會中最具爭議性與分裂性的話題，並因而導致英國Cameron政府宣布將於2017年前舉行英國是否應繼續參與歐盟的公民

投票，以解決此一議題所造成的長期爭議。[6]此一共識的缺乏很大程度來自於英國經濟並未因加入歐體便出現奇蹟式的成長而免於衰退的客觀事實，也來自評論者對此一經濟表現所採取不同評估模式與主觀解釋觀點。

一、受益還是受害於參與歐洲經濟整合？1980年代對初期經濟表現的辯論

　　加入歐體後，對英國經濟的立即改變即為貿易對象的改變。與本來就以歐陸國家為主要貿易對象的德國不同，加入歐體使得歐體六國取代大英國協成為英國進出口貿易的主要對象。英國對歐體的出口貿易出現顯著成長，在加入的第一個十年每年平均成長24%，英國製造業對每一個歐體會員國的出口比例均有增加，德國取代美國成為英國最大的出口市場。但歐體會員國的產品進入英國市場的成長更多。在1973-1987年期間，英國對歐體出口成長172%，但歐體的進口商品則成長了418%，此舉使得製造業的貿易赤字在加入歐體後逐年增加。此一貿易平衡問題因CAP的實施而更形嚴重。[7]英國傳統上為一食物進口國，加入歐體後必須放棄從較為廉價的地區進口食物，轉而向價格較高的歐體會員國進口。在加入初期的1973-1979年期間，英國年平均經濟成長率為0.5%，僅為其他歐體會員國平均的一半；失業率則由加入時的3%，上升到1977年的6.2%，為二次戰後的最高數值（Gowland and Turner, 2000a: 165-6 & 219-20; George, 1991: 92-3; Moore, 1999: 128）。英國經濟加入歐體的初期表現隨即引發經濟學家對歐體效應（EC effects）究竟是正面還是負面效應之辯論。

　　對加入的初期效益持正面評價者，如經濟學家El-Agraa、Mendes等

6　面對保守黨內部分國會議員持續要求就英國是否應繼續參與歐盟舉辦公民投票（In-out referendum），英國首相David Cameron於2013年1月首度公開表示，將與歐盟重新談判英國參與歐盟的條件，並同時承諾，如果連任，將於2017年之前舉行公民投票，以決定英國是否繼續參與歐盟。根據民意調查顯示，40%的受訪民眾會投票選擇退出歐盟，37%的受訪者則表示會選擇繼續參與歐盟。詳見*EU Observer*, 'UK looks to 2017 for EU referendum vote', 13 January 2013, http://euobserver.com/news/118817; 'Poland: UK no longer a leading EU country', 25 January 2013, http://euobserver.com/institutional/118849。

7　CAP對英國所造成的參與成本將於本章第一節中詳細討論。

認為，歐洲經濟整合對英國經濟產生以貿易成長帶動經濟成長的正面效益。El-Agraa（1984: 299-315）指出，加入歐體後，使得英國對歐體貿易成長了三分之一，且自1980年之後，英國製造業對全球各地區的貿易量均呈現衰退現象，但與歐體的貿易卻保持穩定並開始出現盈餘，[8]因此如果缺少與歐體間的貿易，必會對英國經濟造成成長與就業的下降，而此一部分必須歸功於加入歐體的效益。如果再加入CAP此一不利因素來考量，其對英國經濟造成的成本（四十億英鎊）是英國對歐體貿易盈餘的一半。由於與歐體貿易增長之效應，英國在加入前出現的實質所得成長緩慢的現象在加入後有改善的趨勢。他因而認為，英國其根深蒂固（deep-rooted）的經濟問題是因為加入歐體而減緩了這些問題的惡化。Mendes（1986: 269-70; 1987: 98-102）則以加入歐體對英國經濟成長變化為衡量指出，儘管受到CAP的不利影響，在1974-1981年的兩次石油危機期間，歐體仍為英國帶來0.37%的經濟增長，為整體經濟成長貢獻30%的比例，而從出口成長高於經濟成長的事實觀察，顯示此一增長主要來自出口成長，因此加入歐體對英國製造業是有正面效益的，如果此一增長未受到CAP效應抵銷，正面的經濟效益會更為顯著。

對初期效益持負面看法者，如經濟學家Cohen、Holmes等，則對英國加入歐體第一個十年的經濟效益評估持負面評價。Cohen（1983b: 205）指出，英國加入歐體是為了解決經濟衰退的問題，此一問題在加入後未獲解決反而加重，主要原因在於所期待的動態效益尚未出現，而靜態效益所產生的成本，如製造業貿易赤字惡化與CAP等，估計使得英國在加入歐體第一個十年期間付出占其GDP1%的參與成本。Holmes（1983: 24 & 28）亦指出，加入歐體使得歐體進口商品快速成長，而此一歐體進口數量的增

---

8 持反對意見者指出，英國於1980年後與歐體出現貿易盈餘是因為北海石油的出現，使得英國增加了對歐體的能源出口。El-Agraa 則反駁，北海石油的出口確實改善了英國的貿易平衡問題，但北海石油的出現使得英鎊匯率升高從而傷害製造業的出口競爭力，因此其對貿易平衡的效用不應被過度放大。詳見El-Agraa (1984), 'Has membership of the European Communities been a disaster for Britain?', *Applied Economics*, Vol.16, pp. 299-315。

長卻是來自CAP等非總體經濟因素，因而對英國形成經濟福祉的損失，同時製造業貿易赤字的快速增加亦改變了英國整體的貿易結構。儘管他認為，北海石油於1980年代初期的發現，帶動英鎊匯率的升高而不利製造業的出口競爭力是加重製造業貿易赤字的首要因素，而非是歐體效應，但加入歐體第一個十年的經濟效應，整體而言仍為負面。不過Holmes（1983: 29）預期英國產業在初期階段的衰退之後將被迫學習競爭對手的科技與管理技術而為生存做出必要轉型，從而顯現出參與歐體的長期效益。Cohen（1983b: 206）亦指出，如果沒有加入歐體，英國經濟情況可能更糟，因為對一個經濟實力已趨二流的國家而言，未參與任何一個世界的主要貿易集團是更不值得考慮的選項。英國權威性媒體*The Economist*則認為，以英國加入歐體第一個十年的經驗顯示，該媒體原本對加入效應的樂觀期待顯然是錯置的（misplaced）（Gowland and Turner, 2000a: 165-6）。

對於歐體進口商品成長大幅超過英國出口數量的增長，顯示出歐體競爭者成功取得英國國內市場，相對地，英國製造業者卻未如預期地完全掌握到歐體市場機會的事實。Middleton（2000: 39）、Goodman（1993: 39）等人認為，這樣的結果並不令人意外，這是因為歐體國家的競爭者已在競爭的歐洲共同市場中運作多年，在競爭上自然較具優勢，相較之下，英國業者過去與大英國協的貿易是在一個相對有保護的優惠安排下，競爭力自然不如歐體競爭對手；但英國部分大型企業，例如ICI、British Airways等，亦對此一競爭逐漸產生學習效果而對歐體市場的競爭適應良好。確實，在1970年代後期，英國出口成長率已逐漸超越進口成長率，顯示加入歐體確已對英國產業發揮提升競爭力的壓力與效果（Gowland and Turner, 2000a: 153 & 157; Schmidt, 2002: 154）。

二、1990年代對動態效益的論辯

然而，有關加入歐體是否對英國經濟產生動態效益的辯論，在加入歐體二十年之後卻仍持續未決。Scott（1992a: 20-3）在對英國加入歐體

二十年的效益評估後指出，英國參與歐洲經濟整合的動態效益未如預期地發揮，靜態效益則因受害於CAP而成爲參與成本，此一事實使得英國在歐體國家中仍是經濟成長最低的國家之一，通貨膨脹率（15.6%）卻高於歐體平均值（4.7%），這些加入前希望解決的問題並沒有獲得解決。而新問題──貿易赤字的擴大，則突顯出英國經濟的外部弱點對歐體地區比對其他地區來得爲多。Fetherston *et al.*亦指出，在動態效益未顯現而政府無法對進口品設限的情況下，製造業進口商品的增加有害本國的生產與就業，從而使得加入歐體造成英國國家所得（national income）出現約6%的淨損失。Winters亦認爲，儘管歐體爲英國出口帶來45億英鎊的增長，然而，進口商品的增加則使得本國業者減少了80-120億英鎊的國內銷售機會，因此加入歐體使得英國貿易平衡問題惡化與製造業總生產毛額降低；以最保守的估計，歐體效應使得英國總產出（output）減少了其GNP的1.5%。然而他提醒，此一生產者的損失必須放在英國消費者可享受到品質更佳與更便宜的歐體進口商品此一消費者剩餘的脈絡下綜合評量（Scott, 1992a: 21）。

　　其他經濟學家則持相反看法，認爲動態效益確實已對英國經濟產生效益。例如Morgan認爲，加入歐體已迫使英國製造業改善其出口競爭力，此一競爭力的改善估計爲製造業增加了10億英鎊的出口成長（Scott, 1992a: 21）。Millinton（1988: 111-3）亦指出，加入歐體後，英國並未出現依比較優勢而出現不同產業間生產分工（inter-industry specialization）的重新排列，而是出現製造業內部不同部門之間貿易（intra-industry trade）的增加，高達76%的貿易增長即來自此一部分。此一製造業內部貿易的增長顯示，加入歐體使得英國在產品分殊化生產與效率化生產（product differentiation and efficiency）均有提升，而該二者則是透過規模經濟與大量成批生產（long production run）的動態效益所達成的。Maudos *et al.*（1999: 389-92）的實證研究亦發現，參與歐洲經濟整合一方面降低了英國產業生產的無效率（inefficiency），另一方面則提升了生產效率化（efficiency gains）。

三、2000年之後對是否對退出歐盟的辯論

　　有趣地是，對英國參與歐洲經濟整合是否受益的爭論並未隨著英國加入的時間越長而有一清晰的解答，反而在英國加入了三十年之後，意見越形分歧而成為其國內一主要的分裂性議題。千禧年之後，部分評論者即以英國未受益而是受害於參與歐洲經濟整合，提出英國應退出歐盟而考慮其他區域經濟組織的主張。例如Davies（2010: 59）指出，加入歐盟使得英國製造業赤字持續增加，不利貿易平衡與就業創造。Leach則指出（2000: 52），參與歐盟使英國經濟每年付出其GDP1.75%的淨成本；Milne則估計英國的參與成本達其GDP的3-5%（2004: xiv）。Minford *et al.*（2005: 140&143 & 156）則指出，歐洲經濟整合的效益在於享受規模經濟，然而英國的經濟競爭力在於服務業，而歐盟的服務業市場因各國法規不一的障礙至今仍未完全開放，且服務業並無規模經濟效益的特性，因此英國未能受益於參與歐盟。據其估計，參與歐盟已使英國經濟付出約3.2-3.7%的GDP為參與成本。Baimbridge *et al.*（2010: 127-31）則指出，加入歐洲經濟整合無助於英國產業的重生，因為經濟整合所帶來的市場力量是加重、而非減輕原有的競爭優劣勢，使得英國製造業陷入長達三十年的衰退，英國去工業化（de-industrialization）的嚴重性已非藉由參與歐洲經濟整合可以解決，而需要政府以國家個別途徑來因應。Le *et al.*（2010: 70-3）則以Liverpool model估計，退出歐盟將可使英國的GDP增加3.3%。

　　相反地，其他評論者則認為，英國參與歐洲經濟整合三十多年的實證經驗，已經可以證實其所帶來的正面效益。El-Agraa and Jones（2008: 75-90）在相隔24年之後，以macroeconomic model，再次評估歐盟效益，仍得到歐盟為英國經濟帶來顯著實益的相同結論。Gasiorek *et al.*（2002: 425-47）以computable general equilibrium（CGE）model估計，退出歐盟將使得英國經濟的GDP減少2.1%的福祉。Pain and Young（2004: 390-6）則指出，英國在加入歐盟之前，有投資轉移到其他歐盟國家的現象，加入後則明顯有助於英國國內的資本投資。國外投資（FDI）與歐盟進口品的增加，對許多英國產業產生技術進步（technical progress, TP）的

影響。如果退出歐盟，FDI會減少三分之一，從而使得全國國民所得減少1.5-1.75%，GDP則會減少2.25%。[9]Badinger（2005: 69）則估計，在1973-2000年期間，參與歐洲經濟整合為英國每人平均所得提升了25.5%，其中投資所引發的效果占此一增長的52.5-62.8%。Barrell *et al.* 的估計則是，參與歐洲經濟整合已為英國GDP帶來3-5%的增長。部分英國大企業領導人，例如英國資方團體代表The Confederation of British Industry（CBI）主席、英國電信（British Telecom, BT）、Deloitte、Lloyds等企業董事長，則在一封投書媒體 *Independence*的公開信中指出，參與歐盟為英國每年創造出310-920億英鎊不等的所得增長，相當於為每一個英國家庭每年帶來1200-3500英鎊的所得增加（http://www.independent.co.uk/news/uk/politics/british-business-we-need-to-stay-in-the-european-union-or-risk-losing-up-to-92bn-a-year-8622925.html#）。英國外交部（Foreign and Commonwealth Office, FCO）則估計，歐盟為英國消費者每人每年增加300英鎊的經濟福祉，而參與歐盟上繳的預算成本則僅使得英國公民每人每年花費50英鎊（HM Treasury, 2005a, http://www.hm-treasury.gov.uk/d/foi_eumembership-presentation.pdf）。

另一個令人意外的持正面評價者，則為向來對歐盟持批判立場、立場偏向疑歐論（Euro-skeptical）的保守黨智庫Open Europe。該智庫在評估歐盟效益的報告中指出，以貿易觀點而言，比起其他型態的區域組織，歐盟仍為英國最好的選擇，歐盟不僅是英國最大的貿易夥伴（占英國48%的外貿比例），且此一貿易量多為貿易創造。在英國的製造業貿易赤字持續存在的現實下，吸引FDI因此變得極為重要，而參與歐盟有助於吸引FDI的進入。英國自2012年起由過去的汽車進口國轉變為淨出口國，即為受到歐盟市場的關稅保護與FDI兩者的功效。同時，歐盟市場對英國兩項較具國際競爭力的產業——化學產業與金融服務業，關係密切，尤其倫敦金融中心被視為是歐洲單一市場的金融中心；參與歐洲經濟整合亦使

---

[9] 有關參與歐洲經濟整合對英國經濟所產生的FDI效益將於第四章第一節中詳細討論。

比較利益法則在服務業、高科技、高價值型等產業中出現。在貿易利益之外，參與歐盟還能使英國享有其他非貿易利益（Booth and Howarth, 2012: 8 & 12-3 & 15-20 & 46）。

　　面對英國社會內部針對參與歐洲經濟整合效益長達三十多年的論辯，英國政府直至2005年才首度由財政部（HM Treasury）提出官方版的綜合評估報告。此份官方報告對歐盟所帶來的整體經濟效益給予肯定的正面評價。英國政府在報告中批評對歐盟效益持負面評價者，例如 Leach（2000）、Milne（2004）、Minford *et al.*（2005），其評估方式著重靜態分析而忽略動態效益，同時將假設建立在悲觀的條件上而忽略未來歐盟改革後市場更為開放，尤其是服務業開放的前景。官方報告分別從貿易、FDI、生產力的提升等靜態與動態面向分析歐盟效益。英國政府採standard gravity model估計，就貿易而言，參與歐洲經濟整合為英國經濟帶來7%的貿易創造、4%的貿易轉移，在歐洲單一市場推動之後，此貿易創造再度增加9%。[10]以貿易每提升1%可帶動0.2%的GDP增長為估計，則參與歐盟已為英國GDP帶來3.2%的提升；每人平均所得則提升了6%；在就業意義上，與歐盟的貿易攸關350萬的英國就業人口。就FDI而言，進入英國的FDI至少有三分之一的比例是與歐盟直接相關的。[11]在「量」的改變上，FDI每增加10%，即帶動英國出口0.75%的成長；在「質」的改變上，FDI每增加10%，要素生產力（total factor productivity, TFP）即增加0.5%，同時FDI所進行的產業併購與重組為英國企業帶來改造重整

---

[10] 在單一市場計畫完成的1985-1990期間，英國出口貿易大幅成長312.7%，GDP出現3.5%的成長（相較1980-1985期間GDP平均成長率為2.1%）。在1992-2006期間，單一市場續為英國貿易帶來250億英鎊的增長。至於英國產業如何受益於單一市場的推動，Schirm（2002: 87-90）認為這是因為1980年代英國柴契爾政府所推動的一連串市場去管制與開放的措施，使得英國企業較其他歐盟會員國更能適應自由化的競爭市場，因而顯得較具優勢。詳見Stefan A. Schirm (2002), *Globalization and New Regionalism: Global Market, Domestic Politics and Regional Cooperation*, Cambridge: Polity, pp.87-90; HM Treasury (2005c), 'Literature review-economic costs and benefits of EU membership', available at http://www.hm-treasury.gov.uk/d/foi_eumembership-literaturereview.pdf。

[11] 歐洲單一市場的推動對FDI的提升效果即為一例。進入英國的FDI由1985-1986時期的114-165億美金的規模，大幅擴大到1987年的305億與1988年的271億美金的規模。

（restructure）的機會。再就生產力的提升而言，英國產業在面對歐洲經濟整合的競爭壓力下，先是經歷了一段衰退期，但在1989-1995年期間，生產力出現顯著的改善與成長。據研究顯示，單一市場的實施對英國的勞動生產力（labor productivity）提升2%，對要素生產力提升了1%，此一改變顯示歐洲經濟整合帶來競爭與投資效果，前者改變企業行為與效率，後者改善生產力與有助於產業聚落的形成，兩者都有助於生產效率的改善。有論者即認為英國生產力藉由歐洲經濟整合所帶來的規模經濟與競爭效果所得到的提升，比起依據比較優勢與專業化生產而產生的靜態貿易增長，對英國經濟更具意義（HM Treasury, 2005a http://www.hm-treasury.gov.uk/d/foi_eumembership_presentation.pdf；2005b, http://www.hm-treasury.gov.uk/d/foi_eumembership_trade.pdf; 2005c, http://www.hm-treasury.gov.uk/d/foi_eumembership_literaturereview.pdf; 2005d, http://www.hm-treasury.gov.uk/d/foi_eumembership_productivity.pdf）。

　　英國政府總結參與歐盟三十多年的經驗是：1970年代，歐洲經濟整合為英國經濟帶來貿易增長與競爭效果的效益；1980年代，則為英國帶來FDI與企業重整的效益；1990年代之後迄今則是，持續與擴大產業重整效益（HM Treasury, 2005a http://www.hm-treasury.gov.uk/d/foi_eumembership_presentation.pdf）。

　　此份迄今唯一的官方評估報告是由當時執政的工黨布萊爾政府所提出，以該政黨較為親歐盟的立場，此一對歐盟經濟效益的正面評價並不令人意外。而此一正面評價是否可被視為是英國政治領導階層的共識？一位英國外交部資深主管級官員A先生以其曾經派駐歐盟多年的經驗表示，英國三大政黨——保守黨、工黨、自由民主黨的領導階層（leadership）對於歐洲經濟整合所帶來的經濟效益，並無太大歧見，三大政黨對歐盟政策的差異是在歐盟未來應如何發展等方向性的議題，而不是在其經濟效益此類議題（訪問於2013年9月12日於台北進行）。在A先生為本研究所提供的官方資料顯示，現任的英國保守黨Cameron政府亦認同參與歐洲經濟整合對英國經濟，例如對企業競爭、就業、吸引FDI，所帶來的正面效益

（Prime Minister's Office, 2013, http://www.gov.uk/government/news/david-camerons-eu-speech--2; Cabinet Office and Prime Minister's Office, 2013, http://www.gov.uk/speeches/eu-speech-at-bloomberg）。另一位英國外交部主管級官員B先生則表示，參與歐洲經濟整合對英國經濟所帶來的正面效益是無庸置疑的。例如自1992年單一市場實施以來，雙邊貿易即大幅成長三倍之多，歐盟作為全球最大的市場對英國經濟發展影響重大。英國有11.5%的就業人口與歐盟市場直接相關，如果再以雙邊貿易數據來觀察，則歐盟市場牽動英國近70%的就業人口。在此同時，還有許多無法以量化數據呈現的經濟效益，例如人員的自由移動、對FDI的吸引力等（訪問於2013年9月12日於台北進行）。

易言之，儘管英國主要政黨之間對應如何參與歐盟各自有其不同的政策立場，然而，2005年所出版迄今唯一的一份官方評估報告，相當程度上可以反映出英國政治領導階層肯定參與歐洲經濟整合所帶來的經濟效益此一基礎共識。

第三節　加入歐體／歐盟是加速還是減緩英國經濟的去工業化？

不同的經濟模型評估與對動態效益評論的分歧屬於經濟學者的專家討論範疇。以歐洲經濟整合意味著商品自由貿易的本質而言，英國主政者與產業界所關切的，無疑是參與歐洲經濟整合究竟是否可以挽救英國製造業長期以來的衰退趨勢，還是加速了此一趨勢的單一議題觀察之上。英國製造業貿易赤字在加入歐盟後逐年擴大，且製造業的生產與就業呈現持續衰退。這些事實顯示：參與歐洲經濟整合對英國製造業的影響遠較農業與服務業深遠，因而引發了加入歐體／歐盟是否加速英國製造業的去工業化的論辯。[12]對此一事實的不同解釋形成論者在評估歐體／歐盟對英國經濟

---

[12] 去工業化的定義為：產業活動，尤其是製造業的活動，其總體工作數量上的減少。

的效應時，繼動態效益之後，另一產生分歧的主要因素。

一、歐盟加速英國經濟去工業化論者

　　對歐體／歐盟效應持負面評論者即認為，參與歐洲經濟整合不但未挽救英國製造業衰退的趨勢，反而加速了製造業去工業化的速度。例如Baimbridge *et al.*（2010: 127）等人認為，加入歐盟使得英國製造業陷入長達三十年的衰退。Moore（1999: 76 & 128-34 & 363）則指出，英國製造業者原本希望加入歐體後能為產業帶來重生與快速成長的機會，但是事實上，加入歐體後，英國去工業化的速度加快，五分之一的製造業工作消失；在1979-1989年期間，平均每年減少3.3%的製造業工作，在1989-1993年期間，則平均每年減少5.5%的製造業工作，此一就業的減少為歐體進口商品大幅進入英國市場的結果。英國製造業的生產在加入歐體後亦逐年衰退，直到1988年時，製造業的生產才回到1973年加入時的水準。因此，以英國製造業的產出與就業均下滑的事實來說，參與歐洲經濟整合對英國經濟，尤其就製造業而言，效益是負面的。Minford *et al.*（2005: 7）則認為，歐洲經濟整合以其關稅同盟的保護型態增加了英國製造業者的成本負擔，據其估計，加入歐體／歐盟對英國製造業增加了相當於GDP之2-3%的管制成本，而不利其出口競爭力。

　　Moore（1999: 242-54）舉汽車業為例。英國汽車業從1950年代全球最大出口國的地位到走向衰退，其中最大的衝擊就是加入歐體。加入歐體使得英國汽車業者直接面對德、法業者的競爭，在1970年尚未加入歐體前，歐體國家的進口車數量僅占英國國內市場15%的比例，但到1995年時，此一數值已增加到48%的高比例。1980年代英國政府採取的去管制、市場自由化政策，復又使得許多英國本土汽車業者以私有化的型態遭到德國、美國業者的併購，例如Jaguar被美國業者Ford併購、Rover被德國業者

　　詳見Simon Lee (1997), 'Manufacturing British decline', in A. Cox, S. Lee and J. Sanderson eds., *The Political Economy of Modern Britain*, Cheltenham, UK and Lyme, US: Edward Elgar, p.168。

BMW併購。歐體／歐盟所提供的廣大市場原本是汽車業發展規模經濟效益的好機會，但英國汽車業者顯然並未掌握住這些機會。經歷此一產業重整之後，英國不再有本土大型車廠，而只剩少數以生產特製（specialty）與豪華汽車為主的小型車廠，例如Rolls-Royce。

再以紡織業為觀察。英國紡織業自1940年代起，因面對開發中國家開始進行工業化而出現衰退，英國政府以提供補助與限制進口作為保護紡織業的政策回應，英國紡織業者則希望加入歐體可以得到歐體的關稅保護，免於開發中國家的低價競爭，而未認知到本身在過時的機械設備、較差的生產力等競爭劣勢。與德國、義大利不同的是，英國紡織業的產業特色是高度集中化，主要由四大企業所掌握，此集中化生產使英國紡織業者習於生產標準化產品，而不能提供少量、高品質的產品。英國的主要競爭者多為低工資的開發中國家，加入歐體確實使得英國免受到亞洲新興國家的價格競爭，但卻使得該產業必須面對其他歐體業者更強大的競爭壓力。反觀德國，在政府不提供保護補貼的現實下，選擇放棄低價生產，改採高品質生產型態；義大利則是走多樣性生產的發展路線，由很多小型包商，以分散型態進行生產。因此，加入歐體未能挽救英國紡織業生產衰退的趨勢，而歐體進口紡織品則在英國市場快速成長（Ibid.: 259-61 & 264-74）。

以上產業在進入歐體／歐盟市場後競爭失敗的案例使得此派負面評價者認為，參與歐洲經濟整合的效應證明只是錯誤的幻覺，其不僅未提升英國製造業的成長，反而加重了其衰退的幅度，從而使英國經濟受害。

然而，將英國製造業的衰退歸咎於參與歐洲經濟整合是不正確的。首先，在時間上，英國製造業衰退最嚴重的時期是早於加入歐體的時間。以英國製造業商品占全球市場的比例而言，衰退幅度最大者，是在1950-1960年代英國尚未加入歐體時，此十年期間大幅下降了40%，在1960-1970年代，又度下滑了三分之一，加入歐體後的1970-1980年代，衰退幅度則較為減少（約10%）；再以對歐體地區的出口量觀察，英國製造業衰退最嚴重是在1971-1974期間，是英國剛加入歐體而製造業仍享有關

稅保護的過渡優惠期間，且在加入十年後，衰退情況已趨減緩並逐漸保持穩定。Gasiorek *et al.*（2002: 425-47）等人的研究即指出，英國製造業確實受益於參與歐體／歐盟市場而有助於緩和衰退。[13]其次，在貿易地區上，英國製造業出口的衰退是對全球其他地區皆發生，而非僅是對歐體地區特有之現象；尤其自1980年代起，英國政府採取對全球開放、降低產業保護與補助的自由化政策，但英國製造業對全球其他地區的貿易表現仍不理想，事實上，英國對美國與日本等主要工業國的製造業貿易赤字數額更多。以上事實說明了英國製造業出口對全球主要工業國家，包括歐體／歐盟地區，長期陷入衰退的趨勢，如果不是加入了歐體／歐盟，受惠於歐體／歐盟對非歐體／非歐盟地區進口品課予關稅的保護政策，英國製造業的表現可能更糟（Sanderson, 1997: 51; Shepherd, 1983: 64; Millington, 1988: 29 & 38; George, 1991: 94; Redmond, 1987: 9）。再者，如同Bulmer *et al.*（1993: 254）等人所指出的，更大的歐體／歐盟市場確實可以為製造業帶來生產專業化與規模經濟的效益，問題癥結在於：為何英國政府與產業皆未能掌握到加入歐體／歐盟所帶來的市場商機？其他論者因而將英國製造業在加入歐體後加速去工業化的問題指向政府與產業競爭力本身等非歐體／歐盟因素。

二、政府的政策與治理問題

英國政府在總體與個體經濟管理政策的失當，被部分評論者認為必須為英國去工業化較其他工業國家嚴重的事實負起治理失當之責；而英國政府的歐體／歐盟政策缺乏經濟戰略性思考與產業改革的思維，亦被認為是英國製造業未能如法國企業受益於參與歐洲經濟整合的原因。

在總體經濟管理方面，Schmidt（2002: 15）、Holmes（1983: 29）、

---

[13] 根據Michel Gasiorek, Alasdair Smith and Anthony J. Venables（2002）等人以computable general equilibrium（CGE）模型分析後指出，英國製造業因加入歐體／歐盟而受益，所增加的經濟福祉約為GDP的1%。詳見*Gasiorek et al.*（2002）, 'The accession of the UK to the EC: A welfare analysis', *Journal of Common Market Studies*, Vol.40, No.3, pp.425-47。

Cohen（1983: 199）等人批評，1980年代初期，英國政府因北海石油的發現而採取抑制性的總體經濟管理政策，包括貨幣的與財政的，不利於製造業的發展與出口競爭，對英國製造業的傷害預估達GDP的10%，此一代價較之歐洲經濟整合所帶來的競爭挑戰顯然更為嚴重。Schmidt（2002: 153）指出，此一時期柴契爾政府的緊縮性政策以及英鎊幣值因北海石油出現而升值的效應，幾乎使得英國製造業在一夜之間就因缺乏價格競爭力而在歐洲單一市場的價格戰中遭淘汰出局（priced out），國內市場則被廉價的進口品所占領。柴契爾政府原本期待英國製造業會以削減支出、裁員等震盪療法來提升其成本競爭力，但事實上，許多英國企業不是宣告破產就是被外國競爭對手所收購。

　　另一份值得注意的批評則是來自同樣屬於政府單位的英國上議院（House of Lords）。1984年，英國上議院針對製造業貿易嚴重的赤字問題任命執政的保守黨上議院議員Lord Aldington組成特別委員會調查，並於隔年公布其調查結果。調查報告中指出，在1979-1980年短短一年之中，英國製造業的產出（manufacturing output）即喪失了五分之一。此一原因固然與北海石油的發現有關，[14]但更大程度是政府經濟管理失當的直接結果；由於政府不僅未能調節北海石油推升匯率對製造業出口所帶來的衝擊，反而因為過於依賴所謂的匯率調整管理法導致利率上升，不利產業的融資與投資，使得製造業面臨出口競爭與資金成本增加兩大困難，從而加重製造業的衰退。報告中批評政府假設失去的製造業產出在北海石油減產、匯率貶值後即可恢復，是一種不切實際與危險、短視的看法。因為製造業在歷經嚴重衰退後，未必能在景氣好轉之後提供出必要產能，同時，政府所期待的新產業，如資訊科技業，是需要以多年時間來培養，故而支持現有產業的維持與創新是對國內市場與出口市場保持競爭力的必要作法。但政府卻以自由化、去管制化為由，坐視製造業的衰退而期待以服務業的出口與FDI來彌補製造業的貿易赤字。事實上，實際數據顯示，製

---

[14] 製造業的生產因天然資源的發現而出現衰退的現象稱之為荷蘭病（Dutch disease）。

造業貿易赤字增加的規模已遠非服務業出口盈餘與FDI可以彌補（House of Lords, 1985: 37 & 42-7）。

在個體經濟管理方面，論者則批評英國政府在1980-1990年代所推動的一連串勞動市場自由化、去管制化措施是忽略了人力資本的培養在提升產業競爭力中的關鍵角色。例如Goodman（1993: 40）指出，英國政府對加入歐體所帶來的市場自由競爭其所需要的政府支持與資源動員的醒悟太晚，在面對歐洲經濟整合所帶來的競爭力挑戰時，例如1991年完成的單一市場，英國政府試圖以勞動自由化、降低勞動成本等低薪策略來因應市場競爭，完全忽略了良好薪資（well-paid）與工作安全感（job security）等人力素質因素才是創造出更高生產力與競爭力的事實。Buxton *et al.*（1998: 3-5）、Chapman and Temple（1998: 335-6）、Philpott（1998: 335-6）等人亦指出，1960到1970年代中期此一時期，英國政府將產業衰退的競爭力問題歸因於價格因素，故在總體經濟管理上致力於控制物價與工資的上漲，以及讓英鎊貶值為手段；在1970年代中期後，政府決策者意識到體制性的非價格因素亦為影響競爭力的原因，因此在1979年之後柴契爾政府師法美國，推動一連串勞動市場去管制化的改革措施，但這些改革措施雖使勞動市場更具彈性，卻沒有同步提升人力資本的品質。在勞動技術／技巧沒有提升，而勞動成本已因自由化改革而降低的情況下，政府的自由化措施只是鼓勵企業去追逐低價產品市場，完全忽略了產業競爭力的提升是需要政府對技術與知識型（technology- and knowledge-based）產業提供勞動供給與教育訓練此一公共財的角色扮演，以致於英國經濟在歷經1980-1990年代的自由化改革後，相較主要工業國家，仍為一低生產力、低薪報酬的產業體質。Baimbridge *et al.*（2010: 127）、Mayes *et al.*（1994: 214-5）等人因而指出，挽救英國製造業的衰退，政府必須致力於人力資本的改善和職業訓練與教育，否則英國很難趕上德、法的工業競爭力。確實，當德、法於1990年代時，已在生產力指標上趕上美國，英國生產力仍比歐元區生產力的整體平均落後29%，如果以德、法勞動市場較英國僵化、勞動成本高於英國的事實而言，英國政府對勞動市場的改革

顯然未能解決英國製造業競爭力的關鍵問題——生產力的提升（Barrell & Weale, 2003: 139）。

其他論者則以資源配置角度批評英國政府在1980-1990年代的自由化政策。Mayes（1994: 72）指出，政府的自由化政策確實引起產業的重新結構，但資源並沒有導引至生產力較高的部門。Papanastassiou and Pearce（1999: 237）、Lee（1997a: 182）等人則認為，政府的自由化政策使得英國經濟去工業的程度在此一時期最為嚴重。Papanastassiou and Pearce（1999: 237）指出，這些自由化政策，包括英國政府大力支持與推動的歐洲單一市場計畫，是在一個工業實力衰落、且在科技革新的過程僅能扮演次要角色的中型經濟體裡實行，是一大膽而有勇無謀的經濟治理。Lee（1997a: 182）則以數據指出，在1979-1990年期間，英國製造業的工作就減少了30%，相較於法國在同時期只減少了17%，義大利減少了11%，德國則維持不變。在製造業的產出上，德國在同時期增加了25%，法國增加了27%，英國則減少了1%。德、法等工業國以較少的人力達到更高的產出是一種正面的去工業化（positive de-industrialization），而英國製造業就業人口的下降並未達到更好的生產力則是一種負面的去工業化（negative de-industrialization）；前者被視為是經濟上的成功，後者則被視為是經濟上的失敗。他將英國製造業在此時期出現負面去工業化的原因歸因於柴契爾政府的自由化政策僅有利於金融服務業，但對於製造業只有私有化與鼓勵FDI兩項途徑，而沒有其他改善生產力的政策。誠然，自1990年代起，英國政府的產業政策就是試圖以低賦稅吸引FDI，此一訴求FDI的方式，因此被批評是政府未能針對產業問題尋求透過參與歐洲單一市場或重視創新研發等市場競爭力途徑解決，例如輔導產業往可以產生動態效益的專業化、規模化生產為途徑，而僅短視地訴諸FDI作為去工業化的解答（Papanastassiou and Pearce, 1999: 237; Buxton *et al.*, 1998: 172; Scott, 1992a: 22）。

在個別政府的經濟治理不當之外，亦有論者從經濟戰略性角度批評歷任的英國政府對參與歐洲經濟整合缺乏整體戰略性思考，使得英國產業

未能像法國產業受益於參與歐洲經濟整合，從而無法扭轉製造業的衰退趨勢。他們指出，法國對參與歐洲經濟整合是以戰略意義來思考，具安全與經濟戰略上的雙重意義；其選擇以關稅同盟方式與德國進行經濟整合，目的在刺激法國產業面對德國優勢的工業競爭力，但暫時免除美國工業競爭的威脅，以規範貿易而非全面自由貿易來推動法國產業的再造與現代化，企圖先透過區域整合的競爭途徑提升其國際競爭力，以使其在未來面對全球自由貿易的競爭，是一種既開放又保護的經濟策略，此一策略現已證明非常成功。法國產業在認知到政府不會保護國內市場而將面對德國產業的競爭後，即積極展開必要準備與調整升級，因此法國產業是參與歐洲經濟整合中調適表現最佳者。法國政府同時還以CAP的實施為國家利益保留一道保護傘，使得德國即使在經濟整合中獲得極大的工業利益，法國經濟仍可從農業利益獲得補償（Gamble, 1998: 15; George, 1991: 10-11 & 1990: 17）。相反地，英國政府從來都未利用參與歐洲經濟整合作為產業結構改革的策略與途徑（Bulmer, 1992: 15）。英國政府以純粹經濟理由論述參與歐洲經濟整合的必要性，而不是如法國的安全理由，使得英國企業不會有必須持續參與歐洲經濟整合的壓力，因為一旦經濟利益改變，此一參與亦可能改變，英國參與歐洲貨幣整合的過程即為一例。[15] 此一純經濟利益論述的方式使得企業家相信，對政治人物的投資是更為有利的方式，從而缺少壓力將投資轉入在新事業的開發上（Adams, 1989: 202-4）。

另一方面，英國政府在經濟整合中所採取的旁觀者角色（spectator state）以及部分產業錯誤地以為可以受到歐盟關稅保護而不需政府支持，則是兩者對英國產業競爭力的認知錯誤（Grant, 2007; 91-2; Gamble, 1998; 15）。Schmidt（2002: 153）指出，自1970年代晚期開始，英國加入歐體的關稅優惠期間已過之後，英國政府就任由其企業完全暴露在國際競爭，而不像法國政府積極介入產業重整，或是像德國政府從旁協助企

---

[15] 英國參與歐洲貨幣整合的經驗將於本章第三節中詳細討論。

業彼此間，包括企業與銀行體系間的合作或協調勞資關係。她指出，英國政府樂觀地期待英國產業會因外國競爭而進步，但事實上競爭效果並沒有發生，被政府放任自求生路的英國企業，其結果是沈沒的比存活的多，以汽車業與電子業而言，英國已無任何本國企業。英國政府對企業在市場競爭中的旁觀者態度，以及未能積極協調企業與相關經濟行為者（stakeholders），例如銀行融資與供應商體系間的合作關係，使得英國企業較德、法企業不具競爭力，因為後者的競爭力得以在比較穩定的經濟治理環境中受益而成長。

　　政府治理失當與歐體／歐盟政策缺乏經濟戰略思考等因素固然可以為英國製造業的衰退提供部分解釋，然而，此一去工業化的現象卻並非是歐體／歐盟政策出現之後或某一政府執政時期所特有之現象。歐體／歐盟政策缺乏整體經濟戰略思考與治理的失當確實加重、也加速了英國製造業的衰退，但卻不是引發此一問題的根源。如同Shepherd（1983: 194）所觀察到的，英國的勞動生產力問題早於1851年英國舉辦首屆工業國家的世界博覽會（Great Exhibition）時即已浮現，它是英國戰後經濟一個長期的、根深蒂固的問題，事實上，早在加入歐體之前，英國的勞動生產力就已跌至歐洲工業國家中的最低水準。因此，當全球製造業貿易在1950-1970年戰後黃金二十年期間出現四倍數的快速成長，英國的製造業出口卻沒有等比例的成長（Moore, 1999: 119-22）。這些生產力問題在經濟榮景或競爭環境不顯著時，如大英國協市場，係以製造業的成長減緩為表現癥狀；在景氣衰退，如石油危機發生時，或競爭環境激烈時，如加入歐洲共同市場，表現癥狀即為製造業的迅速衰退。但不論是成長減緩還是衰退，都顯示英國產業本身的競爭力問題為去工業化現象的問題根源。

三、產業本身的競爭力問題

　　許多評論者同意，加入歐體／歐盟後英國經濟呈現嚴重的去工業化問題所反映的是產業本身競爭力之不足（Barrell & Weale, 2003: 139; Middleton, 2000: 39; Sharp, 1998: 523; Sanderson, 1997: 51; Mayes *et al*.,

1994: 214-5; George, 1992: 31; Holmes, 1983: 26-7; Pavitt, 1983: 90-1）。自1970年代迄今，對於英國去工業化的各種產業因素之相關討論十分廣泛，然而，英國學界、輿論界對此議題至今並無共識。對競爭力下滑現象持較爲樂觀解釋者，以經濟理論中的追趕／聚合說（catch-up／convergence theory）與經濟成熟說（economic maturity）解釋英國的去工業化現象。前者認爲，英國製造業的衰退是因爲英國產業在戰後乃以戰勝國此一比較好的經濟位置開始，比起產業經濟在戰爭中完全被摧毀、必須從零開始建設的德、法產業，自然進步空間有限。故以此說分析，去工業化現象不應被視爲英國製造業的衰退，而是德、法等其他對手國的追趕成功（Sanderson, 1997: 56-7）。Rowthorn and Wells（1987: 247-8）則提出經濟成熟說。他們認爲，英國去工業的現象是經濟成熟與貿易分工的表現，據其估計，60%製造業工作的失去可歸因於經濟成熟之故，30%是因爲貿易分工的結果，只有10%的少比例是因爲英國經濟表現不佳的緣故。

多數評論者則持較爲批判的觀點，認爲英國製造業的衰退與產業長期的投資不足有關，此一投資不足表現在英國產業對研發（R&D）經費投入的長期低落與產品表現出較差的品質及創新。Driver（1998: 189 & 197）與Cohen（1983: 192）均指出，資本投資（capital investment）影響經濟成長，因此，英國參與歐洲經濟整合是否可以重振英國製造業，取決於資本投資的深化與廣化，透過投資改善生產力與帶動技術創新，始能在競爭的歐體／歐盟市場中找到生存利基。然而，自1970年以來，英國的資本投資不僅未見成長且明顯少於其他歐體／歐盟國家。在投資不足此一現實之下，期待加入歐體／歐盟會產生規模經濟效益是完全無法實現的。Swann（1998: 129-33）則指出，累積性的投資與產品品質[16]呈現正相關，故英國產業投資不足的結果就是英國出口品的單位價值（unit values）比德、法產品爲低，顯示英國產品較差的品質。同時，投資不足影響英國產品的創新表現，而創新能提升出口貿易比例達15%。以英國企

---

[16] Swann（1998: 118）對產品品質的定義爲：在產品表現、風格、設計、特別性、品牌、可欲性、服務、公司信賴度等的表現。

業中曾獲得設計比賽獎項者觀察，這些企業在出口、就業提供、價值創造、獲利等表現都較一般企業為佳。因此，英國出口競爭力的問題是投資不足引起的品質與創新不足等非價格競爭力的下降。

　　Temple（1998: 91-6）則以日本與義大利的經驗指出，高科技製造業的成長會帶動其他傳統製造業部門的成長，因此，一國的產業競爭力取決於是否對知識／研究密集型的產業進行投資，使產業能進入產品快速成長、寡占利潤的初階段，[17]而英國產業對以知識／研究密集型的產業投資不足，使得英國在該類產業的成長較德、法表現為差。對知識／研究密集型產業投資的一重要觀察指標即為企業對研發活動的投入經費。Buxton and Mananyi（1998: 147）與Pavitt（1983: 90-1）以實證經驗指出，一國產業在研發經費投入的多寡與該國的貿易表現以及大企業的銷售表現呈現高度相關。以英國出口表現較佳的化學製藥業觀察，化學製藥業是英國少數研發投入經費顯示成長的產業，該產業亦為英國製造業中少數享有貿易盈餘的高科技產業之一（Moore, 1999: 297）。Pavitt（1983: 90-1）表示，加入歐體／歐盟最大效益來自龐大市場所帶來的規模經濟效益，但規模經濟效益的實現必須以成長性的產品需求為前提，而產品需求的成長仰賴產品設計、產品開發、行銷策略等因素，需要的是企業與勞工的技巧與彈性調整來因應，但學習曲線並不會自動發生，因為「做中學」（learning by doing）是需要在生產、銷售過程與研發活動的兩端不斷地溝通與反饋，因此較諸其他歐體／歐盟國家，英國製造業在研發經費投資的下降是其競爭力在產品層級與技術上的一大阻礙。在1960-1980年期間，只有英國產業占歐體產業對研發活動的投資比例是下降的，由31.2%下降到23.2%，其他國家不是增加，就是維持不變，其中以德國產業對研發投資的增加最多，由27.6%增加到38.6%。而此一對研發投資的下降在景氣榮景恢復的

---

[17] 根據科技差距理論（technological gap theory），研發所帶來的產品創新使得創新公司得以享有寡占利潤，因為只有該創新公司有能力生產與出口該項產品。詳見Lynden Moore (1999), *Britain's Trade and Economic Structure*, London and New York: Routledge, p.286。

1990年代亦沒有改善。Sharp（1998: 511）指出，以1994-1995年為例，英國企業只投資其獲利的17%作為研發經費，而全球前三百大企業則是投入62%的獲利進行研發。Phillips（1989: 31-2）認為，研發投資的長期不足使得英國企業只能專注在短期的產品開發，而無法進行長期性、基礎性的應用研究。

在企業的研發投資減少之餘，政府亦未能扮演矯正功能。自1970年代起，英國政府對產業研發活動的補助即未成長，1990年代時，柴契爾政府以研發活動需與商業應用結合而應由企業進行為由減少補助，因而補助金額甚至低於70年代的水準，且在此一減少的補助金額中，其中三分之二是用於與國防軍事相關的類型上（Schmidt, 2002: 150; Moore, 1999: 290-2）。整體而言，在1970-1994年二十五年期間，英國產業的資本投資，不論是對研發項目還是固定資本項目（如機械設備等）均較歐體／歐盟主要工業國（如德、法、義大利等）成長為少。長期累積的結果就是競爭力的下降。因此，Sharp（1998: 511 & 523）、Buxton（1998: 170 & 175 & 183）、Scott（1992a: 22）、Pavitt（1983: 90-1）等多人認為，英國製造業對歐體／歐盟地區嚴重的貿易赤字所反映出的競爭力問題，是產業對資本投資，尤其是研發活動，長期投資不足的結果。[18]

然而，為何在歐體／歐盟國家中獨有英國製造業出現長期投資不

---

[18] 在本研究所討論的經濟治理失當、投資不足兩類解釋外，另有文化因素說解釋英國產業競爭力的低落。此論說者認為英國文化具反科學、反工程、反企業的特質（anti-science; anti-engineering; anti-enterprise culture），同時，在政治上的中央集權體制不利中小企業發展，均有害於產業競爭力的提升。然而，Lee（1997c: 101-2）認為文化論為政治人物與新聞輿論界在討論此議題時提供一卸責與方便的藉口，且只具有限的解釋力。本研究則認為文化論難以實證資料檢驗，同時亦無法解釋為何同一種文化與體制在18世紀可以鼓勵創新而使英國成為全世界第一個發生工業革命的地方，卻在20世紀成為競爭力低落的理由，因而不做深入討論。有關文化論的討論詳見Roger Middleton (2000), *The British Economy since 1945: Engaging with the Debate*, Basingstoke, UK: Macimmlan, pp.58-9; Simon Lee (1997c), 'British culture and economic decline', in Cox, Lee and Sanderson eds., *The Political Economy of Modern Britain*, Cheltenham, UK and Lyme, US: Edward Elgar, pp.65-107; W. D. Rubinstein (1993), *Capitalism, Culture and Decline in Britain 1750-1990*, London: Routledge。

足的現象？部分論者將原因歸咎於英國產業不同於其他歐體／歐盟國家的企業融資關係（industry-finance relations）。Baimbridge *et al.*（2010: 128）、Schmidt（2002: 159）、Morris（1998: 223-6 & 237 & 240）、Sharp（1998: 511）、Lee（1997b: 208-13）、Mayes（1994: 72）等人指出，英國企業的企業融資型態屬於股票資本市場類型（stock-market financing），亦稱爲新美國模式（neo-American model）。[19]此類融資型態因企業所有權（ownership）在股票市場中分散在不同投資人手中，以及股市投資人對短期報酬的期待，故經營階層偏向注重短期績效的表現而較不關注長期發展所需的科技累積、研發活動、與產品成長展望，此係導因於如果股價表現不佳，企業即有被惡性收購的風險，因此短期心態（short-termism）普遍存在於此類型的企業經營行爲中，導致英國企業相較於歐洲企業易出現高報酬但低成長、低資本投資的特性。相對地，德國企業多屬於銀行融資型（bank-financed），亦稱爲萊因模式（Rhine model），此類企業因所有權較爲集中，經理人不必擔心短期經營不佳會導致被惡性購併的風險，因此在經營行爲上較重視產品開發、出口市場的成長前景等長期利益，而非僅關注在獲利機會單一項目上，因此會投入較高比例的利潤進行投資與研發，導致德國企業較易出現高成長、高投資率但低報酬率的特性。研究顯示，所有權集中的銀行融資型企業，不論在產品成長、淨資產成長、毛利率（margins）等方面，均表現較股市融資型企業爲佳。Schmidt（2002: 159）進一步指出，英國此一依賴股票資本市

---

[19] Simon Lee解釋，英國與德國兩種不同企業融資型態與其進入工業化的時機有關。他表示，英國在18世紀晚期進入工業化，是全球第一個工業化的國家，享有前一時期海權時代所累積的資本，同時，產業在可控制的市場競爭環境與科技層次尚不高的情況下，沒有大量投資機器設備的需求，其發展所需的資金可以從利潤中取得。在英國工業化過程中，企業家所需的資金多爲短期性調度資金，而非長期性的投資設備資金，因此英國一直未出現德國式的產業金融銀行（German universal banks）。相對地，德國的工業化則是在英國產品已主導全球市場之後進行，因而必須以更好、更優越的技術基礎，讓德國新興工業在英國產品的優勢競爭下存活，因此需要有大規模、長期性的資金支持，故而有產業發展型銀行的出現。詳見Simon Lee (1997b), 'The City and British decline', in A. Cox, S. Lee and J. Sanderson eds., *The Political Economy of Modern Britain*, Cheltenham, UK and Lyme, US: Edward Elgar, pp. 210-4。

場的企業融資型態對中小型企業（small and medium enterprises, SMEs）尤為不利，因為此類型企業大多不是股票上市公司，又缺乏與銀行體系的長期合作關係，導致英國中小型企業在研發投資上其所取得的資金成本高出德國企業的60%。依此類觀點，致使英國投資與研發投入不足的現象係為企業財務結構所致。

Lee（1997a: 175-9）以英國兩大製造業公司——General Electric Company（GEC） and British Aerospace（BAe）的發展為案例說明。GEC在1970-1980年代，以併購方式進入消費電子與半導體業，此一連串的併購行為短期間確實為股東帶來更多的紅利，但卻沒有帶來任何產出與就業上的增長。在發現電子與半導體商品市場競爭激烈，不易提升獲利率之後，GEC逐漸退出這些產業經營，而以機構投資人型態入股他人經營的電子企業，並將本業經營專注在被政府保護、利潤較高的國防產品製造以確保高獲利率。GEC的經營行為被批評是對英國製造業生產的空洞化（hollowing out），在商用製造業項目上，僅依靠股利與短期投資維持其對製造業的參與。就GEC的企業經營者而言，此一生產空洞化確實有助於獲利的極大化而顯得可以理解，然就國家整體經濟發展而言，產業空洞化意謂著當有新興市場或新科技發展出現時，該國業者已無法參與其中。

BAe亦是相似的案例。該公司在1980年代被政府以私有化轉型成民間航空業者，其曾試圖以生產多樣化策略進入商用製造業部門。在發現多樣化的生產策略並未帶來預期的獲利表現，而國防契約較能產生高額利潤後，BAe將其資料處理、電腦等商用產品部門陸續出售給海外公司，而將經營專注在國防航空用具的生產上。因此，當面對旗下的Rover汽車在1990年代初期因市場景氣衰退而獲利不佳時，該公司的反應不是繼續支持而是選擇將其出售給德國的BMW汽車，此舉被視為加重英國汽車生產業空洞化的危機，因為在另一家英國汽車公司——Jaguar已在先前出售給美國Ford汽車後，此一出售意謂著未來英國將再無大型本土車廠可以參與汽車生產的國際合作與分工（Ibid.: 177-9）。

　　以上案例具體說明了英國企業如何因財務融資的特性而出現去工業化的行為，從而導致英國製造業的衰退。企業融資型態的觀點確實可以萊因模式對產業發展優於新美國模式來解釋英國與德國在製造業競爭力上的差異，但此觀點無法充分解釋為何同屬於股市融資型的美國企業並未出現投資與研發過低的現象？事實上，美國製造業的生產力與科技競爭力長期居主要工業國家之冠，從1953年起至2009年，美國經濟投入研發的經費持續顯著成長，且此一成長主要來自民間，包括企業與非營利組織的經費投入（US National Science Foundation, 2012: 4-10）。因此，英國產業投資不足的現象尚須考慮市場競爭程度對競爭力帶來的影響。

　　如同Samllbone *et al.*（1999: 51-62）所指出的，一國對參與經濟整合的競爭力取決於企業本身的調適能力、產品特性與市場環境的競爭程度，其中市場競爭程度對企業調適能力有關鍵影響。他們以英國食品業者在歐洲單一市場實施後的成功發展為例指出，英國食品業者本來就在極為競爭的國內環境下運作，因此較能適應市場經濟整合的挑戰。Moore（1999: 119-22）則認為，比起歐體／歐盟競爭者，英國產品表現出較差的品質與創新是和英國過去的貿易市場有關。她分析，英國在加入歐體／歐盟前有遍及全球的貿易網，因此不同於歐體／歐盟國家所貿易的對象為同質性較高、較為競爭的歐洲先進工業國市場，英國貿易所服務的大英國協市場則是異質性高、且多為工業發展程度較低的開發中國家，貿易地區涵蓋從沙漠到雨林等氣候條件相當分歧的世界各地區，此一市場因素影響英國產品品質，為提供氣候條件極為殊異的世界各地市場，英國產品必須走較為堅固耐用（robust）但不精緻的生產路線，這也是為何英國產品常被批評設計不佳，而不像其他歐體／歐盟國家業者所服務的市場是較高收入、同時也要求較高品質的競爭性消費市場。Pavitt（1983: 93-4）則直指，二次大戰殘酷地使法國面對德國產業先進的創新能力，二次大戰結束後，法國以啟動歐洲統合決心面對德國產業的競爭優勢，並在歐洲經濟整合的過程中成功地迎接了此一挑戰。英國在戰後則選擇以依賴大英國協市場逃避此一競爭挑戰，加入歐體／歐盟則使得英國最終必須面對此一延

遲的挑戰。而英國製造業是否能重生還是繼續衰退，取決於其是否能在全球貿易市場中面對德國產業的優勢競爭，不論加入歐體／歐盟與否。Schmidt（2002: 150）與Adams（1989: 202-4）在比較英國與法國產業在參與歐洲經濟整合的表現後亦認為，英國產業未如法國產業受益於參與歐盟市場的一大原因即是過去的主要出口市場是前殖民地的大英國協市場，使其產業沒有競爭壓力去進行降低成本或投資研發等改善競爭力的活動，仍投資在成熟型（mature）而非成長型（fast-growing）產業，不利英國產業在較為競爭的市場參與。

　　Middleton（2000: 39 & 58）亦認為，一國的貿易表現同時是一國競爭力的原因與結果。英國產業生產力低落的問題在戰後黃金二十年因延後加入歐體與依賴大英國協此一相對優惠的市場被防護、隱藏起來，加入歐體後英國產業較弱的競爭力問題則被突顯出來。易言之，依賴以開發中國家為主的大英國協軟質市場（soft market）是英國產業競爭力下降的「原因」，而加入歐體後面對工業先進國競爭激烈的硬質市場（hard market）所出現的製造業貿易嚴重赤字問題則是反映此一競爭力下降的「結果」。

　　確實，貿易市場的競爭程度此一因素可對英國產業因投資不足引起的競爭力問題以及加入歐體後調適能力不佳的事實提供更為充分的解釋。首先，就競爭力而言，大英國協較不競爭的軟質市場影響了英國製造業在商品設計、品質管制、研發投入的需求，同樣地，因為此一市場是較低所得、低經濟成長的市場，使得英國製造業的出口成長有限，限制了企業再投資與投入研發的能力。在沒有強烈的市場競爭壓力與產品成長前景的現實下，企業自然無投資的壓力與需求，從而形成了低出口成長導致低企業投資、再導致產業競爭力低落、復又導致低銷售成長的惡性循環。其次，就調適能力而言，此一軟質市場限制了英國產業在面對新市場競爭時的調整與回應能力。Shepherd（1983: 65）曾經如此評論英國企業在面對歐洲經濟整合的競爭挑戰時的表現：「在最好的情況下，英國企業是緩慢（slow）跟進歐體／歐盟市場所帶來的生產專業化之挑戰；在最差的情況

下，英國企業是完全無法（failed）跟上此一過程」。他以消費電子產業
為例指出，英國生產者不像德、法業者走高階市場（up-market）策略，
也不像義大利業者採價格競爭路線。他們對市場競爭的緩慢調適與回應使
得英國產業喪失市場占有率，不僅退出洗碗機生產市場，也無法參與歐
洲快速成長的微波爐市場。在彩色電視的生產上，亦不若荷蘭的Philips與
法國的Thomson公司，在面對競爭時效仿日本策略，將生產線外移至低工
資國家，此兩家公司是在歐體／歐盟市場中唯二歐洲業者可與日本業者
競爭者。英國業者則是在品質上未能提升，在數量上未能掌握足夠生產
規模以致失去競爭力，導致英國彩色電視製造最後完全被日本外資所掌
握（Ibid.: 48-52）。英國企業緩慢或無力調整其商業策略以回應變化中的
市場競爭缺陷，實為其長期在大英國協軟質市場運作、制約下的必然結
果。

第四節　無可爭議的歐盟效益

在對參與歐洲經濟整合對英國所帶來的經濟效益持續爭辯之際，關
於FDI因加入歐體／歐盟後顯著增加以及歐體／歐盟對英國在對外經貿談
判上所帶來的集體議價力量，亦即規模政治效益，是評論者對歐體／歐盟
效益較具共識的部分。

一、FDI 效益

FDI對英國經濟的影響可以從數量與生產品質改變兩方面來觀察。

首先，在數量方面，如同英國政府所指出的，在加入歐體／歐盟之
後，進入英國的FDI顯著上升，隨著歐洲經濟整合的深化與單一市場的完
成，數量持續增加。進入英國的FDI中，主要（47%的比例）是來自其他
歐盟國家，但英國亦是歐盟國家中獲得來自非歐盟地區（主要是美國與
日本）FDI的最大收益國（HM Treasury, 2005e: http://www.hm-treasury.gov.

uk/d/foi_eumembership_fdi.pdf）。以英國加入歐體初期的1970-1980年代為例，美國1970年代對歐體的投資，有近六成的高比例是進入英國此單一國家；同樣地，日本1980年代對歐體的投資，高達53%的比例是進入英國的（Gowland and Turner, 2000a: 166; May, 1999: 95）。在1986-1993年單一市場推動與完成期間，FDI再度大幅上升，由1985-1986年間的160億英鎊規模大幅增加到300億英鎊的規模，成長將近兩倍（Schirm, 2002: 89）。自加入歐體之後，英國始終為會員國中獲得FDI總量的最大收益國，此一比重雖然因歐體／歐盟歷經幾次擴大與受到英國未加入歐元的影響等因素出現降低，[20]然而，至2011年時，在歐盟27個會員國中，英國仍以占全歐盟FDI總量近五分之一（19%）的比例，高於德、法的15%並遠勝於其他會員國不到5%的低比例，居所有會員國之首（Ernst & Young, 2011: 16）。

　　為何較之其他歐體／歐盟會員國，英國得以吸引較多的FDI？Buxton（1998: 181）認為，此一事實顯示英國政府自1990年代以來以吸引外資作為產業政策的努力奏效。Eltis（2000: 90）認為這是因為英語為全球語言、英國勞動力成本較低廉、政府提供低賦稅與寬鬆法規環境等多項因素所致。然而，George（1991: 95）則認為，藉由英國生產進入歐體／歐盟市場是FDI，尤其是日資的最主要考量，如果英國沒有加入歐體／歐盟，將很難吸引到如此可觀的外來投資。在英國政府對FDI的評估報告中亦認為，進入英國的FDI是與歐洲經濟整合的發展進程有關（HM Treasury, 2005e: http://www.hm-treasury.gov.uk/d/foi_eumembership_fdi.pdf）。確實，如果以1979年英國政府宣布解除資本管制為例觀察，柴契爾政府原本期待此舉將有助於吸引FDI的進入，但事實上FDI僅出現小幅增加。相

---

[20] 根據官方統計顯示，受到英國未加入歐元的影響，在2002-2003年期間，歐盟會員國進入英國的FDI大幅減少了80%。M. Sanso-Navarro（2011）的研究則顯示，以英國FDI的重要來源美國投資為例，在2000-2006期間平均減少了15.4%，在2006年當年中更是大幅減少了65%。詳見HM Treasury (2005e), 'EU Membership and FDI', p.11, available at http://www.hm-treasury.gov.uk/d/foi_eumembership_fdi.pdf; M. Sanso-Navarro (2011), 'The effects on American foreign direct investment in the United Kingdom from not adopting the euro', *Journal of Common Market Studies*, Vol. 49, No.2, pp.463-83。

形之下，1986年實現單一市場的單一歐洲法與1993年馬斯垂克條約生效之後，[21]FDI均連年出現大幅成長（Booth and Howarth, 2012: 21）。以此而言，接近歐體／歐盟市場的考量遠比運作成本的低廉，不論是勞動、賦稅、還是法規成本，對FDI的投資決定與規模更為關鍵。另一方面，Harrington（1992: 62）指出，歐盟的區域政策禁止會員國為吸引FDI而出現競價行為的規範，使英國在吸引FDI上獲益良多。

英國外交部資深主管級官員A先生則以個人經驗指出，以英國官方2012／2013最新統計顯示，即使在歐債危機發生時期，英國的FDI數量仍然出現成長，使其持續成為歐洲國家中吸引到最多FDI的國家（UK Trade and Investment, 2013: 2-4）。儘管FDI選擇英國的因素有很多，例如較低賦稅、較自由的營運環境、英語的便利性、時區（time zone）優勢等，也很難將這些因素一一量化比較，然以其個人曾經在美國Disney公司倫敦分公司工作的經驗，他認為，接近歐盟市場因素絕對是任何跨國公司決定投資地點的首要考量，因為儘管Disney的歐洲總部設在倫敦，但它看的是整個歐洲市場而非英國國內市場。英國如果未加入歐盟，其對FDI的吸引力將會因進入歐盟市場的風險升高而降低（訪問於2013年9月12日於台北進行）。

FDI對英國經濟的重要性則可由以下事實觀察：FDI提供英國21%的國民就業、28.3%的價值創造、31.4%的國內投資。儘管近半數的FDI是投資在金融、銀行、保險、電訊、企業服務等第三級產業，但事實上，FDI對英國製造業的重要性，尤其在該產業持續衰退的事實下，遠較服務業為顯著。FDI提供英國製造業近五分之一的就業、近四分之一的價值創造、近三分之一的資本投資與約40%的製造業商品出口。在辦公室設備、資料

---

[21] 根據Sourafel Girma（2002）的研究指出，因歐洲單一市場的完成而進入英國製造業的非歐盟籍FDI主要以併購型FDI為主，目的主要為出口至單一市場，而較不考量英國當地市場。詳見Sourafel Girma (2002), 'The process of European integration and the determinants of entry by non-EU multinationals in UK manufacturing', *The Manchester School*, Vol.70, No.3, pp.315-35。

處理、汽車與零件生產、電子與電機、半導體等多項產業皆已爲外商企業所主導生產。自1980年代起，英國製造業的貿易表現出現好轉，尤其在高科技產業貿易中僅存小幅赤字，很大部分可歸功於FDI因素。例如，英國在彩色電視、電腦生產等產業，由貿易赤字轉爲盈餘；在汽車生產上由進口國轉爲淨出口國；在辦公室機械與通訊設備製造業，成爲全球第四大、全歐洲第一大出口國，均爲實例。在生產力方面，外商企業以其世界級的競爭力，在每人單位價值創造上，優於英國本土企業平均值的40%、產出比則高出50%。也因爲有較高的生產力，外商企業所提供的薪資水平高出英國本土企業平均的20%。易言之，FDI對英國的經濟成長、就業創造、資本投資、出口增長、所得提升等，均有實質助益（HM Treasury, 2005d: http://www.hm-treasury.gov.uk/d/foi_eumembership_productivity.pdf; 2005e, http://www.hm-treasury.gov.uk/d/foi_eumembership_fdi.pdf; Eltis, 2000: 65-7 & 77-8 & 82 & 89; Moore, 1999: 312-4; Buxton, 1998: 473; Sharp, 1998: 508-10）。

在區域發展上，FDI亦發揮正面平衡效果。外資企業，尤其是日資企業，對英國製造業的投資主要目的在出口至歐體／歐盟市場，而非服務英國本土市場，因此在投資地點上多選擇衰退的偏遠地區（greenfield sites），如蘇格蘭、威爾斯等地，因可創造當地就業而普遍受到民眾歡迎。以半導體外資企業，如Siemens、LG、Hyundai等，仿效美國矽谷在蘇格蘭地區發展出的高科技產業園區Silicon Glen爲例，該園區即提供全歐洲十分之一的個人電腦生產，成爲蘇格蘭地區的主要出口項目。[22]

FDI的短期效益——爲英國經濟帶來GDP、就業、投資、出口貿易等的成長，無庸置疑，然而，長期效益——是否能對英國製造業帶來競

---

[22] 惟根據 John Cantwell and Simona Iammarino（2000）的研究指出，創新型（innovation）的FDI多數偏好在較富庶繁榮的英國東南地區投資，此類FDI偏好在有創新傳統的地區投資，因此，政府必須以政策介入，協助較落後的西北地區改善與發展在地科技力（local technological competence）以吸引創新型FDI，以防止加深英國南北地區的兩極化發展。詳見John Cantwell and Simona Iammarino (2000), 'Multinational corporations and the location of technological innovation in the UK regions', *Regional Studies*, Vol. 34, No.4, pp.317-32。

爭力的提升,則備受討論。換言之,FDI對英國經濟除了帶來「數量」上的增加,是否亦有「質」的提升?部分論者認為,FDI沒有對英國產業帶來多少的科技移轉,而且在這些外來投資中屬於高附加價值者的比例很低,因此批評進入英國的FDI只是組裝業的活動(screwdriver operations)(Scott, 1992: 23; Eltis, 2000: 79)。Baimbridge et al.(2010: 126-7 & 129)亦認為,英國不能依賴FDI作為創造就業與生產的手段,因為此舉將使得英國未來的經濟成長受限。

針對FDI究竟是否帶動英國競爭力的提升,其主要爭論的重點在於FDI是否有對英國產業發生科技移轉(technology transfer)的效果?如果以科技移轉作為評估FDI對英國產業長期效益的指標,則如同Strange(1993: 385 & 406-7)所言,事實上很難評估實際的科技移轉效果,因此,部分論者以FDI有無在投資國進行研發活動作為觀察判斷的依據。如果以研發投入作為顯示FDI在英國製造業投資的科學與技術內容,根據實地調查顯示,60%的FDI在英國有研發行為,其中美國籍與歐洲籍外資公司的研發單位規模最大,日本的研發單位規模最小,而後者的研發活動係以滿足在地市場特性與需求而生。產業別中,以投入化學製藥此一研究密集型產業的金額最多。整體FDI所投入的研發經費則占英國產業總研發金額的19%,此一比例較其他歐盟國家為高(Papanastassiou and Pearce, 1999: 138 & 142; Eltis, 2000: 79; Strange, 1993: 406)。因此,有關FDI只是低階組裝業的批評顯然未盡為事實。

那麼,這些具有全球競爭力且確實於投資國進行研發活動的FDI,究竟為英國製造業的生產與競爭力問題帶來多少具體改善?對此,Pain and Young(2004: 393-4 & 396)以量化研究指出,FDI每增加10%,即可提高英國製造業要素生產力(TFP)0.5%,並帶動出口數量增加0.75%;FDI每增加1%,即對英國勞動技術進步提升0.32%。英國政府亦認為,透過科技移轉與競爭效果,FDI已對英國的生產力產生水平與垂直的雙重外溢效果。在生產力之外,英國政府另以產業聚落的形成與發展觀點肯定FDI對英國經濟帶來「質」的增進。英國政府在報告中指出,路徑依賴(path dependency）與聚集經濟（agglomeration economies）影響高科技產業聚落的發展與形成；因此，在市場經濟整合中，先行者的優勢（first mover advantage）極為重要，因為科技的早期應用者會與其他國家間產生分歧發展，從而導致產業聚落的形成。此外，英國因加入歐體／歐盟而吸引高科技的FDI進入，有助於未來進一步吸引同類型的投資，從而有利於生產力的改善，形成一良性循環，將使英國得到經濟整合中的動態效益（HM Treasury, 2005d: http://www.hm-treasury.gov.uk/d/foi_eumembership_productivity.pdf; 2005e, http://www.hm-treasury.gov.uk/d/foi_eumembership_fdi.pdf）。

惟需提醒的是，儘管FDI對英國產業已產生生產力改善之效，然此一效果卻不宜過度誇大，因其並不意味著英國的生產力與競爭力就已達到與FDI的同級水準。誠如Grant（2007: 91-2）、Eltis（2000: 72）、Moore（1999: 314）、Lee（1997a: 201-2）等人所指出的，儘管FDI已對英國的生產品質與方式發揮正面影響，然而，英國的生產力仍不及德、法等國；同時，儘管英國高科技貿易表現已因FDI進入而好轉，但其自高科技出口所得之收益其實不到德國的一半。另一方面，根據Anderson Consulting的報告顯示，英國的生產力仍與世界級水準存在相當差距，而需要投入兩倍人力才能達到此一水平。此舉顯示：作為歐盟國家中FDI最大收益國的事實，並不代表英國產業即可具備與其FDI同等級的國際競爭力，亦不表示它因此可被定義為一工業強國。

二、規模政治效益

不論對加入歐體／歐盟所帶來的經濟效益評價如何分歧，絕大多數論者同意，歐體／歐盟作為全球最大經貿集團，在全球經貿事務的談判上，使得英國明確地受益於加入歐體／歐盟所帶來的規模政治效益。多數論者指出，歐盟為全球最大經濟體與貿易集團，擁有五億消費人口，占全球經濟近三成的產出與24%的全球商業服務貿易，因此在全球經貿事務的談判與協商上具極大的影響力。在美國不再獨霸全球經貿體系且國際經貿

談判已日趨以區域與國際層次進行的當代全球經貿體系中，歐盟以此最大貿易集團的地位與集體議價力量，使得英國在對外貿易事務、全球經濟治理等事項的談判與協商上都明顯更為有效，而此一項成效是個別國家無法以一己之力達到的，特別是自2001年WTO杜哈回合談判失敗之後，全球經貿事務有走向保護主義而非更自由開放的風險。歐體／歐盟的規模政治力量同時還表現在歐體／歐盟對外採取的許多共同商業政策上。藉由這些共同商業政策所產生的外部性效果，使得歐體／歐盟可以主導全球經濟論述的方向。另一方面，英國過去在GATT的談判經驗則顯示，如果未加入區域貿易集團，國家利益顯然無法有效地維護（Booth and Howarth, 2012: 23; Allen, 2005: 138; May, 1999: 94; Scott, 1992b: 169-70; Bulmer *et al*., 1992: 255-6; El-Agraa, 1984: 315; Holmes, 1983: 35）。[23]Bulmer and Edwards（1992: 148）進一步指出，儘管歐體／歐盟是以集體利益而非英國個別國家利益進行國際經貿事務的談判協商，但事實上英國以其過去在國際政治上累積的嫻熟外交技巧，使得英國觀點得以在歐體／歐盟對外經貿政策的形成與談判上有效體現，並較其他會員國得以扮演更全面性的角色。

對於歐體／歐盟所帶來的規模政治效益，Milne（2010: 148）是少數提出不同意見者。他指出，英國與其他歐盟會員國的經貿型態不同，以歐體／歐盟代表英國處理對外貿易事務的談判不見得可以促進英國的利益；同時，與多數歐體／歐盟會員國不同，英國為聯合國安理會成員，是許多國際重要組織，如IMF、NATO等的創始會員國，有其獨立席次，加入歐體／歐盟使得英國必須將貿易事務統一交由歐體／歐盟發言與處理，在英國對外經貿政策上出現不一致性，因此不認同歐體／歐盟為英國帶來國際政治談判上的規模政治效益。

然而，此一說法顯然漠視了在國際經貿政治中，國內市場規模為談

---

[23] Holmes 即坦承，儘管以其經濟學者的專業，他對英國參與歐洲經濟整合第一個十年的效益評價為負面，但因顧慮若退出歐體，英國經濟將於全球經濟整合潮流中處境更形艱難的考量，他個人於1975年舉行的公民投票中，投票支持英國續留歐體。

判力量的現實。誠如 Booth and Howarth（2012: 23）所指出的，在國際貿易談判中，談判者的國內市場相對於對手國越大，就越具有阻擋、撤銷、接近對方市場等談判力量（negotiating power）。歐體／歐盟即在此一談判力量的表現上成效良好，英國藉由歐體／歐盟之力有效地促進了本國企業在海外市場的利益，此一成效在對大型經濟體的談判協商上尤為顯著。例如在對中國大陸的談判上，透過一連串的談判協商之後，中國大陸同意歐盟企業得以在中國大陸享有智慧財產權的保護，歐盟同時也為會員國企業爭取到可以參與當地政府採購案的權利。另外，在對美國的貿易談判上，在爭取多時之後，歐盟與美國達成「開放天空」（Open Skies）協議，使得歐盟航空業者得以享有更多落地權及參與美國國內市場的權利，並改變美國公務人員必須搭乘國籍飛機的規定；在2002年WTO的談判上，歐盟亦成功地與美國達成鋼鐵關稅減讓的協定。如果不是藉由歐盟的集體力量，英國對此兩大貿易大國的談判勢必非常吃力。

　　同時，Milne（2010: 148）所謂加入歐盟使得英國對外經貿政策出現不一致性的說法亦難成立。如同Booth and Howarth（2012: 28）所指出的，在絕大多數的事項上，歐盟的對外政策仍採取全體一致的共識決（unanimity），此意謂著個別國家對不同意之事項仍享有否決權。他們進一步指出，事實上，由於英國與法國是歐盟國家中唯二具有核子武器的軍事強權，因此在歐盟對外政策上，較其他會員國具有更明顯的影響力與發言權，儘管這部分很難具體量化而易導致不同觀點與評價，但評估歐盟效益仍必須同時評估其對國際政治，尤其對歐洲鄰近地區事務，的影響力。其他論者（Bulmer and Edwards, 1992: 149 &158; Bulmer et al., 1992: 255-6）亦表示，歐體／歐盟的集體力量確實提升了英國的全球地位，實現了英國欲藉由歐體／歐盟維繫其全球角色的期待。他們分析，在英國全球角色的維持上，由前殖民地所組成的大英國協僅具道德意義，英美特殊關係亦僅具口頭言辭上的意義，只有歐體／歐盟具體地讓英國在全球經濟治理與貿易談判上享有更大的影響力。儘管英國仍擁有許多重要國際組織的創始會員國地位，然而，如果未加入歐體／歐盟，其在國際政治上不可

能具有歐體／歐盟支持下的同等份量。以英國最為重視的英美特殊關係為例，本就為一相當不對等的關係；對美國來說，其將英國視為是其與歐體／歐盟對話的管道，因此缺少了歐體／歐盟效益，英國對美國的重要性勢必降低。

在一份由英國外交部官員所提供的官方資料顯示，當前執政的英國首相David Cameron亦明確指出參與歐盟對英國在國際政治上的重要性與必要性。他以執政經驗指出，作為歐盟的成員國，英國在華盛頓、在北京、在德里，都是一個更為有力的行為者，而此一歐盟效益攸關英國在全球行事的能力，因此參與歐盟對美國以及對英國其他盟邦而言都是重要的，也因而為何這些重要盟國皆清楚地表達希望英國持續參與歐盟的要求（Cabinet Office and Prime Minister's Office, 2013, http://www.gov.uk/government/speech/eu-speech-at-bloomberg）。Cameron的談話顯示，儘管學界中對歐盟所帶來的規模政治效益存在少數的不同意見，然而，以政治實務者而言，此一效益已無庸置疑。

第五節　參與歐洲經濟整合的成本

英國參與歐洲經濟整合的直接成本主要來自適用歐體／歐盟的共同農業政策（CAP），此一直接成本又因歐體／歐盟的預算機制導致出另一間接成本—預算經費承擔比例過當問題。英國曾於1990年代初期短暫參與歐洲匯率機制（ERM）的失敗經驗則為其參與歐洲貨幣整合的代價。

一、CAP的參與成本

CAP是歐體於1962年時為防止歐洲地區食物短缺因應而生的農業保護政策，其目的在以保護農業部門免於自由貿易競爭的情況下，鼓勵農業生產以穩定供給與市場。其運作方式為：對外，對非歐體／歐盟地區進口農產品課與保護性關稅與補貼歐盟會員國農業出口品；對內，由歐體／歐

盟官方依據市場動態設定一最低支持價格，此一價格通常高於全球市場價格，兩者價差部分由關稅來補貼，當生產過剩時導致農產銷售價格降至低於支持價格時，歐體／歐盟官方則會透過歐洲農業指導與保證基金（EAGGF）進行干預收購（intervention buying），亦即對生產者直接補貼（Minford, 2005: 72 & 77; Moore, 1999: 69 & 189）。[24]換言之，以CAP保護市場與補貼生產者的政策性質，會在產業結構不同的歐體／歐盟會員國之間、不同經濟部門之間、生產者與消費者之間形成經濟福祉重分配的效果。

　　CAP對英國構成多少參與成本取決於三項因素：英國農產品進出口的數量、歐體／歐盟支持價格與全球市場價格的差距、CAP占歐體／歐盟預算總額的比例。就農產品進出口而言，因早期工業化之故，英國農業生產部門相對其他歐體／歐盟會員國較為小型，農業就業人口在1960年代即為工業國家中最低者，因此，英國傳統上為一農產進口國。至於進口地區，在加入歐體之前，主要是從大英國協進口農產品，且因自1933的小麥法案（the Wheat Act）生效以來，英國一直採行所謂的廉價食物政策（cheap food policy），對絕大多數的農產進口商品免課關稅，使得英國消費者得以低於或接近全球市場價格取得所需之食物。就歐體／歐盟支持價格與全球市場價格而言，前者普遍高於後者平均約20%。再以CAP占歐體／歐盟預算總額而言，CAP自採行以來一直就為歐體／歐盟預算的最大經費項目，儘管此一比例已自1970年的87%逐漸降低，但至2010年仍占有近半數的多數比例。因此，以英國不同於其他歐體／歐盟國家的農業生產型態與貿易對象而言，加入歐體最主要也最立即的成本即來自CAP的實施。早於加入前，英國政府即已預見CAP將對英國經濟造成的顯著負擔，曾經嘗試為大英國協地區爭取部分排除的待遇，但在法國堅持英國必須完全適用CAP作為加入條件的情況下，英國政府僅能爭取到以較長的過

---

[24] 依美國貿易代表署估計，歐盟對CAP的補助占全球對農業補助的85%，可能為全球自由貿易中最大的資源扭曲。詳見Graeme Leach (2000), *EU Membership-What's the Bottom Line?*, London: Institute of Directors, p.9。

渡期間減緩對國內經濟的衝擊。對英國消費者而言，加入歐體／歐盟所產生的貿易移轉效果，使得英國改由價格較高的歐體／歐盟地區進口食物，最直接的成本即是消費者面臨食品價格的上漲；對納稅人而言，在英國所貢獻的歐體／歐盟預算中，大部分的比例是用於補貼其他會員國的農業生產者，此係CAP引起的間接成本（Minford, 2005: 67 & 72; Marsh and Swanney, 1983: 115; Gowland and Turner, 2000: 126-7 & 129; Moore, 1999: 65 & 70 & 193; Linter, 1998: 412; Colman, 1992: 29; George, 1992: 20 & 1991: 96）。

　　誠如英國政府在評估報告中所指出的，英國是CAP的最大受害國，其形成對食物直接加上26%的稅，使得歐盟的納稅人與消費者每年付出1000億美元的成本；對英國經濟而言，則使其付出GDP的0.5%作為加入成本（HM Treasury, 2005a: http://www.hm-treasury.gov.uk/d/foi_eumembership_presentation.pdf; Milne, 2004: 11）。其他研究者的估計則遠較官方數據來得為高。Mills（2010: 50）估計，CAP使英國經濟每年付出150億英鎊的鉅額成本。Milne（2004: 10）則估計，扣除對英國生產者的補貼，CAP對英國經濟的淨成本占其GDP的1.2-1.7%。Minford（2005: 73）認為，CAP除了加重英國消費者的食物負擔，還因為英國的農業出口品較其他會員國少，使英國承擔更多CAP對出口補貼的比例，兩者總計使得英國經濟付出約1%的GNP為代價。Mendes（1986: 269 & 1987: 100）則估計CAP對英國經濟成長造成1.72%的減少。Moore（1999: 76）則認為，由CAP以及其衍生出來的預算分攤問題使得英國經濟共付出1-2%的GNP成本。對每一英國消費者而言，此一代價的意義即為食物價格上漲所帶來的通貨膨脹壓力。在英國甫加入歐體之初的1974年，英國政府甚至必須成立物價管制委員會補貼與控制食物價格的上漲。此一食物價格的膨脹使英國一個四口之家每週必須多付出10英鎊的預算，[25]此一改變對貧窮家庭的影響最大，

---

[25] Stephen George（1991: 97）則認為，即使沒有實施CAP，英國的食物價格仍會上漲，這是因為1960年代晚期英國政府已經決定取消對農產品的補助，從而會反應到價格上漲上，因此他認為英國的食物價格上漲有多少部分可歸因於CAP，無法完全釐清。

因爲最貧窮10%（the poorest 10%）的家庭是花費其四分之一的支出在食物購買上（Colman, 1992: 33; Moore, 1999: 217-8）。

在英國經濟中唯一的受益者即爲農業生產部門。加入歐體／歐盟之後，因CAP鼓勵應用農業科技的現代化生產方式，使得英國農業生產走向專業化、大型化、機械化，其產出以高於歐體／歐盟平均25%的速度快速成長，從而減少對進口的依賴，提高了農產自足率，使得英國由1970年時尚須進口22%的農產品，大幅下降至2003年僅需進口9%的低比例。英國農業在穀物、羊肉、糖類等項目生產上已由過去的淨進口國變成出口國，整體農業生產在1972-1986年期間成長了20%，也帶動了農業分銷、儲存、加工等產業的興起（George, 1991: 97-8; Moore, 1999: 197&216; Minford, 2005: 64; Colman, 1992: 32）。然而，此一生產者經濟福祉的增加未及消費者與納稅人所付出的成本之半。根據Milne（2004: 12）估計，英國農業生產者自CAP所得之效益爲英國GDP的0.5%，然而，消費者與納稅人所付出的成本則高達GDP的1.7-2.2%。

CAP形成英國參與歐洲經濟整合最大的成本與困境，亦爲每一個執政的英國政府最無法爲參與歐體／歐盟對英國經濟所帶來的效益提供辯護之處。於1997-2007年期間執政的英國首相布萊爾曾經形容CAP是一明顯的荒謬（manifest absurdity）。作爲此一政策下最大的受害國，英國也是歐體／歐盟國家中最致力於推動CAP改革的會員國。然而，直到1990年代CAP才首次出現變革。第一次改革爲1992-1993年的MacSharry改革方案，此一改革降低30%對穀物的價格補貼與小幅降低對奶油與牛肉生產的補貼，而改以對生產者直接補貼。此一改革雖對CAP占歐盟預算的上限設限，但本質上並未降低CAP對農業的保護幅度。第二次改革則是在1999年，柏林高峰會所決議實施的Agenda 2000改革方案，德、法同意降低15%的支持價格以及CAP預算保持既有規模未來不再增加，使得CAP控

詳見Stephen George (1991), *Britain and European Integration since 1945*, Oxford UK and Cambridge USA: Blackwell, p.97。

制在占EU預算總額的49%的比例。2003年時，歐盟農業部長達成第三次改革CAP的協議，同意將補貼給付與農業生者兩者分離，未來對農業生產者的補助以所得水準為標準且以一次性補助為主，鼓勵生產者以市場需求而非取得官方補助作為生產動機。此舉在矯正過去CAP使得大型農業生產者（通常亦是富農）取得較多補助與農業生產過剩的缺失。2013年6月，歐盟農業部長進一步同意將於2017年廢除對糖生產的配額補助，並且將未來CAP預算的30%投入對休耕的補助以防止農業在CAP的補助下過度生產對環境造成損害（Milne, 2004: 10-11; Minford, 2005: 77-8; Leach, 2000: 10; *EU Observer*, 'EU agrees agriculture policy reform', 27 June 2013, http://euobserver.com/economic/120664）。[26]

　　然而，以上改革與英國所要求的幅度仍有相當差距。英國要求大幅改革CAP，使其占歐盟預算總額不超過45%的比例，此舉受到法國的反對。法國作為CAP的最大受益國，反對降低CAP的預算規模，德、法最後同意保留（saved）CAP現狀不變到2013年。另一個可能改革的契機則是在2004年中東歐新會員國加入歐盟之時，然在德、法不支持的現實下，哥本哈根峰會決議對新會員國的農業給付將以十年為期逐漸增加，從而降低了CAP在近期改革的可能性（Nugent and Mather, 2006: 144; Milne, 2010: 151; Minford, 2005: 74-7）。過去的經驗顯示，英國在歐體／歐盟內部推動CAP改革的成效有限，主要受限於歐體/歐盟的主要會員國——法國、德國、義大利、西班牙亦為CAP經費的前四大受益國。在缺乏主要會員國的支持下，內部推動CAP改革顯得相當困難。英國外交部資深主管級官員A先生即以曾經派駐歐盟的經驗指出，30多年來，英國致力於在歐盟內部推動CAP的改革，然而內部改革相當困難，這是因為CAP牽涉到極為龐大的經費，因而影響到許多會員國的國家利益（訪談於2013年9月12日於台北進行）。比較大的改革壓力是來自歐體／歐盟外部，如美國、澳洲、紐西蘭等其他主要農業生產國，與WTO屢次要求歐體／歐盟開放農業貿

---

[26] 在改革之前，大型農業生產者占農業生產人口的17%，小型農業生產者則占將近四成。但大農取得CAP預算50%的補助，小農僅得到8%的低比例。

易自由化的壓力。自WTO杜哈回合談判後，全球的農業自由貿易談判陷入停頓，歐盟則在與部分貿易夥伴國協商後同意，在相互原則之下，如果貿易國願意降低對歐盟工業製造商品的關稅，歐盟將自2013年起全面減少對歐盟農產品的出口補助（Minford, 2005: 74; Moore, 1999: 218; Linter, 1998: 411; *BBC*, 'Q&A: Reform of EU farm policy', 12 October 2011, http://www.bbc.co.uk/news/world-europe-11216061）。

二、歐盟預算淨貢獻國的參與成本（The British budget question）

　　CAP對英國衍生的間接成本即為歐體／歐盟預算分攤問題。Nugent and Mather（2006: 145）與Leach（2000: 5）認為，英國對歐體／歐盟預算的分攤問題最能鮮明地表達出英國參與歐體／歐盟的（負面）效益——其是僅次於德國的最大淨貢獻國（net contributor）。自加入歐體／歐盟之後，英國上繳歐體／歐盟的預算即大幅增加，此一預算分攤問題於1977年過渡時期條款終止後更形嚴重，至1980年時，英國已成為歐體預算的最大淨貢獻國，然以英國經濟的人均所得僅在歐體九國中排名第七且低於歐體會員國平均的事實而言，英國應為歐體預算的淨接受國（net recipient），因而形成英國以較貧窮的所得補貼其他較富裕會員國的預算分配不公問題。此一預算分攤問題的不合理性，很大程度影響了英國民眾對歐體效益的認知，民眾對加入歐體的看法，從1975年認為加入歐體是件「好事」的比例由47%的多數比例下降到1981年的24%；相對地，認為是件「壞事」的比例則由21%上升到48%。英國權威媒體*The Economist*亦認為，英國所得到的任何經濟效益均無法與英國對歐體／歐盟貢獻的上繳款相比（Gowland and Turner, 2000b: 219; Moore, 1999: 218; Linter, 1998: 411-2; George, 1992: 44; Colman, 1992: 34; Gowland and Turner, 2000a: 167）。[27]

---

[27] David Allen（2005）與曾任歐體執委會主席的英國資深內閣官員Roy Jenkins均認為，事實上，英國對歐體／歐盟的淨貢獻額並非在財政上形成很嚴重的問題，且其

此一問題的發生源自歐體／歐盟的預算結構。歐體／歐盟的預算主要來自對非歐體／歐盟地區進口農產品所課之關稅（common external tariff, CET）與對非歐體／歐盟地區工業進口品所課之加值關稅（value added tax, VAT）等兩項財源。由於英國自非歐體／歐盟地區所進口的商品比例較其他會員國為高，因此，英國所上繳的預算比例遠較其他會員國為多。例如以CET而言，在英國進口的農產品中，至今仍有19%的比例是來自非歐盟地區，故英國所上繳的CET即占歐盟十五國總額的43%。相對地，歐體／歐盟預算的最大支出項目為CAP，英國則因農業生產部門規模較小而得到較少的歐體／歐盟補助。英國總人口占歐盟十五國的16%，然其農業生產僅占歐盟十五國的8.5%，因此僅能得到CAP經費約7%的補助，遠低於法國所得的17%、西班牙的13%、德國的12%與義大利的10.6%等這些經濟體相當的會員國。在上繳金額相對較多、但得到補助卻相對較少的既有預算結構下，造成英國成為歐體／歐盟預算的最大淨貢獻國，形成所謂的英國預算問題（British budget question, BBQ）（Milne, 2004: 10-11; Minford, 2005: 72; Mills, 2010: 50; Nugent and Mather, 2006: 145; Gamble, 1998: 20; Greenwood, 1996: 171-2; George, 1992: 42-3; Redmond, 1987: 11-2; *BBC*, 'Q&A: Reform of EU farm policy', 12 October 2011, http://www.bbc.co.uk/news/world-europe-11216061）。

英國政府在1980年後積極尋求預算問題的解決，並於1984年楓丹白露峰會上與其他會員國達成協議，各國同意英國未來可於每年拿回其所上繳的VAT總額與所收到歐體／歐盟的直接給付兩者差額的66%作為退還款（rebate），以減低英國的淨貢獻總額（Nugent and Mather, 2006: 145; May, 1999: 70; George, 1992: 45& 1990: 156; Colman, 1992: 34）。[28]在取

總額與英國國防預算相比，是非常小的比例，因此，此一議題是政治意義上的，它形成民眾對歐體／歐盟的負面觀感。詳見David Allen (2005), 'The United Kingdom: A Europeanized government in a non-Europeanized polity', in S. Bulmer and C. Lequesne eds., *The Members States of the European Union*, Oxford: Oxford University Press, p.136; Sean Greenwood (1996), *Britain and European Integration since the Second World War*, Manchester and New York: Manchester University Press, p.174。

[28] 儘管柴契爾政府在楓丹白露峰會中成功取回部分英國上繳款，然而，部分評論者認為

得部分退還款之後，英國政府認為，其所上繳歐體／歐盟的金額已與其他經濟規模相當的會員國接近而較趨合理，但在CAP未大幅改革的現狀下，其自歐體／歐盟所得之收益仍不若其他會員國。據英國政府估計，在扣除退還款後，英國對歐體／歐盟的淨貢獻金額已降低為占其GDP的0.25%，如果再記入民間部門得自歐體／歐盟所獲得補助，則此一比例可進一步降低至GDP的0.19%。[29]即使取回部分的上繳款，英國仍為歐體／歐盟國家中僅次於德國的最大淨貢獻國（HM Treasury, 2005a, http://www.hm-treasury.gov.uk/d/foi_eumembership_presentation.pdf; Nugent and Mather, 2006: 145）。

其所得到的結果並沒有比其他方案更為有利。以其前任葛拉漢政府所偏好的方案而言，該政府同意以增加歐體預算的方式減少英國的淨貢獻額，但此歐體途徑方案卻因不符柴契爾政府的經濟意識型態而不被接受，而將焦點集中在直接取回部分上繳款的現金途徑。同時，柴契爾採取對抗性、不惜以阻礙峰會進行的方式與歐體其他會員國交涉，堅持先「要回英國的錢」（'I want my money back'），否則杯葛其他歐體議題的非建設性反對方式，就短期而言，確實有利於個人政治利益與國內形象的塑造，但就長期而言，則傷害了英國在歐體的影響力，使英國被視為只顧一國利益之滿足而不關切歐體組織如何可運作更好等歐體性議題，例如增加歐體預算中的區域發展基金的阻礙主義者（British obstructivism）。經此事件後，對於英國反對的事項，其他會員國就會選擇不與英國協商而逕行決定與進行。詳見David Allen (2005), 'The United Kingdom: A Europeanized government in a non-Europeanized polity', in S. Bulmer and C. Lequesne eds., *The Members States of the European Union*, Oxford: Oxford University Press, p.123; Alex May (1999), *Britain and Europe since 1945*, London and New York: Longman, p.71; Andrew Gamble (1998), 'The European Issue in British Politics', in D. Baker and D. Seawright eds., *Britain For and Against Europe: British Politics and the Question of European Integration*, Oxford: Clarendon Press, p.20; Stephen George (1990), *An Awkward Partner: Britain in the European Community*, Oxford: Oxford University Press, p.156; -(1992), *Britain and European Integration since 1945*, Oxford, UK and Cambridge, USA: Blackwell, p.44。

[29] Milne（2004: 13-5）的估計則遠較官方為高。他認為，對英國上繳歐盟的金額還應加上對其他歐盟官方組織，例如對歐洲峰會、歐洲議會、歐洲央行等，而非僅是對執委會的預算貢獻，因此他估計，英國對歐盟所有機構的淨貢獻額達400億英鎊，占其GDP的0.5%。詳見Ian Milne (2004), *A Cost Too Far: An Analysis of the Net Economic Costs and Benefits for the UK of EU Membership*, London: Institute for the Study of Civil Society, pp.13-5。

三、參與歐洲貨幣整合的代價——1992年的ERM／英鎊危機 （ERM/The sterling crisis）

英國參與歐洲貨幣整合的經驗早於其尚未加入歐體之時。1972年，為重建歐體會員國彼此間在後布列敦森林協定時代的匯率穩定機制，當時的歐體會員國同意其貨幣在中心匯率上下2.25%的幅度限制下浮動，稱之為「蛇行浮動」（'the snake'）。英國當時以即將成為歐體會員國的身份於1972年加入，又因本國嚴重的貿易赤字問題引發外匯市場的投機攻擊而於八週後退出蛇行浮動（Gros and Thygesen, 1992: 15-8; Kruse, 1980: 114-6）。[30]英國參與蛇行浮動的時間短暫，就參與成本而言，英國參與歐洲貨幣整合最大的代價則是來自1990年參與歐洲匯率機制（ERM）的經驗以及期間所經歷的ERM／英鎊危機。

歐洲貨幣體系（EMS）於1979年正式建立，作為EMS的會員國，[31]英國並未參與此一體系下的匯率機制——ERM，儘管英國政府始終表示將於適當時機加入，但一直到十一年之後英國才正式加入。[32]英國加入ERM

---

[30] 英國的國際貿易收支首度於1972年第一季出現赤字，赤字金額達1300萬英鎊。

[31] 在EMS體系下，歐體會員國創造出一記帳貨幣：歐洲貨幣單位（European currency unit, ECU），它是由歐體會員國依經濟規模大小加權之下的一籃子貨幣，非實體貨幣。其加權比重為德國馬克（27.3%）、法國法郎（19.5%）、英國英鎊（17.5%）、義大利里拉（14.0%）、荷蘭guilder幣（9.0%）、比利時法郎（7.9%）、丹麥克朗（3.0%）、愛爾蘭鎊punt（1.5%）、盧森堡法郎（0.3%）。

[32] 1979年英國葛拉漢政府決定不加入ERM的理由，在經濟上的考量為參與ERM所帶來匯率限制可能會妨礙該政府對就業與提振工業競爭力的目標達成；在政治上為當時大選在即，不加入的決定較能在黨內取得團結。至於1990年代，柴契爾政府延續不加入ERM的理由則為北海石油的出現使得英鎊成為油元（petro-currency），因此，對美元的匯率比對歐洲貨幣更具聯繫性，同時，該政府的經濟治理原則是透過市場力量決定匯率的水準，因而持續維持不加入的決定長達十一年之久。此一政策改變係因首相柴契爾，在政治上，面臨黨內因歐洲議題分裂形成對她個人領導權的挑戰以及歐盟決議推動單一貨幣的新情勢；在經濟上，該政府原本依賴的貨幣管理法已無法有效控制通貨膨脹而ERM會員國的通膨表現則遠比英國為佳的事實下，柴契爾最後同意接受時任財相John Major的建議，改變過去十一年不加入的政策而於1990年10月正式加入ERM。詳見Michel Artis (1990), 'The UK and the EMS', in de Grauwe and L. Papademos eds., *The European Monetary System in 1990s*, London and New York: Longmans, p.287; J. Christopher (1994), 'The UK and the exchange rate mechanism', in C. Johnson and S. Collignon eds., *The Monetary Economics of Europe: Causes of the EMS Crisis*, London: Pinter, pp.84-8; Stephens, P. (1997), *Politics and the Pound: the Tories, the*

的第一年經驗產生預期中的正面效益，利率水準與通貨膨脹皆在加入後逐步下降，得到官方、產業界、輿論界的高度讚揚。1992年6月丹麥公民投票意外地否決了包含實行單一貨幣（EMU）計畫在內的歐盟條約／馬斯垂克條約，使得英國參與ERM從受益其正面效益轉為付出沈重的成本。丹麥公民投票的結果引發國際金融市場對於法國將於一週後舉行公民投票的結果產生疑慮，從而大舉拋售ERM中的弱勢貨幣，引發所謂的ERM危機。此一危機的根源在於，各國在ERM體系下必須與德國利率政策發生高度聯繫性以維繫雙邊匯率在限定幅度內浮動的需求。彼時的德國因兩德統一所帶來的通貨膨脹現象採取緊縮性的高利率政策，此一高利率政策透過利率與固定匯率機制的連動性，使得其他ERM會員國亦必須跟進採行高利率政策，然在當時經濟景氣已開始進入衰退，此一高利率政策對經濟表現較為弱勢的會員國而言，顯然無法長期維持，從而引發國際投機客對ERM中的弱勢貨幣進行攻擊，包括英鎊、里拉、法郎等。在英鎊危機發生之際，德國央行總裁Helmut Schlesinger在訪談中暗示英鎊貶值的可能性迫使英國央行——英格蘭銀行（Bank of England）在一天之內兩度調升利率，先由10%調升到12%，再調升至15%的歷史高點，並同時動用高達半數的外匯存底（300億英鎊）進行市場干預以捍衛英鎊匯率。但以上大舉調升利率與外匯市場干預手段皆未能有效阻擋英鎊的貶值壓力，英國政府被迫於1992年9月15日正式宣布暫時終止參與ERM，讓英鎊自由浮動，稱之為「黑色星期三」（Black Wednesday），四個星期之後，英國財相

Economy and Europe, London: Macmillan, pp.5-6 & 258-9; Oppenheimer, P. M. (1998), 'Motivations for Participating in the EMS'; Artis, M. (1998), 'The United Kingdom', both in Forder, J. and Menon, A. eds., *The European Union and National Macroeconomic Policy*, London: Routledge, pp.64-5 & 71-3; pp.134-7; M. Crawford (1996), *One Money for Europe? The Economics and Politics of EMU*, Basingstoke: Macmillan, pp.20-2; Thompson, H. (1996), *The British Conservative Government and the European Exchange Rate Mechanism, 1979-1994*, London: Pinter, pp.34-67 & 86-100 & 154-74; Ray Barrell, A. Britton and N. Pain (1994), 'When the Time is Right? The UK experience of the ERM', in D. Cobham, *European Monetary Upheavals*, Manchester: Manchester University Press, pp.119-23; Margaret Thatcher (1993), *The Downing Street Years*, London: HarperCollins, pp.691-3 & 707-24。

證實暫時終止參與變成正式退出ERM（Major, 2000: 312-41; Gowland and Turner, 2000b: 281-2; Artis, 1998: 135-7; Christopher, 1994: 95-7; Barrell *et al*., 1994: 127-37; Goodman, 1993: 242-5）。英國延遲了十一年加入ERM，加入未滿兩年的時間即因英鎊危機退出，論者因此對英國的ERM經驗形容爲「一個長期的婚約伴隨著一段短暫的婚姻」（Barrell *et al*., 1994: 114）。

對英國經濟而言，英鎊危機使得英國付出失業率上升與經濟成長降低的代價。失業率在短期間急速增加，由1990年未發生危機時的160萬人（約6%），大量增加到危機發生時的280萬人（約10%），GDP則下降2.5%。退出ERM之後，因英鎊大幅貶值（貶值20%）有利於出口競爭力的恢復與利率的下降，進一步帶動經濟復甦與失業率的下滑。參與ERM唯一明確的經濟效益是通貨膨脹的大幅下滑，由1990年加入時的10.9%，大幅降低至危機發生前的3.6%，此一低通膨並未因退出ERM而再度上升，仍舊穩定地維持在低水平。英國經濟表現在英鎊危機時付出的沈重成本與退出ERM之後的明顯好轉，使得部分論者將黑色星期三稱之爲是值得慶祝的「白色星期三」（White Wednesday）（Baimbridge *et al*., 2010: 125; Major, 2000: 340; Christopher, 1994: 92-8; Barrell *et al*., 1994: 129-32）。

不論是黑色或白色星期三的評論，指涉的均是參與歐洲貨幣整合對英國經濟帶來的負面效益。對於英國參與ERM的失敗經驗，許多評論者將原因歸咎於參與ERM的匯率過高（overvalued）。此派觀點認爲英國政府以過高匯率加入ERM，例如前任財相Nigel Lawson即認爲，英國以1英鎊對2.95德國馬克的匯率加入ERM，此一匯率至少高估了10%，不利於英國的出口競爭力與經濟成長，因此勢必很難長久維持（Michie, 2005: 229; Gowland and Turner, 2000b: 273-4; May, 1999: 76; Buxton and Lintner, 1998: 434）。然而，Artis（1998: 136），則認爲此一說法是後見之明而非可信服的說法，因爲在英鎊危機發生之前，有關於加入匯率過高的批評並不常見。當時的決策者——首相柴契爾與財相John Major則反駁匯率

過高的說法是沒有意義的，因爲ERM內部有匯率再調整機制（realigning mechanism），在其他會員國同意之下，參與國可以選擇是否需要重新調整其中心匯率。Major更以OECD的評估報告指出，事實上，若以購買力標準而言，英鎊加入的匯率其實低估了17%；若再以退出ERM之後的英鎊長期匯率表現而言，其趨勢普遍是高於當時的加入匯率（Thatcher, 1993: 723; Major, 2000: 164 & 340-1）。

　　Major（2000: 314-40）以其擔任財相時促成英國加入ERM、擔任首相時決定退出ERM的關鍵決策者角色認爲，英國參與ERM的成本來自於德國緊縮的貨幣政策。此一理由係因在經濟全球化的時代，一國利率政策的變動會吸引龐大的國際游資買進或賣出該國貨幣，從而使其匯率發生變動。在固定匯率機制，例如ERM之下，會員國必須維持其匯率在限定範圍內變動，故任何會員國調升或調降其利率的決定，皆會透過固定匯率機制影響其他會員國設定利率的自主性，因此在固定匯率機制下，會員國彼此間對利率與匯率的政策制訂走向有必要進行協調，以使固定匯率機制順暢運作。然而，德國政府在英鎊危機中的作爲引發Major的強烈批評。他在回憶錄中表示，英國爲德國的統一承擔了高利率的成本，但在英鎊危機中，德國不僅未如在法郎危機中以干預外匯市場的方式與法國央行共同捍衛法郎，相反地，德國央行總裁在英鎊危機升高之際，一席暗示英鎊貶值的談話則被批評爲是使英鎊危機惡化的關鍵。他同時認爲ERM本身的機制設計亦有不對稱性的缺陷。他指出，在ERM的設計之下，匯率調整成本往往不均等地由弱勢貨幣的會員國承擔，而非是對稱性地由強勢與弱勢貨幣會員國共同分擔調整成本，從而加重了弱勢貨幣國的參與成本。[33]

　　Buxton and Lintner（1998: 434 & 446-7）則認爲，英國參與ERM的時機確實是一個不可能更糟的時機，因爲當時是兩德進行統一與歐洲各國爲

---

[33] 依此觀點，Major政府爲英國重返ERM設定出嚴格條件：金融危機已經平息、德國與英國利率水準趨於匯合、德國與英國經濟景氣循環的差異性降低、ERM的設計瑕疵（fault-lines）有所矯正。

達到加入歐元的馬斯垂克聚合標準[34]所採取的財政緊縮時期，而英國經濟本身則進入景氣高峰期已過的走緩階段，在時機上的確相當不利。但英鎊危機所凸顯的一根本問題則是如何捍衛一個經濟基本面較弱的貨幣？相較其他ERM會員國而言，英國的生產力成長幅度較小，此係源於英國比其他ERM會員國更採行美國新自由主義路線，強調以去市場管制與勞動市場的彈性提升競爭力，其結果是使得經濟調適成本由最弱勢的族群承擔，而整體的英國經濟則陷入低薪、低技能的陷阱，在此陷阱之下，企業主只要以低薪雇用員工，而員工也只需達成最低標準保住工作即可，而不會有動機去追求生產力的改善與提升。因此，以生產力角度而言，英國退出ERM是無法避免地。

　　如果以貨幣危機發生的脈絡與德國馬克始終未受攻擊以及德國央行對危機發展的關鍵影響力等事實來觀察，以上的經濟基本面條件說確實可得到印證。表現上而言，ERM危機是由國際投機客在丹麥公投之後所引發的，其所選擇攻擊的貨幣均從ERM體系中經濟基本面較弱者開始。首先是義大利里拉、其次是英鎊、再次是西班牙peseta、法國法郎、葡萄牙escudo與愛爾蘭punt，數個月之後在歐洲經濟已經因部分ERM會員國貨幣危機受損的情況下，才針對經濟體質較強的貨幣——所謂的hard-core currencies，如丹麥克朗，進行投機攻擊。其次，就危機發生的癥結——德國的高利率政策而言，此一政策的出現係因1990年兩德統一時，東西德採取1:1的優惠比例進行兩德貨幣統一，使得統一後的德國馬克明顯出現高估而導致通貨膨脹的現象，故而德國央行必須採取高利率的緊縮政策以抑制通膨。以此而言，德國馬克出現高估的情況遠比起英國加入ERM的匯率明確得多，但在持續一年多的ERM危機中，德國馬克不僅始終未受到投機賣出的攻擊，相反地，德國央行的舉動，不論是公開談話、利率

---

[34] 馬斯垂克條約／歐盟條約中規定，加入歐元需達到以下標準：1.通貨膨脹不高於表現最佳的歐盟三國其平均值的1.5%; 2.政府赤字不超過其GDP的3%; 3.政府公債不超過其GDP的60%; 4.參與ERM持續兩年，且在此期間未發生貨幣貶值; 5.名目長期利率不高於通膨最低三國的2%，稱之為聚合標準（convergence criteria）。

的變動或者是否干預外匯市場，均爲國際投機客觀察與決定是否發動投機攻擊的指標。以上事實發展顯示，儘管金融投機行爲往往無涉實體經濟的發展，然而，其所選擇攻擊的標的物卻是以實體經濟的表現爲依歸。

第六節　結語

　　自歐洲經濟整合於1950年代推動迄今長達半個多世紀以來，歐體／歐盟議題始終是英國五十年來最主要、也最具分裂性的議題。英國對參與歐洲經濟整合的政策立場歷經數次重要轉變：先是創建初期的拒絕加入、到決定申請加入卻兩度遭到否決、到終於在1973年加入、在加入兩年後（1975年）即舉行是否繼續留在歐體的公民投票、到1980-1990年代與歐體其他會員國爭執不斷的預算分攤問題、到至今未加入歐元、到2017年前將二度舉行是否續留歐盟的公民投票，再再顯示相較於創始會員國的德、法，歐洲經濟整合並非是英國的優先選項，加入後也不是一個適應良好、傾向深入整合（integrationist）的歐洲伙伴（Peters and Carman, 2007: 25; Gamble, 1998: 11 & 19）。於1977-1980年期間擔任歐體執委會主席的英國政治人物Roy Jenkins曾經如此形容英國參與歐體／歐盟的態度：「我們總是要遲至太晚以至於無法影響歐洲計畫時才被迫加入，加入後我們便痛苦地抱怨這套規定是適合別人但不適合我們」（引自Greenwood, 1996: 171）。

　　對於英國國內對參與歐洲經濟整合的爭辯以及參與後反覆的態度，英國外交部資深主管級官員A先生以歷史、地理等因素提出解釋。他表示，不同於德、法等歐陸國家，英國是兩次世界大戰中唯一未曾被占領與征服的國家，同樣地，英國孤懸於歐陸之外的島嶼位置使其與歐洲的聯繫並不若德、法等歐陸國家來得密切。此一歷史經驗與地理位置所影響的人員交流與相互認知，自然使英國在歐盟議題上形成與其他歐陸國家不一樣的社會心理層面與意識型態（訪談於2013年9月12日於台北進行）。研究

英國政治的知名學者Andrew Gamble（1998: 12-4&26）則以帝國興衰的觀點提出解釋。他認爲英國對參與歐洲經濟整合態度的數次轉折，所反映的是在戰後五十年來不斷發現其國力衰落與帝國解體的事實，而這些事實都與英國經濟實力的衰退有關，表現在英國從一全球性的經濟強權衰退爲中型的經濟體，其產業競爭力在同等級的工業國家中甚至是趨於劣勢的。依此觀點，英國決定參與歐洲經濟整合以及其在加入後所顯現出的不適應，可被看作是後帝國時期的創傷症候群（post-imperial trauma），以及調適此創傷的過程。

　　曾經將英國形容爲尷尬的歐洲伙伴（awkward partner）[35]的Stephen George（1991: 32）則認爲，必須以主觀上英國參與歐洲經濟整合的原始動機與目的以及客觀上所獲得的實益兩方面來解釋其政策立場。依此標準分析，不同於德、法，英國參與歐洲經濟整合的動機與目的主要是經濟性的，缺少政治性的願景與理想。其在嘗試大英國協與EFTA兩者途徑皆證明無效之後，將參與歐洲經濟整合視爲是挽救其衰退的國力，包括經濟的與全球政治地位的最後解答。以客觀實益而言，儘管參與歐洲經濟整合帶來明確的FDI效益，但此一歐體／歐盟途徑的解答顯然未能「神奇地」解

---

[35] 對於英國加入歐體／歐盟後對歐洲統合的各項深化計畫，如單一貨幣，所表現出的不支持態度，法國前總統Valery Giscard d'Estaing曾建議歐盟會員國應考慮給予英國「特別地位」（'special status'）以處理不同會員國間對歐盟深化運動的不同意見（Lea, 2010: 34）。Bulmer（1992: 9）解釋，英國此一尷尬的參與模式是因爲它對主權議題較其他會員國敏感，此一政策特質與其領土數百年來，包括二次大戰時，成功抵禦大規模的外來入侵、過往的強權地位、對議會主權的迷思等歷史經驗有關。然而，Sally（2010: 86）、Peters and Carman（2007: 91）、May（1999: 64 & 92-3）等則認爲，英國在歐體／歐盟的尷尬處境完全是政府對歐體／歐盟採取疑歐論、半距離政策態度所致，不僅傷害國家利益，也影響英國在歐體／歐盟與全球的影響力。詳見Ruth Lea (2010), 'Time for a global vision for Britain', in M. Baimbridge, P. B. Whyman and B. Burkitt eds., *Britain in a Global World: Options for a New Beginning,* Exeter, UK: Imprint Academic, p.34; Simon Bulmer (1992), 'Britain and European integration: Of sovereignty, slow adaptation, and semi-detachment', in S. George ed., *Britain and the European Community*, Oxford: Clarendon Press, p.9; Razeen Sally (2010), 'A new strategy for Britain in Europe', *Economic Affairs*, Vol.30, Issue 2, p.86; Guy Peters and Carman (2007), 'United Kingdom', in M. D. Hancock ed., *Politics in Europe*, Washington, D.C.: CQ Press, p.91; Alex May (1999), Britain and Europe since 1945, pp.64 & 93。

決所有英國經濟與競爭力的困境。它確實可以減緩，卻無法反轉英國經濟，主要是製造業出口，在全球經濟體系中衰落的事實——其經濟規模遠低於工業強國的美國、日本，也小於德國與法國等歐洲的主要競爭者。此一未盡期待的事實引發了經濟學者對英國參與歐洲經濟整合究竟是否或如何受益此一議題長達三十多年的辯論。儘管2005年英國官方所出版的評估報告中以正面評價總結英國參與歐洲經濟整合三十多年的經驗，然而，共識仍無法達成，爭辯依然持續。在參與歐體／歐盟市場整合三十多年之後，主張英國未受益於參與歐洲經濟整合而應退出的看法始終存在，且此一主張在2010年政策立場較偏疑歐論的保守黨Cameron政府執政與歐洲主權債務危機發生之後，變得更爲顯著。Gamble（1998: 12）解釋，此一分裂性的意見在於歐體／歐盟議題涉及到英國在全球政治經濟地位的角色與定位問題，此類問題因關乎到意識型態與認同，往往會引起社會上的分裂意見。因此，對歐體／歐盟經濟效益的分歧意見只是印證了經濟學者Cohen（1983a: 2）所言：語言很少是中立的，其通常是價值觀的面紗。

　　然而，無可否認地，相較於德、法，評析英國參與歐洲經濟整合的實益是最爲複雜與困難的個案。一方面，如同Gowland and Turner（2000a: 131）所指出的，欲釐清經濟效益的困難在於其牽涉到國際情勢與國內政治、社會等非經濟因素。英國加入歐洲經濟整合時剛好遇到石油危機所引發的景氣衰退以及發生國內罷工事件，而英國參與歐洲貨幣整合時則遇到兩德統一的不對稱經濟震盪，此一非歐體／歐盟的環境因素使得經濟效益的釐清較德、法個案較爲不易。在環境因素之外，就技術面而言，不同的經濟學者所使用的不同經濟模型所導引出不同的評估結果，各有其模型偏差，自又使得此一效益的釐清更形困難。另一方面，參與經濟整合亦等於是對參與國經濟體質的總體檢驗，英國是以衰退中，而非如德、法是以重建、成長中的經濟體質參與歐洲經濟整合，從而再度增添了參與者本身的變項。加入歐體／歐盟三、四十年之後，經濟學者對此議題的意見未因觀察時間拉長而趨於一致，與1973年英國加入時獲得多數經濟學者的普遍支持，兩者大異其趣。

　　然而，英國欲藉由參與區域經濟整合以解決國內經濟問題的思維本就是一廂情願且不切實際的想法。如同Holmes（1983: 30）所指出的，參與區域經濟整合是一開放經濟的行為，開放經濟的同時亦會暴露本國產業的弱點；同時，正如Shepherd（1983: 194）所言，英國經濟，主要是製造業，衰退的問題是一長期、根深蒂固的問題，無法透過加入歐洲經濟整合此單一途徑尋求快速的解決方案。誠然，參與歐洲經濟整合確實可為衰退中的英國經濟提供一機會之窗，透過更廣大且更具消費能力的歐盟市場，其製造業可以找到新的出口成長動能從而帶動英國經濟成長。然而，如同Temple（1998: 85）所提醒的，出口能力取決於專業化能力，因此英國產業是否能掌握到廣大歐體／歐盟市場的機會，取決於其生產專業化能力的具備。在區域經濟整合中，此一專業化能力可透過規模經濟與競爭效應等動態效益而產生。但規模經濟效益不會自動發生，其需要資本投資與研發投入；同樣地，競爭效果要能顯現，必須是企業具備調整與適應市場變化的能力。就前者而言，在長期投資不足的缺陷下，規模經濟效益在英國產業參與歐洲經濟整合的過程中未能充分發揮。就後者而言，如同Peters and Carman（2007: 91）所言，參與歐洲經濟整合使得英國直接面對歐陸工業先進國的進口商品競爭，帶動了英國勞動技術的進步。此一事實顯示，以工業先進國為貿易對象，儘管競爭不易，但對部分調適能力較佳的英國企業，尤其是大企業，確實可以產生競爭效果而出現生產效率化與競爭力改善的良性循環。然對其他為數恐怕更多的英國企業而言，過去習於在較不競爭的大英國協軟質市場中運作，限制了其調適與回應市場變化的能力而顯得無法跟上較為競爭的歐體／歐盟市場腳步。

　　在資本投資，包括對機器設備、研發與人力投資不足的現狀下，英國政府所推動且至今遵循不悖的市場自由化政策，包括勞動市場與資本市場的，無助於英國生產力的提升與改善，反而使英國產業在歐洲經濟整合的市場分工中，僅能掌握附加價值較低的產品生產，造成其薪資水平為歐體／歐盟主要工業國中最低者，而陷入低生產力、低薪的循環。部分學者與勞工原本憂慮參與歐洲經濟整合會帶來社會傾銷（social dumping）、

低薪競逐等現象（'rush for the bottom'），並沒有在英國案例中出現。同時，歐洲經濟整合對英國區域的失衡發展亦只有邊緣性的效果（Mayes *et al.*, 1994: 216; Lintner, 1998: 407）。[36]英國的低薪現象與區域發展失衡，很大程度是政府市場自由化政策的結果。此一低生產力、低附加價值的結構性問題所導致的競爭力缺陷在英國參與更進一步的經濟整合時——歐洲貨幣整合，只是更形凸顯。儘管國際投機資本的攻擊使英國付出近半數的外匯存底作為參與ERM的代價，但其代價的核心無疑指向其生產力的結構缺陷此一更為本質性的癥結。

如果說規模經濟與競爭效益因個別企業在投資與調適能力等差異性條件而對英國經濟產生局部性，如果不是有限性的效果，那麼，加入歐體／歐盟，所帶來顯著的FDI與規模政治效益，則對英國經濟產生了較為普遍與一般性的利益。就前者而言，儘管FDI在生產力所發揮的正面效益，對英國產業競爭力的提升與製造業的重生，兩者未可同日而語，然其對就業創造以及此一就業效果所減少的區域發展失衡、對製造業出口的成長貢獻，從而改善貿易赤字等原本存在於英國經濟的問題，已是無需爭辯的事實。就後者而言，歐體／歐盟的集體力量則為英國在大英國協與英美特殊關係式微的現實下，提供了其對全球經貿事務發揮影響力的平台。

然而，這些參與效益的實益均遠不及英國民眾對參與歐洲經濟整合所付出的成本感受來得強烈。長期（1983-2004期間）擔任英國歐體／歐盟事務決策官員的Stephen Walls即指出（2008: 209-10），CAP對英國消費者帶來的食物上漲成本與歐體／歐盟預算淨貢獻國的事實使得英國民眾始終覺得英國是付出國而非受益國，[37]此一認知使得英國在加入歐體／

---

36 Gunnar Mydral認為，因累積性因果關係（'cumulative causation'），會使得區域經濟整合在資本與勞工的自由流動之下，造成區域的兩極化發展（polarization effect）。詳見Lintner (1998), 'Overview: The European Union: The impact of membership on the UK economy and UK economic policy', in Buxton, Chapman, and Temple eds., *Britain's Economic Performance*, London and New York: Routledge, p.406。

37 一直到1989年後，英國民意認為加入歐體／歐盟是有益於英國經濟的意見比例才高於認為是有害的意見比例，且此一民意的改變是因為前者認為除歐體／歐盟外，英國沒有更好的選擇。詳見Neil Nugent (1992), 'British public opinion and the European

歐盟40年來，至今仍有人討論是否要退出歐盟，這是在其他會員國未曾出現的現象。他以在政府服務的經驗指出，CAP與預算問題使得英國政府無法像其他會員國，如德、法等國，將參與歐洲經濟整合以正面的故事訴求於民眾而必須採取防禦性說法，例如儘管加入不令人滿意，但退出歐盟會更糟等。Walls（2008: 209-10）與英國外交部資深主管級官員A先生（訪談於2013年9月12日於台北進行）均以其從事外交多年的實務經驗認為，CAP與預算成本問題皆導因於英國不是歐體／歐盟創始會員國，遊戲規則與體制已由創始者建立而不利於英國此類的後進加入者。學者Watts and Pilkington（2005: 270）、Milward（2002: 76-7）等人亦指出，對法國而言，創建歐體／歐盟使其成為歐洲領導國家，是一發揮影響力的機會與有利可圖的計畫，但對英國而言則是損害控制。許多歷史評論者則同意，英國1951年拒絕參與舒曼計畫的決定開啟了之後二十年英國在政治與經濟上的痛苦。從官方記錄顯示，如果英國在1951年歐體創建時即加入，確實能夠得到較可接受的方案。再以CAP而言，該政策是於1962年制訂實行的，如果英國一開始就加入歐體，自可享有形塑CAP的政策影響力。然而，英國基於過去帝國經驗與強權地位的「光榮幻覺」（'illusion of grandeur'），習於以全球觀點制訂國家策略而拒絕舒曼計畫，使得英國必須在加入後承受歐體／歐盟建制後的政策偏差與成本（Milward, 2002: 61-2; Greenwood, 1996: 1; George, 1990: 12-4）。歐洲統合之父Jean Monnet曾經如此形容他對英國拒絕參與舒曼計畫的反應：「我從來都無法理解為何英國沒有一開始加入，這是對它非常有利的事，我只有一個結論：這是（戰爭）勝利的代價，讓你對所擁有的事物產生錯覺，以為一切並不需要改變」（引自Wall, 2008: 220）。

確實，英國政府的歐體／歐盟政策，不論是剛開始的拒絕加入還是加入後採半分離（semi-detached）的政策立場，一直是備受討論之處。英國產業競爭力的衰退，事實上是早於歐體／歐盟政策的出現，它是一個長

Community', in S. George ed., *Britain and the European Community*, Oxford: Clarendon Press, pp.183-4 & 192。

達百年的慢性問題，因此，將英國經濟的衰退簡單地歸因於政府的錯誤政策與治理，會很難觀察出問題的全貌。然而，英國政府未能如法國政府一般，以積極戰略性的思考，掌握歐洲經濟整合的契機，藉此推動國內產業結構的改革與現代化，並以協助、干預者的角色支持產業一同面對更為競爭的市場整合，因而限制了英國產業受益於歐洲經濟整合的機會，卻是一個不失公允的評論。英國政府單純地依賴市場競爭機制，以旁觀者的角色放任產業獨自面對由過去以開發中國家為主的大英國協軟質市場的競爭，轉進到以工業先進國為對手的硬質競爭，忽略了競爭場域轉變所必然帶來的調適與轉型成本未必是企業本身一己之力所能獨自承擔。英國政府此一「加入區域經濟整合＝經濟問題解決」的捷徑式、便宜式思考，不僅顯得一廂情願與不切實際，亦使得英國政府在財政、貨幣、勞動市場等總體與個體經濟政策上都未能配合協助，甚至有時更有害於英國產業在歐洲市場整合中的競爭。此一政策與治理的失當可以說明，儘管作為非創始會員國，英國必須承擔較高的參與成本，然若英國產業能在政府有一較為整體、全面性的經濟戰略思維下而更為顯著地受益於參與歐洲經濟整合，則英國民眾對於作為預算淨貢獻國的角色當能如德國般地接受。再者，如同 Watts and Pilkington（2005: 270）、Greenwood（1996: 158）所指出的，其他與英國同樣晚進的加入者，在加入後致力調適其政策與產業型態使其參與歐洲經濟整合的經驗較為成功的事實說明，作為非創始會員國的體制限制未必就會使其參與經驗較不成功。然而，此類的調適努力在英國個案中顯得相對缺乏。此一缺乏既來自英國產業調適與回應能力的不足，亦來自缺少國家整體戰略觀點的政策缺失，致使英國參與歐洲經濟整合僅能得到片面，甚至有時會因相互矛盾的政策而抵銷的效益。

　　以此而言，一國參與區域經濟整合的目的是否具積極性的經濟戰略觀點與客觀實益的產生，兩者並非是平行無涉的。前者在某一程度上可影響後者的結果與表現。英國的實證經驗說明了，參與區域經濟整合此一行為的本身未必保證定可獲得預期的經濟實益，或成為解決經濟困境的途徑。經濟實益的獲得尚需有政策與企業兩者主、客觀條件的同時配合。

6

研究發現與理論的檢證

第一節　導言

　　自1990年代中期興起、千禧年之後加速發展的新區域主義說明了，儘管經濟學者本身對於區域經濟整合是否可提升一國的經濟福祉尚未達成共識，然而，各國主政者相繼投入各式區域經濟整合計畫的政治決定顯然使得參與區域經濟整合已成爲政治決策者尋求經濟成長與產業競爭力提升的主要依賴途徑。以全球各式區域經濟整合計畫中發展最久、整合程度亦最爲深化的歐洲經濟整合運動而言，其主要成員國德國、法國、英國的參與經驗，對於區域經濟整合運動所帶來的成效與參與成本，各自提供不同的答案。本章將總結前述章節中對於德國、法國、英國參與歐洲經濟整合的實證經驗與研究發現，並以此研究發現檢驗三國的實證經驗是否符合經濟學說與政治學說對於區域經濟整合的理論假設。

　　有關於區域整合是否，以及如何可爲參與國帶來經濟實益，經濟學說與政治學說各自從結果面與過程面提供不同論述：

一、經濟學理論

　　在經濟學理論方面，新古典經濟學理論認爲區域經濟整合不必然一定帶來經濟福祉的提升，必須視貿易創造與貿易轉移兩者的相對變化。此派理論認爲唯有在貿易創造的正向效果大於貿易轉移的負向效果的情況下，才可謂參與國受益於參與區域經濟整合，且區域經濟整合會因此一貿易創造的正向效果對參與國帶來生產專門化的效果。同時，即使參與國因參與區域經濟整合而出現貿易增長，其對經濟成長也只具有短至中期的效果。

　　相對地，新經濟成長理論則認爲，區域經濟整合可使生產者更趨競爭力，且會在競爭壓力下生產更多獲利率較高的產品並增加產品的多樣性，經濟成長會因競爭效果、規模經濟效果、投資效果等動態效益帶動增長，且經濟成長可望因規模經濟因素而持續增加。在經濟性的動態效益之外，參與者還將享受到參與區域經濟整合的規模政治之效益。因此，不同

於新古典經濟理論，新經濟理論認為區域經濟整合可以為參與國帶來明確且長期性的經濟效益。

二、政治學理論

　　在政治理論方面，政府間主義認為一國政府，而非經濟利益團體，是區域經濟整合的行動主體。因此，區域經濟整合的過程是一政府間的互動，而一國政府參與區域經濟整合的動機必須從全球的發展與脈絡來理解；欲解釋一國政府對參與區域經濟整合的考量不能僅單純地被視之為是對國內主要利益團體的回應，而必須考量該國在世界體系中的位置，以及此一位置對一國主政者所加諸的外部限制。在外環境的制約下，國內主政者會以兩種國內因素對區域經濟整合做出政治計算，一為區域經濟整合對國內經濟的影響，另一為區域經濟整合對執政黨在國內選舉中的影響。在衡量對國內經濟的影響時，一國政府對參與區域經濟整合的偏好主要是反映國內各種經濟利益團體的權力平衡，通常是反映最具力量的經濟部門的需求。

　　新功能主義則認為，區域經濟整合的推動來自利益團體自利性的要求，獲利者為保有原有整合成效會推動更大的功能性整合，稱之為所謂的「外溢效果」；因此，歐洲單一貨幣是歐洲單一市場的外溢效果，歐洲貨幣整合亦為共同農業政策的外溢效果。區域經濟整合因此會在外溢效果的推動下，不斷地發展與擴大。

　　以上的經濟與政治學說是否可以解釋德國、法國、英國的歐盟經驗，可以由以下的研究發現來檢證之。

第二節　德國的歐盟經驗

　　德國參與歐洲經濟與貨幣整合的效益與成本總結如下，並對理論的適用性產生以下的檢證：

一、德國的實證研究發現

　　歐洲經濟整合自1950年代啓動，德國即爲創始會員國，在參與歐洲經濟整合超過半世紀之後，已經證明參與此一區域經濟整合運動爲德國帶來極爲顯著——如果不是巨大——的參與效益，此一參與效益可從經濟的與非經濟效益兩方面來說明。

　　在靜態經濟效益方面，參與歐洲經濟整合爲德國帶來貿易量的巨幅增長，且此一貿易量的增長大多爲貿易創造而少見貿易移轉的負面效果；同時，此一貿易增長進一步帶動國民所得成長。根據經濟學者（Lewer & Van den Berg, 2003: 363-96; Mendes, 1987: 96-100; Badinger, 2005: 69-74）估計，出口貿易每增加1%，即可爲國民所得增加0.2%的成長，總計在1950-2000年的50年期間，參與歐洲經濟整合總計爲德國的國民所得帶來超過四分之一的增長。值得注意的是，以德國參與歐洲單一市場的經驗觀察，參與經濟整合所帶動的成長效果並非是永久性的，而偏向是一時性的特質，會隨著整合計畫階段性的完成而逐漸降低。

　　在動態的經濟效益方面，參與歐洲經濟整合爲德國產業帶來生產專業化與競爭力提升的效果。就生產專業化而言，Siebert（2005: 5-7）認爲，歐洲經濟整合所帶動的區內貿易的增加提供了德國經濟更多的消費性與中間財商品，擴大了德國產業走向生產專業化的能力。在提升競爭力方面，歐洲經濟整合所帶來的市場競爭壓力確實使德國產業的生產更具效率化與競爭力。與法國、英國相較，德國企業在面對歐洲市場的競爭壓力時，大多採取以資本深化的內部成長途徑——意即透過研發投資、檢視生產流程、產品創新、品牌行銷等方式，改善產品的內容與價值，使得生產過程更有效率與效能，從而提升了企業的競爭力與獲利能力（Huelshoff, 1993: 29-30）。Bandinger（2005: 69-74）尤爲強調生產效率提升與投資效果對德國經濟福祉的貢獻。他認爲，因參與歐洲經濟整合所帶動的德國資本投資對其所得成長效果可達52.8-80.3%的可觀程度。

　　另一項更爲顯著且持久性的效益則來自於參與歐洲貨幣整合。1980

年代參與EMS/ERM為德國帶來穩定的匯率環境以及長期低估的馬克幣值，從而有利於德國的出口競爭力；1999年之後參與歐元/EMU則對德國帶來區內貿易增長與競爭力提升兩方面的效益。在參與EMS/ERM期間，德國的貿易盈餘大幅成長三倍而累積出鉅額的貿易盈餘，相對地，其他EMS會員國，如法國、義大利的貿易赤字則是持續擴大。對此一鉅額貿易盈餘的累積，Hallett（1990: 101）解釋，德國企業擅長非價格競爭力，此一產業特性在匯率出現偏低而賦予德國出口商品價格優勢之後，就會在產品競爭上發揮不對稱、超乎比例的效果。此一超乎比例的、有利的競爭效果在歐元實施之後更加擴大。根據德國智庫Bertelsmann Stiftung（2013: 1-7）與國際知名管理顧問公司McKinsey（2012: 9-11）所出版的研究報告指出，歐元啟用之後，德國的實質匯率下降了23%，進口商品的成本則下降了1.1%，匯率實質貶值的事實降低了德國單位勞動成本，從而使得德國出口商品較其他工業先進國更具競爭力。在歐元實施的第一個十年期間，德國的貿易盈餘不斷擴大，同一時間，歐元區整體的貿易赤字則不斷增加。因此，德國被認為是歐元區17個會員國中的最大受益國，歐元實施後所創造出的3320億歐元的經濟增長，其中近半數（1650億歐元）是由德國此一單一會員國所獨享。

在非經濟性效益部分，以德國參與歐洲經濟整合的原初目的之一在於重新獲得國際社會的接受與重新建立德國的國際地位而言，德國在參與歐洲經濟與貨幣整合數十年之後已經證明此一目的不僅完全達到，其所獲得的經濟領導專屬地位甚至已經超過德國的原始期待。首先，以規模政治效益而言，參與歐洲經濟整合賦予德國在國際事務上享有可觀的影響力，此一規模政治的影響力不僅表現在德國得以藉由歐洲經濟整合，由二次大戰戰敗國之姿躍升為全球最大區域經貿集團的最大經濟體此一顯著的國際地位，同時，亦表現在德國此一出口經濟體的利益多次藉由歐盟的集體力量在國際談判中促進與實現。其次，參與歐洲貨幣整合進一步賦予德國在歐盟經濟中單一領導的優越地位，其政策偏好與治理模式成為其他會員國必須接受與跟隨的主流路線，即使德法雙元領導／德法軸心向來為歐

洲統合的領導模式，然而在此貨幣與財政治理領域上，法國亦難以與之抗衡。

　　以德國產業競爭力為歐盟國家中最佳者的事實，德國受益於參與歐洲經濟與貨幣整合看似是理之必然而無須解釋。但起跑點的優勢並不必然保證德國企業可以永遠保持領先，也不保證德國企業就可因此輕鬆地收割歐洲單一市場的果實。事實上，經濟整合所帶來的更激烈的市場競爭，對領先者來說，同樣造成壓力與挑戰，德國企業卻選擇一條最為嚴格的途徑——產品升級與精進的內部成長途徑，而非訴求較為直接的企業購併或是更為簡便的產業外移低成本地區，來回應市場競爭的挑戰，此一事實即說明我們不應過度簡單地詮釋德國的成功故事。德國受益於歐洲經濟整合固然與德國企業向來保持全球競爭觀點有關，其選擇以內部成長途徑回應市場競爭的挑戰則反映出德國深層的社會、經濟體制的安排。德國協調管理式的資本主義體制——從企業經營環境、企業融資關係、勞資關係，到教育、社會福利、職業訓練、研發補助等政府支持性角色，對促進資本投資與提升勞動力素質均發揮了正面效應，從而使得德國企業在面對更為競爭的歐洲市場時得以獲得較多的體制性支持與保護，同時可以解釋為何德國產業在強調漸進式、員工引導型的產品創新的產業類別，如許多精密製造業產品中，具有獨特的競爭力。

　　以此一社會、經濟體制影響產業競爭力的觀點而言，德國參與歐洲經濟與貨幣整合的成功就不應視為偶然、亦非理之必然；如同Schmidt（2002:128）所評論的，德國管理協調式的資本主義型態使得德國企業是歐盟國家中資本投資最多者，同時，德國政府對製造業的支持亦為最多者。

　　然而，德國參與歐洲經濟整合的成功故事不保證直接帶來就業創造，亦不保證經濟成果是公平地分配在不同階級之間。解決失業問題能力的受限以及經濟整合成果分配不均的問題，形成德國參與歐洲經濟與貨幣整合主要的參與成本。

　　就解決失業問題能力而言，參與歐洲經濟與貨幣整合帶動德國出口貿易顯著成長，並累積出鉅額的貿易盈餘，然如同Gilpin（2001: 206）所言，貿易的增長與就業的增加兩者不具備自動的因果關係。其次，德國企業在面對經濟整合所帶來的市場挑戰時，多選擇以資本深化──亦即以品質提升、生產效率化等方式從事產業升級，而非以資本廣化──從事產品數量提升、擴大生產規模的方式以創造出更多的就業機會，固然維持了原有高薪資勞動者的就業，而避免了「社會傾銷」問題，但亦無助於增加就業創造。德國因參與歐洲經濟整合而使得產業生產趨向高科技、高附加價值類，故有利於高學歷、高專業技術的勞動者，而不利一般性或低技術層次類的就業創造。因此，德國經驗說明了對區域經濟整合的成功參與並不能為就業創造提供解答，而需要政府關注其他未受益於經濟整合的產業部門。然而，德國政府回應失業問題的政策能力與空間復又在其同時參與經濟整合與貨幣整合的現實下，因「不可調和之三一律」原理而相當受限，形成其參與歐洲經濟與貨幣整合的主要成本。

　　德國另一項參與成本則是：在參與經濟與貨幣整合的過程中，德國企業的受益程度遠多於受薪的勞工階級，兩者差距達3-5倍。如同Schirm（2002: 87）所分析的，經濟與貨幣的整合降低了「資本」因素在跨國移動的障礙，使其得以尋求最好的報酬與機會，因而使其價值升值了；相反地，「勞工」因素在競爭人數增加的情況下，其價值貶值了。其次，企業在面對更激烈的市場競爭時，往往要求政府對勞動法令進行更多鬆綁，減少對勞動權益的保障以降低成本，而將競爭成本轉嫁由勞工承擔。兩者因素均使得企業在經濟整合中的獲利程度遠大於勞動者，從而擴大了所得分配的極化發展。

　　在勞資階級受益不均的所得分配問題之外，德國卻意外地沒有區域發展不均的問題。儘管德國各地區受到歐洲經濟整合影響的程度不一，在經濟整合的過程中，德國所有的地區都變得更加發展與繁榮（Brocker, 2000: 471; Molle, 1997: 438）。同時，德國亦未出現其他國家常見的核心與邊陲二分的發展型態，反而因歐洲經濟整合的發展，原本南北兩分的產

業結構逐漸聚合，且產業分殊化的程度也逐漸減少。論者認爲（Krieger-Boden, 2008: 151-2; Morgenroth and Petrakos, 2008: 292 & 302），此一事實發展與德國區域政策的成功以及聯邦政體較致力於各區平等發展的政策因素相關。

二、德國經驗對理論的檢證

在理論層次上，德國的實證經驗對於經濟學說中兩大派別：新古典經濟學理論與新經濟理論，以及政治學理論中的兩大主流理論：政府間主義與新功能主義，其有關於區域經濟整合的相關假設與理論預期分別帶來以下的檢證。

以德國的實證經驗而言，其參與歐洲經濟整合的貿易創造大於貿易移轉，因此可被新古典經濟理論認定爲受益於歐洲經濟整合。同時，德國的生產活動確實因參與區域經濟整合而更爲分殊化、專門化，亦符合此理論中有關貿易創造會帶來生產專業化的假設預期。其次，歐洲經濟整合對德國經濟所帶動的成長效果確實在短期至中期內較爲明顯，而沒有出現長期、持續性的成長效果，此一發展亦符合新古典理論的假說。

然而，新古典經濟學的理論假設則在德國的實證經驗中出現以下數項限制與不適用性（inapplicability）。首先，該理論認爲區域經濟整合對所得增長僅爲有限的論點，不符合Badinger（2005: 69）對德國個案的檢驗。依其估計，德國參與歐洲經濟整合五十年的經驗，爲其所得提升貢獻多達四分之一。如果Badinger的評估結果可供採信，那麼，此一比例不可謂不顯著。其次，德國產業因區域經濟整合的競爭而以資本深化的產業升級途徑提升競爭力的事實，則遠非此一理論以貿易創造／轉移的單一標準所能適切捕捉。其三，依該理論貿易創造／轉移的標準，德國的實證經驗可被認定爲受益於歐洲經濟整合。然而，此一經濟上的受益對產業競爭力與就業創造的意涵與討論卻在此一理論中完全付之闕如。以德國經驗而言，儘管其產業經濟可依貿易創造／轉移的理論標準，判定其顯著受益於歐洲經濟整合，但此一貿易創造的正向效果，卻不代表可對產業競爭力

的維持與就業創造帶來保證。如同德國經驗所展現的，區域經濟整合固然改善了德國的競爭力，然德國在歐洲市場的競爭優勢亦可能使其過度依賴單一區域市場而減緩了在全球競爭中所應保持的調整能力，因而對產業競爭力隱含了「區域化」的風險。相同地，貿易創造的正向效果亦不等同於就業創造。貿易量的顯著增長未能有效解決德國的失業問題，說明此一理論僅以貿易量的變化作為衡量標準的侷限性，同時也說明，對於受益於區域經濟整合的國家而言，受益者極可能僅限於出口部門。因此，新古典經濟理論僅以貿易利益來衡量一國是否受益於區域經濟整合的單一標準，未能涵蓋產業經濟中的每一行為者。其四，新古典經濟理論假設因貿易創造所帶來的貿易增長，會使得各國依生產要素的比較利益原則而走向生產專業化。德國以其資本投資與人力素質優於其他會員國12%的比例，選擇以資本深化的方式進行產業升級，從而使其生產更為專業化，然此一資本深化的選擇其實與德國協調合作式資本主義型態有關，因此，比較利益原則的展現實則涉及到一更為複雜的、結構性的體制性安排有關。然而，社會、經濟的體制性安排與結構並未含括在新古典經濟學的討論範圍之內。

　　相對地，新經濟成長理論則在以下三方面可以解釋德國的實證經驗。首先，德國生產者確實因歐洲經濟整合的競爭效果而走向資本投資的產業升級，趨向生產獲利率、附加價值更高的產品；其次，歐洲單一市場的實施確實帶動了德國產業的投資效果從而推生了經濟成長。其三，德國藉由歐體／歐盟的集體談判實力在國際經貿談判中反映其政策偏好的經驗，亦證實了該理論所謂區域經濟整合可產生規模政治效益的假設。

　　然而，此一理論亦在德國案例中面臨以下的適用性限制。首先，區域經濟整合所帶來的經濟成長推升效果並非如該理論所言是可以長期維持。相反地，德國經驗顯示區域經濟整合所帶來的成長效果是有階段性的。其次，規模經濟效益並未如該理論所預期的在德國案例中實現。德國企業在因應整合所帶來的競爭挑戰時，並非尋求企業購併等資本廣化的方式來擴大生產規模以取得規模經濟優勢，而係採取品質提升的資本深化途

徑來因應。因此,該理論所預期的規模經濟效益並沒有出現。而德國產業選擇以資本深化途徑提升競爭力則與德國的資本主義型態有關,但社會、經濟的體制結構性因素並不為此一理論所探討。其三,此一理論有關於區域經濟整合的動態效益可為一國達到競爭力提升的效果其假設確實在德國經驗中實現,然此一理論卻忽略區域經濟整合途徑亦可能使競爭優勢國過度依賴此一區域的軟性市場,而忽略全球面向,故未必有利於產業競爭力的長期維繫。其四,與新古典經濟學理論相似,此一理論亦未深入探討參與區域經濟整合的效益對就業創造所帶來的影響。以德國經驗而言,其產業經濟確實因競爭效果與投資效果等動態效益的出現而改善其競爭力,但此一競爭力的升級卻未能帶來就業創造的效果。因此,新經濟理論未能解釋競爭力提升與就業創造兩者間的落差。

在政治學理論方面,以德國經驗而言,政府間主義可從以下兩方面解釋德國對參與歐洲經濟整合的立場。首先,如該理論所預期的,國際環境中的位置因素可以解釋為何德國積極參與歐洲經濟整合的動機。身為二次戰後戰敗國的現實以及企圖恢復與提升德國國際地位的動機,促使德國積極支持歐洲經濟整合的推動。其次,自1951年以來,德國積極支持歐洲經濟與貨幣整合的每一階段,例如對歐洲共同市場的支持、對EMS/ERM的推動,可以解釋為該國政府的政策偏好是反映國內最具力量的經濟利益團體——出口部門的利益。而德國政府1970年代後期由凱因斯需求管理法轉向貨幣學派管理法,並藉由參與歐洲貨幣整合強化此一經濟管理模式,也可被該理論解釋為是保護與擴大出口部門的利益,即使此一管理模式以低成長與高失業為代價。

然而,在德國實證案例中,政府間主義明顯出現以下兩項缺失。首先,政府間主義假設會員國政府參與區域經濟整合是出於提升該國經濟福祉與利益的考量,而政府的決策構成區域經濟整合的動態變遷。但是,該理論卻未進一步解釋為何區域經濟整合必然可以提升一國的經濟福祉,以及政府所採取的政策與角色扮演對於一國是否能受益於區域經濟整合有何影響。如同德國經驗所顯示的,德國受益於歐洲經濟整合的因素尚包括政

府對企業競爭力所扮演的權能賦予者（enabler）的支持性角色。因此，儘管產業因素為德國經濟受益於歐洲經濟整合的主因，但政府的影響因素亦不容忽略。其次，德國企業得以尋求透過資本深化的方式進行競爭力的提升回應歐洲經濟整合的挑戰，以及在產品創新偏向員工引導型的產品競爭中獨具競爭優勢，與德式資本主義型態此一體制性因素相關。然而，體制性因素並不為政府間主義所討論。

　　就新功能主義而言，德國在每一階段均支持歐洲經濟整合的深化與廣化，例如1960-1970年代對歐洲市場整合的支持；1980-1990年代對歐洲貨幣整合的支持，均可以被此理論解釋為是德國經濟在受益於區域經濟整合下的功能外溢結果。然而，外溢效果說卻難以對以下的事實發展提供一具說服力的解釋。首先，參與歐洲經濟整合為德國所帶來的成長效果已證明會隨整合計畫階段性的完成逐漸降低，而比較偏向一時性、而非持久性之效，顯示外溢效果難以持續。其次，德國對EMU支持，並不來自於其參與EMS/ERM所產生的外溢效果，相反地，EMU的實施將使德國交出其在EMS/ERM所享有的領導地位，而與其他歐元會員國一起接受ECB的統一管理，意味其領導地位的失去。德國最終支持並積極推動EMU的主因係出於國際政治與安全因素的考量。東、西德意外地於1990年統一，此一事實衝擊了歐洲戰後秩序的安排，從而引起歐體會員國——特別是法國——的疑慮，因而必須以參與EMU，作為兩德統一的代價與對維持歐洲和平的保證。最後，此一理論亦未能進一步說明外溢效果的產生與經濟效益兩者之關聯，因此使得論者很難判斷功能性整合，或是所謂外溢效果的產生，是否可被詮釋為經濟福祉的提升。

第三節　法國的歐盟經驗

　　法國參與歐洲經濟與貨幣整合的效益與成本總結如下，並對理論的適用性產生以下的檢證：

一、法國的實證研究發現

作爲歐洲統合的領導國家，法國與德國相同，參與了歐洲經濟與貨幣整合的每一個階段與發展。但不同於德國，法國始終是在被動、不情願地情況下參與歐洲經濟與貨幣整合。因爲，對於傳統上反對自由貿易、偏好國家管制與保護的法國而言，區域經濟整合所意味的市場開放與競爭將使得法國產業，較諸出口型經濟體，面對更爲不利的競爭位置與承受嚴酷的挑戰。經過半個多世紀的參與，法國產業沒有出現經濟學者David Landes的悲觀預期：在歐洲經濟整合所帶來的改變中死亡（Adams, 1989: 260）。相反地，法國產業成功地適應了歐洲經濟整合的挑戰，成爲全球主要出口貿易國之一。其參與經驗可總結出下數項特點：

首先，參與歐洲經濟整合對法國經濟最直接的改變就是對外貿易的大幅增長與貿易對象的改變，外貿占GDP的比例由10%大幅成長到近半（49%）的比例；此一大幅增長先是發生在進口貿易部門，在1970年代待法國製造業出口競爭力因學習與競爭效果的出現而顯著改善後，亦出現在出口貿易部門。而此一貿易增長，經經濟學者分析（Mendes, 1987: 96-9），多屬於貿易創造效果，少部分是貿易移轉效果。貿易對象則由過去較爲落後的殖民地法郎區，轉爲較爲先進的歐體／歐盟會員國。同時，貿易的增長爲法國經濟帶來顯著的經濟成長效果，使得法國在20年的短時間內，就使其GDP成長兩倍（double），相較於過去法國在貿易保護時期，是經歷了60年的時間其GDP才得以成長兩倍的事實，參與歐洲經濟整合對法國經濟的成長效果極爲顯著。據經濟學者估計（Badinger, 2005: 69），參與歐洲經濟整合50年的期間，爲法國國民平均所得帶來26.8%的增長，其中投資所帶來的經濟成長效果是主要原因，占其52-71%的高比例。

其次，在顯著的量化效益之外，多數經濟學者認爲，參與歐洲經濟整合對法國最大的經濟效益是對法國經濟造成本質性的改變，由原本封閉、依賴國家保護、傾向與落後殖民地貿易的經濟體，脫胎換骨成爲對外開放、與先進經濟體貿易、出口競爭型的產業經濟結構。經歷了歐洲經濟

與貨幣整合，法國產業結構得以進行現代化的重整並因此與國際競爭接軌。依此一「質」的觀點而言，歐洲經濟整合對法國此類封閉型的經濟體所創造的經濟效益遠比原本就爲出口型經濟體的國家，如德國、荷蘭等，來得更爲巨大。此一「質」的經濟改造效益完全達到歐洲之父——提出歐洲經濟整合構想的Jean Monnet的原始目的。Monnet身爲法國主管經濟建設的官員，提出歐洲統合的構想即在於試圖以區域經濟整合途徑，結合法國國內的經濟計畫，改造法國的產業與提升競爭力，從而達到法國的經濟成長。歷經半個多世紀後，已經證明此一政策效果已完全實現。

要解釋法國參與歐洲經濟整合的成功經驗遠比德國案例來得更爲複雜，因爲落後者的成功追趕遠比領先者的保持領先來得更具挑戰性。法國之所以受益於參與歐洲經濟整合，大致可歸納出以下三項因素：有利的遊戲規則、國家力量的干預支持以及產業本身的調整與回應能力等。

首先，法國以歐洲統合的領導國家地位，主導歐體／歐盟以關稅同盟的型態，而非是自由貿易區型態，來實現歐洲經濟整合。藉由此一遊戲規則的設定與安排，法國政府一方面得以藉由歐體／歐盟的對外共同政策，主要是共同農業政策，保護法國較具比較利益優勢的產業利益；另一方面，得以將法國製造業所承受的競爭壓力限縮在歐體六國的內部市場，而暫時免於更激烈的全球競爭壓力。因爲歐體／歐盟的共同農業政策，法國的農業出口貿易快速成長，其農產品出口占法國對歐盟整體出口七成以上的高比例，法國也因此成爲全球僅次於美國的第二大農產品出口國。

其次，以國家力量支持產業共同面對歐洲經濟整合的挑戰，則是另一個理解法國成功經驗的因素。法國政府透過總體經濟政策、個體經濟政策、區域發展政策、教育訓練政策、社會福利政策等多種影響生產要素需求面、供給面的途徑，全面性地介入法國產業在面對市場整合競爭時的轉型升級工作，並同時以企業在歐洲市場的表現作爲評估國內經濟計畫與產業干預政策的成效。與英國經驗形成對照的是，法國政府並未將市場競爭所涉及到的協調統合工作單純地交由市場機制決定，而是由政府干預介

入，補足產業經濟在重整過程中所需要的支援與協調統合的介面——包括企業與銀行體系的企業融資介面、大企業與中小企業的供應傳輸介面、企業與勞動力需求的生產力介面。

　　在有利的體制設計、政府因素之外，法國產業本身所展現的回應與調整能力亦爲法國成功參與歐洲經濟整合之重要因素。面對歐洲市場整合的挑戰，法國產業在對外競爭策略上多以產業集中化、大型化方式因應，試圖以量的擴大達到規模經濟以增加法國企業的價格競爭力，此一購併聯合的競爭策略在汽車業、鋼鐵業、家電業、化學製藥業尤爲明顯。在內部經營管理上，法國企業亦同時進行業務重整、組織改造、勞動力再技術化的變革，提升企業對市場的回應與調整能力，法國服飾產業因應歐洲市場不同時期的挑戰所採取的不同策略的調整即爲一例。但歐洲經濟整合所帶來的競爭效果並非對每一個部門都發揮正面效應。部分未能有效調整的產業部門，如製鞋、造船、電腦設備等，則在歐洲市場整合的競爭中被淘汰。整體而言，法國在歐洲市場的產業競爭優勢與國家扶植或保護的部門，例如航太、軍事科技、農業等有關。

　　在非經濟性的效益上，參與歐洲經濟整合則爲法國帶來國家安全與規模政治兩項重要的非經濟性利益。前者是法國參與歐洲統合的主要目的，後者則賦予法國得以一個中等權力地位的國家，仍可在國際事務中，例如對WTO的貿易談判，宣稱一個重要的角色扮演。

　　然而，法國參與歐洲經濟整合的正面經濟效益未能轉化爲就業創造的果實。法國在參與歐洲經濟整合半個多世紀後，所有的總體經濟指標，如物價穩定、貿易盈餘、生產力、競爭力提升、政府赤字與公債等，皆有更好的表現，唯獨在就業率此一指標上，是表現得更糟。法國的失業人口隨著參與歐洲經濟整合日深也益形擴大，法國的失業人口增加幅度爲歐盟主要成員國中比例最大者。此一事實顯示，在經濟整合與開放的過程中，勞工所付出的成本代價遠大於資本家。經濟學者解釋（Gueldry, 2001: 141-2; Moss, 1998: 78），此一現象是因爲資本家在企業重整與轉型的過程中，不斷地尋求最佳的資源配置，此一重整、轉型過程所可能涉及

的裁員、關閉工廠、資本外移等途徑，都可能增加勞工失業。勞工卻因為受限於語言與文化等因素，相對地較資本不流動，因而承受了比資本家更大的風險成本。此一失業問題又因為法國以其原本較為封閉、保護的經濟體，在參與歐洲經濟整合之後所面臨到的結構調整與轉型幅度都較其他開放型經濟體為大，因此所引發的調整與失業成本問題亦較其他會員國為高。

另一方面，解決失業問題的政策途徑，在法國參與歐洲貨幣整合之後愈形受限。儘管經濟學者間對於參與歐洲貨幣整合是否加重了法國的失業問題仍有不同看法，但參與歐洲貨幣整合使得法國必須放棄過去的經濟治理型態、交出經濟主權，轉而接受德國模式的領導，使得法國政府不再能以貨幣政策彈性因應國內的就業景氣需求，則為不爭的事實。

參與歐洲經濟整合同時也加重了法國原本區域發展失衡的問題。法國各地區出現勞工與資金向繁榮的核心地區流動的現象，此一現象在1980年代歐洲單一市場形成後開始加速，1990年代歐盟推動單一貨幣之後更為顯著。易言之，歐洲經濟與貨幣整合凸顯了法國各地區的競爭差異性，從而加速了區域經濟的兩極化發展。

二、法國經驗對理論的檢證

在理論層次上，法國的實證經驗對於經濟學說中的新古典經濟學理論與新經濟理論，以及政治學理論中的政府間主義與新功能主義，其有關於區域經濟整合的相關假設與理論預期分別帶來以下的檢證。

依新古典經濟學的貿易創造／移轉的衡量標準而言，法國參與歐洲經濟整合所出現貿易增長是創造多於移轉，可被認定為是區域經濟整合的受益者。其次，法國的農業、航太、軍事科技等產業在歐洲市場整合過程中所顯現出的競爭優勢，亦可被此理論解釋為是比較利益優勢的展現，不論此一比較優勢是來自國家的支持干預還是有利的遊戲規則。同時，法國的出口貿易與經濟成長在歐洲單一市場推動前與推動後的成長對比，亦符

合此一理論預期由經濟整合所帶動的貿易增長對經濟成長可帶來短至中期的效果，但非長期性效果的假設。

然而，新古典經濟學在以下方面未能提出有力的解釋而顯現出理論的不適用性。首先，該理論預期由區域經濟整合所帶動的所得成長效果是有限的說法，並不符合法國的實證經驗。經濟學者（Dormois, 2004: 31; Badinger, 2005: 69）指出，參與歐洲經濟整合所帶動的貿易增長使得法國在短短20年內就使其GNP總值成長兩倍，相對於前次法國GNP的倍增是花了60年的三倍時間，其成長推升效果相當顯著，而此一貿易增長為法國平均國民所得帶來26.8%的增加，亦不容小覷。其次，法國產業參與歐洲經濟整合時所出現的規模經濟效果、投資效果、競爭效果等現象均未能涵蓋在新古典經濟學理論的預期範圍。如果依照新古典經濟學的貿易創造／轉移的理論依據，法國在參與歐洲經濟整合之始，就因為貿易創造大於貿易移轉效果而可被認為是對經濟成長有正面效益的。但依據Mendes（1987: 96-9）分析，法國在參與的第一個十年中，因製造業的出口競爭力尚未改善，使得此一時期的貿易增長沒有反映在經濟成長的貢獻上，反而導致經濟出現負成長，是歐體會員國中受到市場整合衝擊最大者，但到了1970年代，法國的出口競爭力已經改善，從而能反映到經濟成長的貢獻上，成為歐體會員國中受益最多者。同樣地，法國產業以規模經濟途徑改善出口競爭力的事實，以及投資效果對經濟成長貢獻53-71%的推升效果（Badinger, 2005: 69）均未能為該理論所預期。因此，新古典經濟學單純地以貿易創造／轉移作為衡量依據，無法完整捕捉產業在出口競爭力、投資等的變化是如何受到區域經濟整合的影響，從而改變經濟成長的全貌。其三，新古典經濟學僅關注貿易量的變化忽略貿易增長對就業與競爭力的意涵。以就業而言，法國參與歐洲經濟整合的貿易創造未能轉化為對就業的提升，相反地，法國在參與歐洲經濟與貨幣整合期間，失業人口不斷增加。同樣地，該理論亦無法解釋為何歐洲市場整合的競爭刺激對不同的經濟部門產生不同的效果，例如，原本具優勢的產業，如航太、香水與化妝品、化學製藥、汽車零件等，其優勢更加強化；原本不具優勢的

電子零件、金融服務、交通運輸等亦有效地改善其競爭力；但製鞋業、造船、金屬製造、電腦設備等則在歐洲市場整合中失去競爭力。很顯然地，新古典經濟學的比較利益理論忽略企業本身調適能力的因素，從而無法解釋不同產業部門的不同表現結果。最後，法國參與歐洲經濟整合的成功經驗與國家的支持及干預有相當程度關聯，而此一政府支持及干預則與法國為發展型國家的資本主義型態有關。然而，體制性因素並不為此理論所關切。

相形之下，新經濟理論有關於區域經濟整合可對參與國產生規模經濟效益、競爭效益、投資效益、規模政治效益等預期，皆在法國的實證經驗中實現。如此理論所預期，法國產業大多以產業大型化、集中化等購併聯合的途徑，企圖以量的擴大達到規模經濟以在短期內提升企業的價格競爭力。此一規模經濟效益在汽車業、鋼鐵業、化學製藥業尤為明顯。其次，投資效益在單一市場推動期間亦相當顯著，在1986-1989年期間，法國國內投資成長兩倍。依據Bull *et al.*（1995: 131-6）等人對法國紡織業的調查研究顯示，增加投資與提供高階產品的能力兩者有因果關聯。Badinger（2005: 69）估計，法國參與歐洲經濟整合所享有超過四分之一的所得成長，其中高達53-71%的比例是來自投資帶動的成長效果。再者，競爭效果在法國參與歐洲經濟整合十年之後，亦因學習累積到競爭（learning-cum-competition）的過程產生了正面競爭效果，從而改善了法國的出口競爭力。以上事實的發展證實了此一理論所預期的：規模經濟、投資效果、競爭效果會為參與國帶來動態的經濟效益。在非經濟效益方面，法國藉由歐盟的集體之力，得以以一個中等權力地位的國家在國際事務中扮演重要角色，證實了該理論所預期的，區域經濟整合可賦予參與國在國際事務上享有規模政治效益。

不過，新經濟理論亦在以下方面面臨理論的侷限性。首先，一如德國案例中所顯現的，區域經濟整合所帶來的經濟成長推升效果並非如該理論所言是可以長期維持。相反地，法國在單一市場推動前、後，其國內投資與經濟成長的對比變化顯示，區域經濟整合所帶來的成長推升效果是有

階段性的。其次，競爭效果的出現不等於競爭力已完全達到科技先進國的層次。如同法國案例中所顯示的，整體而言，法國的產業競爭力確已因競爭效果的出現而大幅改善，然從法國的貿易逆差對象為先進經濟體，如德國、荷蘭、瑞典，貿易順差國則為工業製造能力較弱的歐體／歐盟會員國，如英國、西班牙、葡萄牙、希臘等事實觀察，此一競爭力的改善與具備科技先進國的競爭能力，兩者之間仍有落差。該事實顯示，此一理論所預期的競爭效果雖對改善競爭力有一定成效，但效果亦有其侷限性。再者，該理論未能預期區域經濟整合所產生的經濟效益與就業創造兩者間的關聯性。以法國經驗而言，該理論所預期的動態經濟效益──規模經濟、投資效益、競爭效益，均完全實現，但以上動態效益的實現卻未能轉化為對就業創造的正面效果。法國的失業問題隨著參與歐洲經濟與貨幣整合日深而愈形嚴重的事實，說明了動態經濟效益的實現不但未能保證就業創造，亦有可能與失業的擴大兩者同時出現的。最後，如同新古典經濟學一般，新經濟理論忽略政府與體制因素對法國產業參與歐洲經濟整合的影響。

　　在政治理論方面，政府間主義預期主政者會以一國在國際體系中的位置衡量是否參與區域經濟整合，而未必是反映國內利益團體的需求。在國內考量因素上，則會以區域經濟整合對國內經濟的影響為考量，並反映最具影響力的生產部門的利益偏好。以上三點預期在法國經驗中均可獲得印證。法國參與歐洲經濟整合並非來自國內利益團體的要求，事實上，此一決定當時受到所有經濟部門的反對，而是當時的法國主政者在衡量國際情勢變化，例如蘇伊士運河危機、匈牙利危機、EDC被法國國會否決等，以及法蘭西帝國瓦解的現實下，為法國在全球化的競爭下尋求新的機會與保護，意即由決策者個人啟動了所謂經濟轉軌的決策（'switchman'）。至於法國堅持以關稅同盟，而非自由貿易區的型態進行歐洲經濟整合，以在一定程度內仍能保護法國產業，則印證該理論第二點有關對國內經濟衝擊考量的預期。第三，法國政府提出在歐體市場實施共同農業政策的要求亦可被該理論解釋為是反映國內具政策影響力的經濟

部門──農業部門的利益偏好。

在法國的實證案例中，政府間主義明顯出現以下兩項缺失。首先，如前所述，政府間主義假設會員國政府參與區域經濟整合是出於提升該國經濟福祉與利益的考量，但該理論卻未進一步解釋爲何區域經濟整合必然可以提升一國的經濟福祉，以及政府作爲區域經濟整合的決策與行動主體，其所採取的政策與角色扮演對於一國是否能受益於區域經濟整合有何影響。以法國經驗而言，政府的支持干預，從總體經濟到個體經濟政策，是法國產業受益於歐洲經濟整合的主要因素之一；儘管法國企業本身展現出相當彈性的調適能力，然而缺乏法國政府在產業需求面與供給面的各式支持，協助法國產業的轉型與升級，法國參與歐洲經濟整合的經驗能否如此成功是不無疑問的。但是，相對於企業，政府在經濟整合中的角色扮演以及其影響卻爲該理論所忽略。其次，法國以國家力量支持產業共同面對市場整合的挑戰實則反映了其國家主導經濟發展的發展型國家的體制與Colbertisme/dirigisme的歷史脈絡。然而，體制與歷史因素並不爲政府間主義所討論。

新功能主義可以解釋1980年代初期，法國主政者在失業率上升、國內投資下降、經濟成長停滯的危機感下，接受執委會建議以建立完整的歐洲單一市場作爲法國經濟的救贖係一功能外溢的顯現，因爲如果沒有繼續完成單一市場，過去歐洲經濟整合所產生的經濟果實都將無法持續。同樣地，此一理論亦可以將1990年代初期，法國政府接受執委會的說法，支持建立單一貨幣作爲單一市場完成的最後一哩路，是單一市場外溢到單一貨幣的效果顯現。

然而，此一理論在以下三方面無法解釋法國經驗。首先，法國參與歐洲經濟整合並不來自其參與ECSC的外溢效果。相反地，當荷蘭與德國首次提出將ECSC由煤、鋼市場擴大到所有商品，建立起一共同市場的構想時，受到法國所有經濟部門的反對。其最終決定參與歐洲經濟整合是來自國際情勢變化與改造國內經濟體質的考量。同樣地，法國對歐洲貨幣整合的態度亦不符合此一理論的預期。法國在歐洲共同市場的參與並未對其

參與兩項歐洲貨幣整合計畫——蛇行浮動與ERM產生明顯的外溢效果。相反地，法國數度參與又退出蛇行浮動的事實，以及法國在經濟治理由凱因斯學派轉向貨幣學派之後始積極倡議建立ERM，說明了外溢效果說並不能爲法國政策立場的變化提供一具說服力的解釋。其次，外溢效果亦非能持續性存在。由法國在單一市場完成前與完成後，其國內投資、對外貿易與經濟成長的對比性變化顯示，參與歐洲經濟整合所帶來的增長效果會隨整合計畫的完成逐漸降低，而比較偏向階段性的功效，顯示外溢效果的持續有其侷限性。最後，如同在德國案例所指出的，此一理論亦未能進一步說明外溢效果的產生與參與效益兩者間關聯，因此使得論者很難判斷功能性整合，或是所謂外溢效果的產生，是否可被詮釋爲是經濟福祉的提升。

第四節　英國的歐盟經驗

　　英國參與歐洲經濟與貨幣整合的效益與成本總結如下，並對理論的適用性產生以下的檢證：

一、英國的實證研究發現

　　延遲了二十年，在嘗試大英國協與EFTA兩項途徑皆無效後，英國於1973年終於加入了歐洲經濟整合。英國的歐盟經驗與德、法案例相較出現以下的不同之處。首先，與德、法是以政治與國家安全因素爲首要考量的參與動機不同，英國參與歐洲經濟整合是以高度的經濟動機爲目的，期待參與歐洲經濟整合能反轉英國衰退中的經濟。其次，與德、法爲歐洲經濟整合的創始會員國身份不同，英國是以後進者的身份加入此一計畫，當其正式加入歐洲共同市場時，此一市場已經運作了20年。第三，與德、法經驗形成對照的是，英國自加入以來迄今雖已超過40年，然而，社會內部，從學界、輿論界、政界到民意，對於英國是否受益還是受害於參與

歐洲經濟整合，仍未達成最低共識，使得此一議題長期來成為英國社會最具分裂性的議題。

英國經驗較德、法難以釐清的困難，不僅在於不同經濟學者所使用的不同模型評估而出現不同的評估結果，而更在於英國案例所牽涉到的國際情勢與國內因素都遠較德、法案例來得更複雜。就國際因素而言，英國加入歐洲經濟整合時剛好遇到兩次石油危機所引發戰後經濟的首次衰退；而加入歐洲貨幣整合時，則遇到兩德統一此一歷史事件所引發的不對稱經濟震盪。在國內因素方面，英國加入歐體時亦剛好發生當時少見的罷工事件；同時，英國是以一衰退中的經濟體，而非如德、法是以重建、成長中的經濟體之姿，加入歐洲經濟整合。以上因素均使得對歐盟效應的評估增加了許多變項。

如果以英國加入歐洲經濟整合的初衷──將參與歐洲經濟整合視為是挽救其衰退經濟的最後解答，作為英國是否受益於歐洲經濟整合的判準，那麼，答案是否定的。加入歐洲經濟整合未能挽救英國經濟，主要是製造業，長期以來的衰退趨勢。亦是因為此一事實，對英國參與歐洲經濟整合持負面評價的經濟學者認為，英國參與歐洲經濟整合的動態經濟效益未明顯出現，靜態經濟效益則因CAP等不利因素而成為參與成本，使得英國不但未受益，反而受害於參與歐洲經濟整合。相反地，持正面評價的經濟學者則認為，英國加入歐洲市場整合的靜態效益，如貿易的增長與創造；與動態效益，如規模經濟效益、競爭效果、投資效果等，均有實現，且正因為以上經濟效益的出現，緩和了英國經濟問題的惡化從而減緩了英國經濟的衰退程度。

2005年由英國政府所出版的第一份、也是至今唯一的一份官方評估報告，則是以正面評價的角度，明確地肯定參與歐洲經濟整合30年為英國所帶來的經濟實益。報告中指出，參與歐洲經濟整合為英國帶來7%的貿易創造，4%的貿易轉移，參與歐盟為英國GDP帶來3.2%的增長，為每人平均所得提升了6%；在動態效益上，歐洲經濟整合所帶來的競爭效果改變了企業行為與效率；其所帶來的投資效果，主要是FDI效益，改善了

生產力並有助於規模經濟與產業聚落的形成。

英國社會內部對於英國是否受益於參與歐洲經濟整合的爭辯，很大程度來自於原始的高度期待——英國經濟可望因參與歐體／歐盟而出現奇蹟式的再生與成長，而此一期待的落空。但將此一期待的落空歸咎於歐盟因素卻是不正確的，因為經研究後發現，英國製造業衰退最嚴重的時期是早於加入歐體的時間，衰退的幅度因加入歐體之後出現減緩。同時，歐體／歐盟以其更廣大與更具消費力的內部市場確實可為英國經濟提供一機會之窗，藉由此一市場參與找到新的出口成長動能從而帶動英國經濟成長。因此，問題的癥結在於為何英國政府與產業皆未能掌握到歐體／歐盟市場的機會，從而使英國經濟出現復甦與成長？

在政府因素方面，英國政府在經濟治理的失當，包括不當的總體經濟與個體經濟政策，以及缺乏以產業改革的戰略、積極性思維參與區域經濟整合，而採取消極的旁觀者角色坐視企業自行在更激烈的歐洲市場競爭中求生，被認為是英國未能如法國受益於歐洲經濟整合的原因，故無法以此一途徑挽救英國經濟的衰退趨勢。

在產業競爭力方面，英國企業本身未能如法國企業一般展現出回應市場與調整的能力，則為英國參與歐洲經濟整合的不成功經驗提供一更為完整的樣貌。過去習於在低成長、低所得的大英國協軟質市場中運作的經驗，限制了英國企業的資本投資能力與回應市場的能力，而在多數的情況下，例如在洗碗機產業、微波爐產業、彩色電視產業，無法跟上較為激烈的歐體／歐盟市場競爭。在企業長期投資不足，包括對機器設備、研發、人力等投資的缺陷下，區域經濟整合中的規模經濟效益難以在英國經濟中充分發揮；相同地，在企業欠缺調整與回應市場能力的狀態下，競爭效果與投資效果亦同樣難以實現而成為企業轉型與升級的動力。

參與歐洲經濟整合所帶來的顯著的FDI效益與規模政治效益，則是英國各界對參與歐洲經濟整合效益最具共識的部分。儘管FDI效益無法等同於產業競爭力的提升與製造業的重生，但其對英國經濟所帶來的直接貢

獻──就業創造、減少區域失衡、提振製造業出口、減少貿易赤字等事實，則爲不爭的事實。規模政治則爲英國在大英國協與英美特殊關係兩者式微的現實下，提供其一置身具全球影響力的權力集團之平台。

不同於德、法，英國參與歐洲經濟整合的成本，來自於作爲後進加入者之不利的體制性地位。CAP與預算分攤比例問題成爲英國主要的參與成本，而此一參與成本形成英國多數民衆產生英國是受害而非受益於參與歐洲經濟整合的主觀認知。英國短暫參與歐洲貨幣整合──ERM的失敗經驗，則又進一步強化了民意對英國爲參與歐盟付出沈重的經濟成本此一既定印象。

英國的實證經驗說明了，參與區域經濟整合未必可獲得預期的經濟實益，或成爲挽救經濟困境的解答。經濟實益的實現需要政府與產業界兩方面因素的同時配合。

二、英國經驗對理論的檢證

在理論層次上，英國的實證經驗對於經濟學說中的新古典經濟學理論與新經濟理論，以及政治學理論中的政府間主義與新功能主義，其有關於區域經濟整合的相關假設與理論預期分別帶來以下的檢證。

依照新古典經濟學的貿易創造／轉移的衡量標準，參與歐洲經濟整合爲英國帶來7%的貿易創造、4%的貿易轉移，且貿易創造在歐洲單一市場實施後再增加9%的官方估計值而言，英國可被認定爲是受益於參與歐洲經濟整合。同時，比較利益法則亦在服務業、高科技業、高價值型等產業出現，亦可被解釋爲是符合新古典經濟學理論的預期。此一貿易創造與比較利益法則的實現，爲英國GDP貢獻了3.2%的成長與爲每人平均所得貢獻6%的增幅。

然而，新古典經濟學在英國案例中卻出現以下的適用性限制。首先，此一理論無法解釋英國在參與歐洲經濟整合的過程中，出現製造業內部不同部門之間貿易增加的現象，此一製造業內部貿易增長事實則是由於

規模經濟效益的出現帶動了產品分殊化與效率化的生產所致。其次，此一理論偏向貿易量變化的靜態分析無法呈現一國參與區域經濟整合的全貌。以英國案例而言，即使官方評估認為英國參與歐盟市場整合是貿易創造大於轉移，但仍無法扭轉英國製造業持續衰退的事實，此舉顯示，新古典經濟學的判別標準無法呈現與掌握產業變化的動態，此一貿易衡量標準從而無法為英國社會針對英國是否受益於參與歐洲經濟整合的爭辯提供一共識性的答案。再者，英國參與歐洲經濟整合最顯著的兩項經濟實益－FDI與規模政治效益，均無法為此一理論所預期，亦形成其適用性的限制。最後，英國不成功的歐盟經驗其因素包括政府治理的失當以及部分體制性的缺失，例如股票型企業融資型態限制企業從事長期研發，然而政府與體制性因素並不為此一理論所討論。

　　新經濟理論則在以下三方面顯示出其理論的適用性。首先，該理論假設動態效益——主要是規模經濟的出現，將使得參與國出現製造業內部貿易的增長，此一預期在英國製造業參與歐洲市場整合的過程中確可觀察得到。其次，根據英國官方的評估，參與歐洲經濟整合，尤其是單一市場的實施，確實為英國產業帶來了規模經濟、競爭效果、投資效果等多項動態效益，從而改善了生產力與產業聚落的形成。此一評估符合該理論對區域經濟整合如何可為參與者產生經濟實益的預期，從而可以此認定英國確有受益於參與歐洲經濟整合。再者，該理論預期參與區域經濟整合將帶來FDI與規模政治兩項明顯效益，亦可在英國案例中得到印證。

　　不過，新經濟理論卻在以下方面無法為英國的實證經驗提出合理的解釋。首先，儘管動態效益確實有在英國案例中出現而改善了英國的產業競爭力，但此一動態效益顯然無法大到可以扭轉英國製造業衰退的趨勢，從而使得英國多數民意可以感受，或是認同，英國確實有受益於參與歐洲經濟整合。其次，儘管動態效益確有在英國案例中出現，然此一效益是否充分發揮卻不無疑問。如同研究中所發現的，規模經濟效益不會自動發生，其需要資本投資與研發活動的投入；同樣地，競爭效果要能展現，必須是企業具備調整與適應市場變化的能力。就英國案例而言，在長

期投資不足的缺陷下，規模經濟效益在英國參與歐洲經濟整合的過程中未能充分發揮。競爭效果則在少數調適能力佳的英國大企業中，有良好的發揮，然而，對為數更多的一般英國企業而言，還來不及把握競爭效果的正面效應，卻反被其所帶來的競爭力量所淹沒。此係因多數的英國企業因過去在大英國協市場的軟質競爭限制了其調適與回應市場的能力，故無法在更激烈的歐洲市場競爭中脫穎而出而遭到沈沒。因此，此一理論預期動態效益必然會隨著參與區域經濟整合而發生並不符合英國的實證經驗。未能預見動態效益是必須在一定條件的配合下才能充分實現的現實成為此一理論的主要缺失。再者，如同新古典經濟學一般，此一理論忽略政府與體制因素對一國參與區域經濟整合所帶來的影響，亦明顯地無法充分解釋英國的歐盟經驗。

在政治理論方面，政府間主義可在以下方面解釋英國參與歐洲經濟整合的經驗。英國在延遲了20年之後才加入歐洲經濟整合，可被該理論解釋為是因為主政者考量到國際政治與經濟體系的變遷，使得英國必須放棄過去的全球／帝國途徑轉而尋求歐洲途徑。此理論同樣可解釋為何在加入前英國政府的評估報告著重在加入歐體對國內經濟衝擊的分析。再者，此理論亦可對英國在加入後，不斷地檢視歐體／歐盟所帶來的經濟利益，以及與歐體／歐盟針對CAP與預算分攤比例問題進行爭論的自利行為提出解釋，因為如同該理論所預期的，以國家利益為計算本就為參與國的核心思維。

然而，政府間主義卻在以下方面出現理論的缺失。首先，如在德、法案例中一般，政府間主義假設一國參與區域經濟整合是基於增進該國經濟實益的考量，但該理論卻未進一步解釋為何區域經濟整合必然可以增進一國的經濟實益。以英國案例而言，儘管官方的評估報告中肯定英國參與歐洲經濟整合的經濟實益，然英國的參與經驗並不能因此視為是成功的；因為，以其參與的原始目的而言，參與歐盟並未能扭轉，儘管有減緩，英國產業經濟的長期衰退趨勢，也未能如英國政府所期待的對英國產業產生現代化的革新轉型效果。其次，政府間主義的論述以政府為主

體，認為政府的行為是區域經濟整合的決策與行動主體。然而，該理論卻未進一步論述，政府在參與區域經濟整合中所採取的政策與角色扮演對於一國是否、或如何能受益於區域經濟整合有何影響。英國政府以旁觀者的政策中立態度坐視英國產業在面臨歐洲市場整合時所需的支持與協調，實則反映了該國一向強調自由經濟的治理傳統。同樣地，英國長期投資的低落從而使其產業競爭力無法跟上其他歐體／歐盟會員國，反映的是企業融資結構以及在加入歐體／歐盟前所運作的是大英國協的軟質市場等體制性與市場結構性因素。然而，體制與結構性因素並不為政府間主義所討論。

　新功能主義在英國案例上較難觀察到明顯的適用性，而該理論的外溢效果說則在以下方面未能解釋英國參與歐洲經濟整合的經驗。首先，英國在參與歐洲經濟整合數十年之後，其社會內部仍在辯論歐體／歐盟所帶來的經濟實益，以及是否應退出歐盟此一根本性問題。此一事實顯示，參與歐洲經濟整合數十年的經驗，不但未能使英國對歐洲統合產生認同的外溢效果，甚至未能對英國繼續參與歐洲單一市場產生鎖住（lock-in）效果。其次，參與歐洲經濟整合亦未對英國參與歐洲貨幣整合產生明顯的外溢效果。英國並未因1973年加入歐洲共同市場而於1979年加入歐洲貨幣整合的機制——ERM。其在延遲了11年之後於1990年終於加入ERM亦並非來自於其參與歐洲單一市場的外溢效果，而是為本身國內控制通膨的治理失效尋找替代方案。同樣地，英國自歐元於1999年正式啟動迄今仍未加入歐元。以上事實說明了參與歐洲經濟整合超過40年，不但未能使英國對其他歐洲統合的參與，例如貨幣整合，產生外溢效果，反而因對經濟實益的質疑而產生考慮退出歐盟的溢回效果（spill-back effects）。

第五節　結語：回答研究問題

透過對德國、法國、英國等三個主要歐盟會員國的實證研究，我們因此可以回答所設定的研究問題──區域經濟整合是否（whether）、以及如何（and how）可提升一國的經濟福祉？

以第一個研究問題而言──德國、法國、英國在參與歐洲經濟整合超過半世紀的實證經驗中，是否（whether）受益於參與區域經濟整合？如果依照新古典經濟學的衡量標準，德、法、英三國參與歐洲經濟整合皆出現貿易創造大於貿易移轉以及生產專業化的結果，而此貿易創造與生產專業化進一步帶動經濟成長與所得增長，因此，均可被認定為確實受益於參與歐洲經濟整合。

在新經濟學理論的衡量標準下，動態效益在德、法案例中有較顯著發揮而出現改善競爭力的效果（對德國而言，是非價格競爭力的提升；對法國而言，是價格競爭力的提升），從而有較佳的經濟成長表現與福祉的提升，因而可被認定為是受益於參與歐洲經濟整合。相對地，動態效益在英國案例中因相關條件無法配合而未能充分發揮，從而無法達到其改造產業經濟與提升競爭力的目的，故在此理論的標準下，並未因參與區域經濟整合而得到顯著的經濟實益。

然而，經濟學說的衡量標準，不論是對靜態的貿易創造／轉移的分析亦或是對動態效益的觀察，皆無法完整捕捉三國在參與歐洲經濟整合過程中所經歷的產業變遷，亦或確切表達參與者的認知。以德、法案例而言，在參與歐洲經濟整合超過半世紀之後，「德、法經濟顯著受益於參與歐洲經濟整合」的看法，不論是在德、法國內本身──從主政者、學界、到民意，或是在歐盟內部，已成為一具有高度共識性的說法而有定論。因此，德國與法國的歐盟經驗對於「區域經濟整合是否可提升經濟福祉？」此一研究問題，不論是從理論標準或是會員國認知觀點，所提供的答案皆是肯定的。相對地，以英國而言，歐洲經濟整合所帶來的經濟實益在其參與超過40年之後，至今仍為其社會內部一爭辯中的話題而未有定

論，必須於2017年再度舉行公民投票決定（第一次對歐體／歐盟經濟效益的公民投票是在1975年）。因此，就英國觀點而言，英國的歐盟經驗對此一研究問題提供的是一「未必」的答案。

至於第二個研究問題——德國、法國、英國如何（how）受益／未受益（benefited/unbenefited）於參與歐洲經濟整合？為什麼？

在確認受益於參與歐洲經濟整合的德、法案例中，兩者則提供相當不同的經驗。以德國的實證經驗而言，德國產業是以資本深化、內部成長的產業升級途徑，回應歐體／歐盟市場整合的競爭挑戰，此一途徑的選擇則與德式協調管理式資本主義體制結構，以及德國政府扮演賦予企業權能者（enabling state）的角色等體制性結構、政府因素相關，從而有利於企業的資本投資與勞動力素質的提升，進而使德國產業在偏向漸進式、員工引導型創新的產業類別中展現競爭優勢。相對地，法國是在有利的遊戲規則下（例如CAP的實施），以國家力量透過經濟計畫的支持干預，結合產業本身大型化、集中化的規模經濟途徑來因應歐洲經濟整合的挑戰，使得法國產業在歐洲市場的出口競爭優勢與國家扶植、保護的部門有密切關連。法國此一回應市場競爭的途徑反映的是其發展型國家的資本主義體制與歷史脈絡。

相形之下，英國案例則是對一國政府與企業的作為如何使其無法受益（un-benefited）於參與區域經濟整合，提供一對照性的實證經驗。過去習於大英國協此一軟質、低所得、低成長的市場經驗限制了英國企業調整與回應市場的能力，也限制了英國企業投入研發與長期投資的能力，使得英國企業無法掌握到歐洲經濟整合所帶來的市場規模、競爭效益、與投資效益。而英國政府對於參與區域經濟整合欠缺法國政府所持有的產業改造思維與戰略以及採取自由放任式的經濟治理，則加速了許多英國產業在更激烈的歐洲市場競爭中遭到淘汰。

在理論的適用性方面，每一個理論依其論述特色，各自展現一定程度的理論適用性以及限制。基於理論的建構必須有一定的論述主軸與建構界線，因此，理論所展現的優勢之處往往亦是其限制之處，故沒有一個理

論可以完整捕捉德國、法國、英國參與歐洲經濟整合的實證經驗，此結果並不令人意外。在經濟學理論方面，新古典經濟學理論，依其論述重點，在德、法、英等三國案例中均展現出相當高的預測性。新經濟理論則明顯在法國案例中展現出較高的預測性，而在德、英案例中顯現出中度的適用性。新古典經濟學理論的主要缺失在於該理論以貿易創造／轉移爲衡量標準缺乏對競爭力、就業／失業、投資等變化的討論；新經濟學理論的主要缺失則在於該理論高估了動態效益的成效，也忽略了動態效益的出現是需要一定條件的配合才能充分實現的事實。兩項經濟理論皆未能預期經濟實益的實現可能無助於就業創造，亦可能是以失業率的上升爲代價的發展（參見表6-1）。

表6-1　德國、法國、英國案例的實證研究發現對經濟學說的檢證

	新古典經濟學理論		新經濟理論	
	理論的適用性	理論的缺失	理論的適用性	理論的缺失
德國	・貿易創造大於貿易移轉，可被該理論認定受益於歐洲經濟整合 ・生產更專業化、分殊化 ・經濟整合的成長推升效果偏向短至中期	・歐洲經濟整合提升德國國民所得達四方之一，不符合該理論所預期的「所得增長有限」說 ・貿易創造／轉移的單一標準無法捕捉產業如何回應市場競爭的動態 ・缺乏對競爭力與就業創造的討論 ・忽略體制與結構性因素而無法解釋德國產業回應市場競爭的選擇途徑	・競爭效果出現而走向資本投資的產業升級 ・投資效果出現帶動經濟成長 ・規模政治效益在國際經貿談判中實現	・區域經濟整合所帶動的成長效果並非如該理論所預期的可長期維持 ・忽略體制與結構性因素而無法解釋爲何規模經濟效應未在德國案例中出現 ・區域經濟整合對競爭力可能隱藏區域化的風險 ・未能解釋競爭力提升與就業創造兩者的落差

法國	・貿易創造大於貿易移轉，可被該理論認定為受益於歐洲經濟整合 ・比較利益法則在農業、航太、軍事科技等產業中出現 ・貿易增長所帶動的經濟成長偏向短至中期的效果	・歐洲經濟整合在20年內使法國GNP成長兩倍，不符合該理論所預期的「所得增長有限」說 ・法國經驗中所出現的規模經濟效果、投資效果、競爭效果等，未能為此理論所預期 ・忽略貿易增長對就業與競爭力的意涵 ・忽略體制與結構性因素而無法解釋法國政府對產業的支持與干預行為	・規模經濟效益出現 ・投資效益出現 ・競爭效益出現 ・規模政治效益在國際事務參與上出現	・區域經濟整合所帶動的成長效果並非如該理論所預期的可長期維持而有階段性 ・競爭效果有其侷限性，因為競爭力的改善不等於具備先進國的競爭力 ・未能預期經濟實益的實現與就業／失業兩者的關連 ・忽略政府與體制性因素對法國產業參與歐洲經濟整合的影響
英國	・貿易創造大於貿易移轉，可被該理論認定為受益於歐洲經濟整合 ・比較利益法則在服務業、高科技業、高價值型產業出現 ・貿易創造與比較利益法的實現帶動經濟成長與所得增長	・無法解釋英國製造業在參與歐洲經濟整合過程中所出現的內部貿易成長現象 ・以貿易量變化的靜態分析無法呈現英國產業變化的動態，而無法為英國社會對歐盟效益的爭議提供答案 ・顯著的FDI效益與規模政治效益非該理論所預期 ・忽略政府與體制性因素而無法解釋英國不成功的歐盟經驗	・規模經濟效益出現帶動製造業內部貿易成長 ・競爭效果出現改變企業行為與效率 ・FDI效果出現改善生產力與產業聚落形成 ・規模政治效益在國際事務參與上出現	・動態效益的出現無法挽救英國製造業的衰退 ・未能預見動態效益需要一定條件的配合才能充分實現 ・忽略政府與體制性因素對英國產業參與歐洲經濟整合的影響

　　在政治學理論方面，政府間主義，在德、法、英等三國案例中均呈現出相當高的預測性。相較之下，新功能主義則在德、法案例中呈現出中度適用性，在英國案例中則未能觀察到明顯的適用性。政府間主義的主要缺失在於，該理論以政府為行動主體的論述卻未進一步說明政府的政策與角色扮演對一國參與區域經濟整合的影響；新功能主義的主要缺失則在於高估了外溢效果的持續性與影響力，以及忽略了區域經濟整合中亦會產生溢回效果的可能性。相較於經濟學說，兩項政治學說皆未能解釋為何區域經濟整合必然可以提升一國的經濟福祉，以及功能外溢效果的產生是否可被詮釋為是經濟福祉的提升（參見表6-2）。

表6-2　德國、法國、英國案例的實證研究發現對政治學說的檢證

	政府間主義		新功能主義	
	理論的適用性	理論的缺失	理論的適用性	理論的缺失
德國	・國際環境的位置因素可以解釋德國參與歐洲經濟整合的動機 ・德國支持歐洲經濟與貨幣整合的每一階段可被解釋為是反映該國最具力量的經濟團體之利益	・未解釋為何區域經濟整合必然可以提升一國的經濟福祉，亦未說明政府的政策與角色扮演對一國參與區域經濟整合有何影響 ・忽略社會、經濟的體制性結構因素對市場競爭的影響	・德國對歐洲經濟與貨幣整合的支持可被解釋為是區域經濟整合的功能外溢結果	・經濟外溢效果隨整合計畫的完成而逐漸降低 ・德國對EMU的支持不來自於參與ERM的外溢效果 ・未說明外溢效果的產生是否可被詮釋為是經濟福祉的提升
法國	・法國參與歐洲經濟整合是主政者考量該國在國際政治與經濟體系中的位置 ・法國堅持以關稅同盟進行歐洲經	・未解釋為何區域經濟整合必然可以提升一國的經濟福祉，亦未說明政府的政策與角色扮演對一國參與區域經濟整	・法國支持歐洲單一市場的立場可被解釋為過去參與經濟整合的外溢效果 ・此理論可將法國同意建立單一貨	・法國參與歐洲經濟整合不來自於其參與ECSC的外溢效果，且外溢效果說無法解釋法國參與歐洲貨幣整合的態度

法國	濟整合以保護法國產業利益符合該理論的預期 · 法國政府要求在歐盟市場實施CAP可被解釋為是反映國內具政策影響力之部門的利益偏好	合有何影響 · 忽略體制因素與歷史脈絡而無法解釋為何法國以國家力量支持產業面對歐洲經濟整合的行為	幣解釋為是單一市場的外溢效果	· 經濟外溢效果隨整合計畫的完成而逐漸降低 · 未說明外溢效果的產生是否可被詮釋為是經濟福祉的提升
英國	· 英國加入歐洲經濟整合可被解釋為國際政治與經濟體系的變遷使其轉向歐洲途徑 · 英國政府在加入前的評估報告著重國內經濟面向符合該理論的預期 · 英國加入歐盟後頻繁檢視其經濟利益的行為符合該理論的預期	· 未解釋為何區域經濟整合必然可以提升一國的經濟福祉，英國參與歐洲經濟整合的實證經驗並不成功 · 未說明政府的政策與角色扮演對一國參與區域經濟整合有何影響 · 忽略體制與市場結構性因素而無法解釋為何英國產業無法調整與回應市場整合中的競爭挑戰	· 未觀察到明顯的適用性	· 參與歐洲經濟整合未對英國的持續參與產生外溢效果，甚至因質疑經濟實益而出現考慮退出歐盟的溢回效果 · 參與歐洲經濟整合未對英國參與歐洲貨幣整合產生外溢效果

　　綜合而論，不論是經濟學說或是政治學說，均普遍出現忽略體制結構與政府因素的理論缺失，然而，資本主義體制的型態、市場運作結構、政府的政策與角色等因素，卻是理解與解釋德、法、英三國參與歐洲經濟整合出現不同經驗與結果的關鍵所在。

7 結　論

　　自1990年代中期後，全球各地不斷興起與擴大的區域經濟整合計畫顯示出，各國主政者對於以區域經濟整合追求經濟成長與提升競爭力的共同信念。本研究的目的，如第一章所言，即在於透過對德國、法國、英國等三國參與歐洲經濟整合數十年之實證經驗，檢驗與思考究竟區域經濟整合是否、以及如何可以為參與國帶來經濟福祉的提升。本研究的第二章對區域經濟整合的相關理論，包括經濟學說中的新古典經濟理論與新經濟理論，以及政治學說的政府間主義與新功能主義，進行理論的回顧與呈現。第三章、第四章、第五章，是本研究的個案檢驗，針對德國、法國、英國參與歐洲經濟整合數十年的實證經驗，觀察與分析三國是否、以及如何受益於此一參與。經研究後發現，德國與法國各自以其產業結構與體制性的優勢，成功地掌握了歐洲經濟整合所帶來的經濟效益，法國並藉此一機會順利地改造其產業經濟結構；相對地，英國則因企業調適力與政府治理等雙重因素，未能明顯地受益於參與歐洲經濟整合，從而無法挽救衰退中的英國經濟。本研究的第六章呈現以上三章的研究發現，並以此研究發現與區域經濟整合的相關理論，包括經濟的與政治的，進行理論的對話與檢證。本章將對德、法、英的歐盟經驗做出一綜合性的結論，繼而提出其對我國的政策啟示。

第一節　　德國、法國、英國三國實證經驗的評比

　　綜合前述章節，本研究對德、法、英三國的實證經驗提出以下數項結論：

　　一、三國的實證經驗顯示，區域經濟整合未必保證每一個參與國皆能受益，同時，它亦非是一贏者全拿的遊戲，它不必然有利於領先者、亦未必不利於落後者。

　　德國經驗顯示出，即使對於產業競爭力的優勢國而言，區域經濟整合所帶來的市場開放與競爭，同樣是一更嚴格的挑戰，因為起跑點的優勢

不必然保證德國企業可以永遠保持領先，也不意謂著德國企業可以輕鬆地收割歐洲單一市場的果實。德國企業在歐洲市場競爭中面臨價格競爭力上的劣勢時，選擇以產品升級與精進此一較爲辛苦的內部成長途徑，而非直接訴求產業外移至低成本地區或是更爲快速的企業購併，此一事實顯示出我們不應過度簡單地詮釋德國的成功故事，其成功的歐盟經驗並非是偶然、也不應視爲是必然。

　　法國與英國的對照經驗則顯示出，落後國是否能受益於參與區域經濟整合，端視參與國的政府採取何種經濟戰略思維以及國籍企業面對新型態的競爭是否具備調適能力。不同於德國，法國與英國參與歐洲經濟整合時皆爲產業競爭力的落後國，兩國在參與歐體之前皆仰賴前殖民地國家爲主要的貿易市場，法國的國內市場更因國家政策的管制與保護，較英國爲一封閉、內向型的經濟體。儘管傳統上抗拒自由貿易的思維，法國主政者在決定參與歐洲經濟整合之後，即以改造法國經濟的戰略觀點，結合本國的產業干預與扶植政策，積極地以各種政策途徑，支持與協助法國企業面對市場競爭所需的援助，法國企業本身則多以產業集中化、大型化的途徑，回應歐洲市場的競爭挑戰。與法國相似，英國政府是以改造英國經濟的高度期待加入歐洲經濟整合，但不同於法國的是，英國政府缺乏整體經濟戰略觀點參與區域經濟整合，僅過度樂觀地，如果不是天眞地，依賴經濟整合中的市場競爭機制會對英國經濟帶來刺激與轉型，忽略了英國產業在加入歐體前是習於大英國協此一競爭程度低的軟質市場中運作，從而限制了其資本投資與市場調適能力，因而亟需政府的干預介入以協助其進入更激烈的歐洲市場。缺乏政府的支持以及缺乏回應市場的調適力使得被歐洲市場淘汰的英國企業遠比存活的多。

　　法國的成功經驗說明了，在政府與企業的合作下，落後國亦能受益於參與區域經濟整合，英國不成功的歐盟經驗則說明了，區域經濟整合無法保證每一參與國皆能受益。

　　二、三國的實證經驗顯示，政府的政策因素成爲影響一國參與區域經濟整合成效的變數。

　　以政府因素的正面影響而言，德國政府在教育、職業訓練、師徒制、勞資關係、社會福利政策、研發補助等面向上對企業所扮演的賦予權能者的角色（enabling state），提供德國企業在面對市場競爭時享有一穩定的、體制性的支援優勢。法國政府對企業的協助則更爲直接與廣泛。法國政府透過匯率政策、產業政策、區域發展政策、教育訓練政策、社會福利政策等，全面性介入與支援法國產業在面對市場整合競爭時的轉型升級工作，是由法國政府，而不是交由市場機制，來承擔企業在面對市場競爭時所需要的協調統合介面。德國政府所扮演的賦予企業權能者的角色以及法國政府對企業的支持與市場干預角色，相當程度地促進了兩國成功的歐盟經驗。

　　相對地，英國政府缺乏積極的經濟戰略思維以及經濟治理的失當，被認爲是政府角色的負面扮演（played a negative role）案例，在一定程度上，導致了英國不成功的歐盟參與經驗。基於此一政策作爲影響參與效益觀點，Mendes（1987: 128）即主張，歐盟主政者應正視政策，尤其是科技政策，在區域經濟整合中的重要性，因爲成功的科技政策能有效提升出口產品的品質內容，從而使一國確實能受益於參與區域經濟整合。

　　再以區域發展來觀察，政府所採取的政策對於參與國是否必然會因參與區域經濟整合而出現區域失衡發展，亦有影響之效。部分經濟學者認爲，隨著區域經濟整合的深化與廣化，區域發展失衡的問題也會日益嚴重。例如Mayes *et al.*（1994: 25）等人指出，受限於有限的工業規模、基礎設施的條件，許多邊陲地區在歐洲經濟整合的過程中，沒有受益於其廉價的勞動力而吸引到新的投資，而出現人力流向核心地區的結果。因此，在區域發展上，歐洲經濟整合會顯現出向核心地區靠攏的趨勢，是一向心性（centripetal）而非離心性（centrifugal）的過程，從而加速了核心與邊陲地區的失衡發展。Mendes（1987: 123）亦提出所謂的「累計因果」（cumulative causation）說：亦即區域經濟整合的範圍越大、越異質，區域發展就會越不均。Morgenroth and Petrakos（2008: 287-302）亦指出，區域發展不均的情況在1990年代單一市場與EMU實施後有增加的

趨勢，在資本密集產業的地區，其就業率與經濟成長均有較佳的表現，從而擴大了區域發展不均的程度。

經濟學者的預期在法國的實證經驗中得到印證，卻在德國經驗中得到反證。法國參與歐洲經濟整合中出現的區域發展失衡現象，除了上述的經濟理性因素之外，亦受到其中央集權的國家體制因素影響。同樣地，德國各地區因歐洲經濟整合皆變得更為繁榮而沒有出現區域發展不均的問題，反而因歐洲經濟整合而逐漸拉平南北地區的產業結構差異，亦是與該國成功的區域政策以及聯邦政體致力於區域平衡發展的政策因素有關。德、法兩國在區域發展上的差異表現再次說明了政策因素可以影響一國參與區域經濟整合的成效。

三、就經濟體制而言，德、法、英三國不同的資本主義體制在區域經濟整合的過程中各自展現出不同的回應方式，也影響了三國的歐盟參與是否成功的最終結果。就三國在歐洲經濟整合中的表現而言，最強調自由開放的英式市場資本主義體制表現得最不理想，德國的協調管理式資本主義與法國的國家資本主義體制則各自有其體制上的競爭優勢。德式資本主義使得德國在漸進式、員工引導型創新的產品類別中，例如機械工具、電機工程、汽車、機密儀器等，享有競爭優勢，法式資本主義則使得法國在國家扶植與保護的產業中，例如航太、軍事科技、農業等，展現競爭優勢。本研究此一發現亦符合學者對英、德、拉丁企業（Latin firms）在歐洲市場表現的調查結果，根據訪查，英國企業在各項經濟指標中，例如企業規模、剩餘價值、生產力、就業等，表現均是最差的（Schmidt, 2002: 131）。

三種資本主義型態最大的不同在於，英式市場資本主義將產業在面臨市場競爭時所涉及到的協調、統合、支援等介面，例如企業與銀行的融資介面、企業與勞動力需求的生產力介面、大小企業彼此間的供應傳輸介面，完全交由市場機制決定，依賴市場中那隻「看不見的手」對資源做出最好的配置。德式協調管理式資本主義與法式國家資本主義則不同，兩者均未單純地交由市場機制決定，而是透過非市場機制（non-market mechanisms）來承擔協調統合的工作。德式資本主義是由中立的非營利機構與社會機制／體制（institutions），[1]例如勞資團體代表、交叉持股的企業網絡、有利的法令設計，促進經濟行為者彼此間發展出合作式的伙伴關係，法式資本主義則是由國家來扮演協調統合的機制。

基於三國在歐洲經濟整合中的不同表現，進一步的問題即是：為何資本主義的型態會影響企業在區域經濟整合競爭中的表現結果？Hall and Soskice（2001: 6-9）解釋，企業的競爭力包括五大要素：第一項要素是產業關係（industrial relations），此部分攸關薪資與生產力等生產要素；第二要素是職業訓練與教育（vocational training and education），此部分不僅攸關個別企業與勞工的命運，也攸關一國的技術層次與整體競爭力；第三項要素是公司治理（corporate governance），此部分決定企業取得資金的管道與條件；第四項要素是企業彼此間的關係（inter-firm relations），此部分影響企業的標準設定、技術移轉、共同研發等能力；第五項是員工因素（employees），此部分攸關企業的人力資源素質。他們認為，一企業是否能在市場競爭中成功，端視其是否能有效率地協調統合以上五大要素，而一國的資本主義型態為何，決定了該國的政治、經濟、社會等結構的安排，從而影響了企業在這五大要素的運作與條件，繼而影響了企業在市場競爭中的優勢劣勢。基於此一觀點，他們因此（Ibid.: 37-41）認為經濟學中的「比較利益」（comparative advantage）原則無法充分解釋國際貿易中各國企業的表現與差異，而必須以「比較體制優勢」（comparative institutional advantage）觀點來理解。體制上的優劣勢對技術進步與經濟成長形成發展條件，會使得一國在貿易活動中更專注於某項產業生產的分殊化。

確實，在前章中所檢驗的理論學說中，不論是經濟學說還是政治學

---

[1] 此處的institutions，指涉的是一成套的規則（a set of rules），包括正式的與非正式的，以及組織，兩者組成了institutions的政治經濟型態。詳見Peter A. Hall and David Soskice (2001), 'Introduction', in Peter A. Hall and David Soskice eds., *Varieties of Capitalism: The Institutional Foundations of Comparative Advantage*, Oxford: Oxford University Press, p. 9.

說，其共同的理論缺失即在於忽略體制等結構性因素對三國在參與歐洲經濟整合中的影響。「比較體制優勢」說因而能對德、法、英國三國的差異性表現提出解釋。以此觀之，參與區域經濟整合不僅在檢驗一國企業與政府的回應能力，同時亦是檢驗一國政治、經濟、社會等深層體制結構的優劣勢。

不同的資本主義型態，如同Schmidt所言（2002: 131），各自有其體制上的優劣勢而無絕對的好壞，然而，三國的歐盟經驗對比顯示，由非市場機制來協調統合生產活動的德、法經驗比單純依賴市場機制的英國更能在區域經濟整合中達到經濟福祉的提升。此一事實發展印證了Gilpin（2001: 182）所言：「光是依靠市場本身無法成功〔地達到經濟的轉型與調整〕（'markets alone will not succeed.'）」。

四、就參與動機而言，以非經濟性動機參與歐洲經濟整合的德國與法國皆獲得相當顯著的經濟實益，相對地，以高度經濟動機參與歐洲經濟整合的英國，所獲得的經濟效益反而最不顯著。法國與英國兩國的經驗尤其形成一鮮明的對照。原本對參與歐洲經濟整合抱持悲觀看法的法國，意外地成功適應了歐洲市場的挑戰，並因此成為一對外開放、具國際競爭力的經濟體。相對地，英國原本樂觀看待參與歐洲經濟整合所帶來的動態效益，卻未能如期所願地充分發揮而無法挽救衰退中的英國經濟。三國的經驗顯示，參與動機為何並不影響、亦不保證參與的結果，而是參與之後一國政府與企業所採取的策略與回應途徑，決定了一國是否、或如何可以受益於市場經濟整合的效益。依此而言，此一研究發現符合Martin and Sanz（2003: 216）所言，區域經濟整合本身為一中立的機制，經濟成長不會因參與區域經濟整合即自動產生，是會員國所採取的成長與發展策略，而非整合計畫本身，為決定一國經濟福祉能否提升的關鍵。

五、不論所獲得的經濟效益的多寡，三國的實證經驗均顯示，參與區域經濟整合可為每一個參與國帶來可觀的非經濟效益─規模政治效益與國家安全效益。規模政治效益對德國而言，尤為重大。因為不同於法國與英國，德國身為二次大戰的戰敗國，參與歐洲經濟整合的主要目的之一

在於重建德國被戰爭毀壞的國際地位，在參與超過60年之後，此一目的不僅完全達到，甚至取得歐盟經濟領導權的專屬優越地位，德式經濟治理已擴大成爲歐盟治理的依循。對法國與英國而言，規模政治效益則是對兩國的強權地位在失去帝國憑藉之後，仍能有一強權集團的依附與提升，從而能以中等權力國家之姿，持續在國際事務中享有重要的角色扮演。國家安全效益則對法國而言，意義重大，因爲，藉由歐洲經濟整合提高法國與德國經濟的互依性，從而達到國家安全的目的，是法國參與歐洲統合最主要的目的，在參與超過60年之後，此一目的已完全達到，戰爭的風險在德、法之間，或是任一歐盟國家之間，已難以想像。此一發展符合Polacheck（1980: 55-78）、Hirsch（1981: 407-17）、Buzan（1984: 597-624）等人的研究發現。他們指出，經濟整合可以達到和平與安全的目的，進而減少透過軍事手段提升國家福祉的需要。以Polacheck（1980: 55-78）的量化研究爲例，他蒐集1958-67年期間三十個國家的實證資料後發現，兩國之間的貿易量如果增加一倍，可爲雙方帶來20%的敵意消減。

六、三國的實證經驗顯示，即使對區域經濟整合中的受益國而言，經濟實益的產生未必可帶來就業創造，如德國經驗，甚至可能以失業率的上升爲代價，如法國經驗。對此一結果，Mayes *et al.*（1994: 4）解釋，事實上，大多數的企業在面臨市場所帶來的挑戰時是失敗的，因爲結構調整的改變需要大量投資，而只有實力強的企業才擁有此種大規模資金投入的能力。即使以調整成功者而言，其獲利能力與競爭力會隨之提升，但這不代表會增加就業，甚至可能因結構調整而必須進行人員縮減。以調整失敗的企業而言，勞工的失業問題則隨之而來。因此，不論是產業與企業積極進行的結構調整，或是未待調整即已被淘汰者，兩者均會在過程中發生失業問題。然而，如同Schmidt（2005: 368）所指出的，在歐盟仍缺乏共同產業政策的支援下，失業的風險以及其所連動的薪資下降問題卻是留待由會員國本身與勞動者個人自行面對與解決。因此，在歐洲經濟整合推動60年之後，部分歐洲學者開始反思歐洲經濟整合所象徵的市場自由化力量，尤其是EMU體制下僅重視物價穩定的經濟管理法，所帶來的社會

成本後果，這些社會成本不僅對弱勢的族群造成衝擊，也對一般大眾產生衝擊。他們因而呼籲歐盟各國政府，尤其是歐盟最大經濟體--德國，改變其經濟治理型態，轉變爲重視就業、成長與競爭力提升的產業與科技政策。[2]

　　七、三國的經驗顯示，參與區域經濟整合所產生的經濟實益在勞資之間分配不均，參與市場整合所產生的經濟成本，亦多由弱勢的勞工承擔。德國經驗顯示，在參與歐洲經濟與貨幣整合的過程中，德國企業的受益程度是以3-5倍的差距，遠高於勞工階級。法國經驗則顯示，在法國企業享有生產力與競爭力提升的同時，法國勞工則是承擔失業率升高的參與成本。Menz（2005: 31）即指出，在歐洲經濟整合的過程中，權力是有利於資本家而非勞工的。Talani and Cervino（2003: 221）則解釋，這不僅是因爲歐盟治理轉向經濟自由主義的意識型態，同時也是因爲在歐盟層次的利益表達上，資方組織較勞方組織更爲有效。因此，一如經濟、政治理論所指出的，對區域經濟整合的探討除了在其是否或如何可帶來經濟效益之外，分配問題其實才是會員國政府更應關切、也更棘手的挑戰。一如全球化在20世紀初期的發展經驗所顯示的，分配問題所引發的所得不均與社會兩極化發展所帶來的社會成本問題，嚴重時將反噬區域經濟整合的本身。Morgenroth and Petrakos（2008: 289 & 298）即指出，社會兩極化發展與地區發展不均固爲經濟整合過程中無法避免的副產品，然而，主政者如果不正視此一發展與分配不均的問題，一旦不均的情況擴大到一定程度後，將會對歐洲統合本身產生顛覆性的危險。因此，如何妥適地透過國家

2　此一呼籲在歐債危機發生後獲得更爲廣泛的認同。參見Andrew Moravcsik (2012), 'Europe after the crisis', *Foreign Affairs*, Vol.91, Issue 3, pp.54-68; Federico Steinberg and IMA de Cienfuegos (2012), 'The new government of the euro zone: German ideas, divergent interests and common institutions', *Revista de Economia Mundial*, Issue 30, pp. 59-81; Bernard H. Moss ed. (2005), *Monetary Union in Crisis: The European Union as a Neo-liberal Construction*; Moss and Michie (1998) eds., *The Single European Currency in International perspective: A Community in Crisis?* 書中各篇章對此的相關討論，以及Doogan (1998), 'The impact of European integration on labour market institutions', *International Planning Studies*, Vol. 3, No. 1, pp. 57-73一文中對歐洲勞工失業率的討論。

層次與區域層次的配合，運用所得重分配與區域政策減少區域經濟整合帶來的社會成本，實為任何一個欲藉區域經濟整合獲益的主權國家，在參與之前必須慎思與準備的。

八、法國、英國的經驗顯示，遊戲規則的制訂隱含系統性偏差，區域經濟整合中的創始會員國基於制訂遊戲規則的體制性優勢，遠比後進者更有機會受益於此一整合計畫。法國顯著受益於歐洲經濟整合的主因之一在於有利的遊戲規則，而英國參與歐洲經濟整合的主要成本之一則在於不利其產業結構的遊戲規則。此一事實意謂著，對有意參與區域經濟整合的國家來說，越早進入區域組織，越有機會使其規則設定有利於國家利益，越晚進入組織體制，所需承受的既有規範與義務則相對越多。但需提醒的是，這並不意謂著後進會員國的參與經驗必然會較為不成功。其他歐盟會員國，如西班牙、愛爾蘭、芬蘭、波蘭等，的經驗顯示，後進會員國在加入後致力於政策與產業型態的調整，同樣可受益於參與區域經濟整合。

九、參與區域經濟整合是一經濟主權不斷流失與被侵蝕的過程。當主權國家選擇參與區域經濟整合時，其所選擇的即為引進更大的市場力量、置身更大的市場風險。因此，歐洲經濟整合，如同Schmidt（2005: 367&382）與Jessop（2003: 42）所指出的，實為全球化的導管，皆為市場資本主義（market capitalism）的進一步實現，目的均在引進更多的市場競爭。而對歐盟國家來說，歐洲市場的競爭比全球化的競爭更為激烈，因為其經濟整合的深度已超越其他地區與全球化的程度，它不僅是在單一市場中進行、亦在單一貨幣中進行。因此，對歐盟參與國來說，很大部分的經濟主權已由國家層次轉移到區域層次，在缺乏歐盟層次的產業與科技政策的現實下，企業已無法再依靠國家力量的保護，而必須獨自面對更大的競爭挑戰，其所面對的選項不是調整生產結構，就是被迫淘汰。因此，如同Molle（1997: 273）所評論的，區域經濟整合會弱化、侵蝕參與國對其產業發展的支持能力。法國在參與歐洲貨幣整合之後不再能以貨幣政策保護本國產業利益即為一例。

　　十、最後，三國的實證經驗顯示，我們不宜高估區域經濟整合的效益，它所產生的動態效益，不僅需要一定條件的配合才能產生，其效果亦未如新經濟理論學者所言之樂觀。

　　如同英國經驗所顯示的，參與歐洲經濟整合無法解決英國經濟的困境，而參與歐盟為英國所帶來顯著的FDI效益亦不等同於英國企業就因此具備投資母國的技術能力。[3]相同地，競爭效果在法國參與歐洲經濟整合的過程中亦有所展現，然而，它亦不等同於法國企業的產業競爭力已提升至先進工業國的水平。另一方面，規模經濟、投資效益、競爭效益等新經濟理論學者所期待的動態效益，亦需在資本投資、企業調適能力等一定條件的配合下，才能實現。

　　然而，自歐洲經濟整合於1958年推動以來，歐洲主政者習於以區域經濟整合為手段來推動經濟成長。當1979-1985年期間，歐洲各國，相較於競爭對手的美國、日本，經濟成長出現減緩，出現競爭力下滑的歐洲硬化症（Euro-sclerosis）[4]之際，歐體會員國政府的反應即是以推動單

---

[3]　Martin and Sanz（2003: 227）、Balasubramanyam and Salisu（2001: 218）等人的研究指出，FDI是否可改善一國的科技水準需視當地國是否在基礎建設、研發、人力資源上等有形與無形的資本條件上有相對應的投資。Dunning and Cantwell（1991: 138）則指出，區域經濟整合的參與國所吸引到的FDI對原本就具有科技實力（technological strength）的國家，可促進研發經費增加的良性循環，對原本不具科技實力的國家，會出現本地公司被消滅、依賴FDI的惡性循環。詳見 Carmela Martin and Ismael Sanz (2003), 'Real convergence and European integration: The experience of the less developed EU members', *Empirica*, Vol.30, pp.205-36; V. N. Balasubramanyam and Mohammed A. Salisu (2001), 'Foreign direct investment and globalization', in Sajal Lahiri ed., *Regionalism and Globalization*, London and New York: Routledge, pp.199-220; John H. Dunning and John A. Cantwell (1991), 'MNEs, Technology, and the Competitiveness of European Industries', in G. R. Faulhaber and G. Tamburini eds., *European Economic Integration: The Role of Technology*, Boston and London: Kluwer Academic Publishers, pp. 138-40.

[4]　歐洲硬化症可以指涉兩個意義，一為經濟上的意義，指的是在1970年代晚期到1980年代初期，歐洲競爭力，較其他OECD國家，出現下滑且此現象伴隨高失業與低經濟成長的出現。二為歐洲整合上的意義，指涉的是歐洲統合運動在1970年代中期後缺乏進展與在歐體共同政策及體制上缺乏進一步發展的現象。在歐體執委會於1993年針對歐洲硬化症所出版的白皮書 *Growth, Competitiveness and Employment* 中，則採第一類定義。參見Swann (1996), *European Economic Integration: The Common Market, European Union and Beyond*, pp. 38 &194

一市場作爲因應（Zervoyianni and Argiros, 2006: 107; Ginsberg, 2007: 78-9; Mayes *et al.*, 1994: 2）。在單一市場完成後並實施的1990年代，歐盟各國依然面臨高失業率，低經濟成長的現實（Talani, 2007: 282）。歐盟會員國一方面在2000年3月召開的歐盟峰會中宣布里斯本策略（Lisbon Strategy），宣示各國將合力將歐盟打造成具競爭力、高成長的知識經濟體（knowledge-based economy），另一方面則再度寄望歐元的實施。歐元自1999年實施至今，歐盟經濟低成長、高失業的型態並沒有太大改變。以歐元尙未實施的1989-1998此一十年期間與歐元實施後的第一個十年期間——1999-2008兩段時期比較，前者平均經濟成長率爲2.2%，後者爲2.1%，顯示實施歐元的經濟成長推升效果並不顯著（European Commission, 2008: 19）。

　　以上的英、法案例以及歐盟整體的經驗顯示，區域經濟整合不是解決經濟問題的萬靈丹，同時亦顯示，主政者容易對經濟整合所產生的效果產生過度樂觀的期待。[5]參與國寄望於歐洲經濟整合達到提升國內經濟成長與改善競爭力的目的，持平而論，它確實有達到部分效果，然而，如同三國實證經驗所顯示的，其效果不如預期的爲多、且貿易增長效果亦不如預期的持久。因此，如同Badinger（2005: 74）與 Bideleux（1996: 21）俱指出的，歐洲經濟整合並不能長遠地保證參與國的經濟未來，它不足以維持長期成長或充分就業。歐盟國家若欲獲得更持續性的成長與提升競爭力的動力，主政者尙須在區域經濟整合的手段之外，尋求其他可能的政策途徑。

5　以單一市場的實施爲例，當時歐體的官方報告預測，單一市場將使歐體GDP增加4.5%；創造出180萬個新工作。十年後，歐盟執委會檢視單一市場的成效發現，它爲歐盟GDP提升約1.1-1.5%；創造了90萬個新工作，實際效果與所預期的顯然有一段落差（Schirm, 2002: 61-2）。至於歐盟原寄望單一市場能使歐洲企業趕上美、日，以GDP與勞動生產力成長而言，歐盟沒有比美國表現更佳，但確有比日本更好（Zervoyianni and Argiros, 2006: 122-3），但以競爭力的改善而言，Narula（2000: 178）則認爲單一市場雖使得歐洲公司透過規模經濟而達到產業重整與集中化的效果，但對於歐洲產業競爭力是一有限的改善效果。

第二節　對我國參與區域經濟整合的政策啓示

本研究的目的在於透過對歐盟主要國家參與歐洲經濟整合的經驗，思考我國是否、以及應如何參與區域經濟整合之道。因此，如何從歐盟經驗中釐清出正確的認知，無疑是本研究更關切的。經以上對德、法、英國實證經驗的比較分析後，本研究認爲三國的歐盟經驗可對我國提供以下數項的政策啓示：

首先，當前主政者對於參與區域經濟整合在論述上所顯露出的高度經濟動機與期待是不必要、也不適當的。歐盟經驗顯示出，區域經濟整合未必會使每一個參與國皆能在經濟上受益，且不論對產業競爭力的領先者或落後者而言，它都是一更爲辛苦的挑戰。以我國目前考慮且可能參與的RCEP與CPTPP而言，兩者所代表的是性質不同的挑戰。以RCEP而言，由於此一區域經濟整合計畫的成員較多爲發展中的新興工業國，因此，我國在此一市場整合計畫中尚具產業競爭優勢，而德國經驗顯示，對享有競爭力優勢的參與國而言，仍須在區域市場中面對價格競爭力的挑戰而必須從事產品的升級與精進。以CPTPP而言，此一區域經濟整合計畫包含爲數較多的先進經濟體，而法國、英國的經驗顯示，對產業競爭力落後國來說，不適宜如英國政府般採取全面性的自由化、去管制化的方式進行參與，而應參考法國政府的作法，以一整體經濟戰略思維的高度，採取一種既開放、又保護的政策，有計畫地運用區域經濟整合的參與來改造產業經濟結構，從而能受益於參與區域經濟整合。

其次，基於三國的實證經驗，本研究認爲我國對區域經濟整合的討論應更注重其所帶來的非經濟效益，而不是僅關注在經濟效益的討論。儘管非經濟效益難以量化，但區域經濟整合所產生的規模政治以及國家安全效益在三國的實證經驗中已完全無庸置疑。然而，衡諸我國各界目前對參與區域經濟整合的討論卻少見，如果不是完全缺乏，對非經濟效益的關注。事實上，非經濟效益對於我國尤較其他主權國家更爲重要與更具意義。以規模政治效益而言，區域經濟整合可以爲小型經濟體的會員國帶來

比大型經濟體的會員國，比例更大的集體力量優勢。基於我國長期在國際社會中有限的國際參與空間此一現實，可以預期的是，如果我國參與重要區域經濟整合的協定，不論是已簽署的ECFA，或是我國有意加入的RCEP與CPTPP，都將使我國享受到極大比例的規模政治效益。此一規模政治效益已可在ECFA生效後，我國對他國的雙邊談判中觀察到。[6]

再以國家安全而言，歐洲經濟整合已證明為法國帶來無法計量的國家安全利益，透過經濟互依性的提高，兩百年來揮之不去的戰爭風險已不復在德、法之間存在。就此而言，有中國大陸參與的ECFA與RCEP應較CPTPP對我國更具國家安全的意義與效益。正是基於區域經濟整合可為我國帶來極為顯著的非經濟效益，本研究認為我國應積極尋求與重要區域集團，尤其是有中國大陸參與其中的，簽訂經濟整合協定，以期透過更廣化與深化的經濟整合，增加我國的規模政治與國家安全效益。

第三、如果加入區域經濟整合是無法避免的，那麼歐盟經驗顯示，越早加入對國家利益的增進越為有利，越晚加入者，所需承擔的成本與義務也越多。有鑑於此，我國政府宣稱將以十年為期尋求加入TPP的時程（Ministry of Foreign Affairs, 15 November 2011），無疑是一極為不智的決定。以TPP為一高標準的自由貿易協定而言，越晚加入意謂著此一高標準的要求將越會普及在每一項商品市場，以及必須取得越多成員國的同意，從而使得我國的協商議價空間相形受限，而較無法透過入會談判來維護與增進本國利益。向來對國內市場極為保護因而對自由貿易協定較為排斥的日本，從原本不積極的態度轉變為宣布將在一年內完成TPP的入會談判，即是基於加入的早晚影響國家利益此一現實理由（*The Japan Times*,

---

[6] 我國於2013年7月與紐西蘭正式簽訂自由貿易協定—ANZTEC（條約的正式全名為紐西蘭與台灣、澎湖、金門、馬祖個別關稅領域的經濟合作協定，Agreement between New Zealand and the Separate Customs Territory of Taiwan, Penghu, Kinmen and Matsu on Economic Cooperation），這是我國首度與非邦交國所簽署的經濟合作協定。陸委會認為，此一突破印證了ECFA的簽署與實施有助於我國對外洽簽經貿協議。詳見聯合報，「台紐1300項農產品零關稅」；「國台辦：紐恪守一中 盼台珍惜兩岸關係」，分見2013年7月11日A1與A4版。

20 April 2013）。

　　第四，我國主政者應正確地認知到，區域經濟整合所創造的經濟效益可能完全無助於就業創造，甚至可能在產業因市場競爭而發生重整的原因下，產生失業人口上升的結果。歐盟經驗顯示，政策必須扮演更積極的角色，以防止經濟效益的果實過度偏向資本家與核心地區的利益，而參與區域經濟的成本，例如失業與區域失衡，卻多由弱勢的勞工階級與邊陲地區承受。就此而言，加入區域經濟整合對我國的政府治理而言無疑是一更大的挑戰。

　　最後，主政者應從歐盟經驗認知到，尋求一國的經濟發展--從經濟成長、提升競爭力到就業創造，不能、也不應只依賴參與區域經濟整合，它只具階段性的功效。發展一國經濟仍須透過本國的產業政策與科技政策以增進出口商品的內涵，而政策的選擇與實現的成效則與資本主義的體制型態相關。因此，主政者在評估我國參與何種區域經濟組織的決策時，應先思考我國的資本主義型態為何？以及此一資本主義型態在市場競爭中有何體制上的優劣勢？從而以此一體制的比較優勢，配合政策的支持協助，進行整體經濟戰略的佈局，從而能使我國更有機會受益於參與區域經濟整合。

參考書目（References）

I. 面訪資訊取得（Primary Sources from Interviews）

2013年8月1日與德國外交部資深主管級官員於台北進行訪談（應受訪者要求不具名）。

2013年9月12日與英國外交部資深主管級官員於台北進行訪談（應受訪者要求不具名，代以A先生名之）。

2013年9月12日與英國外交部主管級官員於台北進行訪談（應受訪者要求不具名，代以B先生名之）。

2013年9月24日與法國外交部資深主管級官員於台北進行訪談（應受訪者要求不具名）。

II. 官方文獻（Official Publications）

Cabinet Office and Prime Minister's Office, 2013, 'EU speech at Bloomberg', issued on 23 January 2013, http://www.gov.uk/government/speeches/eu-speech-at-bloomberg

CEC/European Commission (1988), 'Research on the costs of non-Europe: Basic findings', vols.1-16, Document, Luxembourg

---- (1996), 'Economic evaluation of the internal market – the single market review', *European Economy*, No.4, Office for official Publications, Luxembourg

European Commission (1993), *Growth, Competitiveness and Employment: the Challenges and Ways forward into the 21st Century, Bulletin of the European Communities Supplement 6/93*, Luxembourg

---- (2008), EMU@10: Success and Challenges after Ten Years of Economic and Monetary Union, Brussels: European Commission

---- (2010), *EU-South Korea Free Trade Agreement: A Quick Reading Guide*, Brussels: European Commission

HM Treasury (2005a), 'The economic effects of EU membership for the UK', available athttp://www.hm-treasury.gov.uk/d/foi_eumembership_presentation. pdf, last viewed 12 September 2012

---- (2005b), 'EU membership and trade', available at http://www.hm-treasury.gov. uk/d/foi_eumembership_trade.pdf, last viewed 12 September 2012

---- (2005c), 'Literature review –economic costs and benefits of EU membership', available at http://www.hm-treasury.gov.uk/d/foi_eumembership_literaturerevi ew.pdf, last viewed 12 September 2012

---- (2005d), 'EU membership and the drivers of productivity and growth', available at http://www.hm-treasury.gov.uk/d/foi_eumembership_productivity.pdf, last viewed 12 September 2012

---- (2005e), 'EU membership and FDI', available at http://www.hm-treasury.gov. uk/d/foi_eumembership_fdi.pdf, last viewed 12 September 2012

House of Lords, (1985), *Overseas Trade: Report of the House of Lords Select Committee*, 1984-84 Session, HL 238-1, London: Her Majesty's Stationery Office

Ministry of Commerce of the PRC, '2nd Session of China-Japan-ROK Joint Research on FTA Held in Tokyo', News Release issued on 7 September 2010, available at http://fta.mofcom.gov.cn/enarticle/chinarihen/chinarihennews/201 009/3503_1.html, last viewed 12 September 2012

Ministry of Foreign Affairs, R.O.C, 'Ma targets TPP membership for Taiwan', in *Taiwan Today*, 15 November 2011, available at http://www.taiwantoday.tw/ ct.asp?xItem=180354&ctNode=445, last viewed 1 July 2013

Ministry of Foreign Affair and Trade of Republic of Korea, 'Diplomatic achievements in the first two Years of the Lee Myung-bak Administration', Newsletter issued on 26 February 2010, available at http://news.mofat.go.kr/ enewspaper/articleview.php?master=&aid=2674&sid=23&mvid=765, last viewed 1 July 2013

Office of the United States Trade Representative, 'Obama Administration notifies Congress of intent to include Japan in Trans-Pacific Partnership negotiations', issued on 24 April 2013, available at http://www.ustr.gov/about-us/press-office/press-releases/2013/april/congressional-notification-japan-tpp, last viewed 1 July 2013

Prime Minister's Office, 2013, 'David Cameron's EU speech', issued on 23 January 2013, http://www.gov.uk/government/news/david-camerons-eu-speech--2, last viewed 13 September 2013

Special Eurobarometer 251 / Wave 65.1-TNS Opinion and Social, 'The future of Europe', May 2006

UK Trade and Investment (UKTI), *Inward Investment Report 2012/13*, London: UKTI

US National Science Foundation (2012), *Science and Engineering Indicators 2012*, Arlington, US: US National Science Foundation

WTO (2013a), 'Regional trade agreements: facts and figures', in the section of 'Trade topics', available at http://www.wto.org/english/tratop_e/region_e/regfac_e.htm, last viewed 29 July 2013

---- (2013b), 'Regional trade agreements', in the section of 'Trade topics', available at http://www.wto.org/english/tratop_e/region_e/region_e.htm, last viewed 29 July 2013

III. 參考書目與論文（Books and Articles）

Adams, W. J. (1989), *Restructuring the French Economy: Government and the Rise of Market Competition since World War II*, Washington, D.C.: The Brookings Institute

Allen, C., Gasiorek, M. and Smith, A. (1998), 'European Single Market: How the programme has fostered competition', *Economic Policy*, Vol.27, pp.441-486

Allen, D. (2005), 'The United Kingdom: A Europeanized government in a non-Europeanized polity', in S. Bulmer and C. Lequesne eds., *The Member States of the European Union*, Oxford: Oxford University Press, pp.119-41

Anderson, J. (2005), 'Germany and Europe: centrality in the EU', in S. Bulmer ed., *The Member States of the European Union*, Oxford and New York: Oxford University Press, pp.77-96

Aristotelous, K. (2006), 'Are there differences across countries regarding the effect of currency unions on trade? Evidence from EMU', *Journal of Common Market Studies*, Vol.44, No.1, pp.17-27

Artis, M. J. (1990), 'The UK and the EMS', in de Grauwe and L. Papademos eds., *The European Monetary System in 1990s*, London and New York: Longmans

---- (1998), 'The United Kingdom', in J. Forder and A. Menon eds., *The European Union and National Macroeconomic Policy*, London: Routledge

Badinger, H. (2005), 'Growth effects of economic integration: evidence from the EU member states', *Review of World Economics*, Vol.141, No.1, pp.50-78

---- (2008), 'Technology- and investment-led growth effects of economic integration: A panel cointegration analysis for the EU-15 (1960-2000)', *Applied Economics*, 15: 557-61

Baimbridge, M., P.B. Whyman and B. Burkitt (2010), 'A new policy framework', in M. Baimbridge, P.B. Whyman and B. Burkitt eds., *Britain in a Global World: Options for a New Beginning*, Exeter: Imprint Academic, pp.121-31

Balasubramanyam, V. N. and M. A. Salisu (2001), 'Foreign direct investment and globalization', in Sajal Lahiri ed., *Regionalism and Globalization*, London and New York: Routledge, pp.199-220

Barrell, R. and K. Dury (2000), 'Choosing the regime: macroeconomic effects of UK entry into EMU', *Journal of Common Market Studies*, Vol.38, No.4, pp.625-44

Barrell, R. and M. Weale, 'Designing and choosing macroeconomic frameworks: The position of the UK after four years of the euro', *Oxford Review of Economic Policy*, Vol.19, No.1, pp.132-48

Barrell, R., A. Britton and N. Pain (1994), 'When the Time is Right? The UK experience of the ERM', in D. Cobham ed., *European Monetary Upheavals*, Manchester: Manchester University Press

Bazen, S. and J. Cardebat (2001), 'The impact of trade on the relative wages and employment of low skill workers in France', *Applied Economics*, Vol.33, pp.801-10

Bideleux, R. (1996), 'Introduction', in R. Bideleux and R. Taylor eds., *European Integration and Disintegration: East and West*, London and New York: Routledge, pp.1-21

Bilger, F. (1993), 'The European monetary system and French monetary policy', in Francois-Georges Dreyfus, Jacques Morizet and Max Peyrard eds., *France and EC Membership Evaluated*, London and New York: Pinter Publishers and St. Martin's Press, pp.101-8

Boltho, A. (2001), 'Economic policy in France and Italy since the War: different stances, different outcomes?', *Journal of Economic Issues*, Vol. XXXV, No.3, pp.713-31

Booth, S. and C. Howarth (2012), *Trading Places: Is EU Membership Still the Best Option for the UK Trade?*, London: Open Europe

Brada, J.C. and J.A. Mendez (1988), 'An estimate of the dynamic effects of economic integration', *The Review of Economics and Statistics*, Vol.70, pp.163-8

Bradbury, J. (1996), 'The UK in Europe', in R. Bideleux and R. Taylor, eds., *European Integration and Disintegration*, London and New York: Routledge, pp. 69-72

Brocker, J. (2000), 'How would EU-membership of the Visegrad-countries affect Europe's economic geography?', *Annals of Regional Science*, Vol.34, pp.469-71

Bull, A., J. Szarka and M. Pitt (1995), 'Commonalities and divergences in small-firm competitive strategies: textiles and clothing manufacturing in Britain, France and Italy', in Peter Cressey and Bryn Jones eds., *Work and Employment in Europe: A New Convergence?*, London and New York: Routledge, pp.121-42

Bulmer, S. (1992), 'Britain and European integration: of sovereignty, slow adaptation, and semi-detachment', in S. George ed., *Britain and the European*

Community, Oxford: Clarendon Press, pp.1-29

Bulmer, S. and G. Edwards (1992), 'Foreign and security policy', in S. Bulmer, S. George and A. Scott eds., *The United Kingdom and EC Membership Evaluated*, New York: St. Martin's Press, pp.145-60

Burban, J. (1993), 'The impact of the European Community on French politics', in Francois-Georges Dreyfus, Jacques Morizet and Max Peyrard eds., *France and EC Membership Evaluated*, London and New York: Pinter Publishers and St. Martin's Press, pp.185-93

Button, K.J. and E.J. Pentecost (1995), 'Testing for convergence of the EU regional economics', *Economic Inquiry*, Vol.33, No.4, pp.664-71

Buxton, T. and T. Mananyi (1998), 'Economic policy and the international competitiveness of UK manufacturing', in T. Buxton, P. Chapman and P. Temple eds., *Britain's Economic Performance*, London and New York: Routledge, pp.141-61

Buxton, T. and V. Lintner (1998), 'Cost competitiveness, the ERM and UK economic policy', in T. Buxton, P. Chapman and P. Temple eds., *Britain's Economic Performance*, London and New York: Routledge, pp.431-51

Buxton, T., P. Chapman and P. Temple (1998), 'Introduction', in T. Buxton, P. Chapman and P. Temple eds., *Britain's Economic Performance*, London and New York: Routledge, pp.1-8

Buzan, B. (1984), 'Economic structure and international security; the limits of the liberal case', *International Organization*, Vol.38, pp.597-624

Buzelay, A. (1993a), 'The impact of the Single Market on the French economy—strengths and weaknesses', in Francois-Georges Dreyfus, Jacques Morizet and Max Peyrard eds., *France and EC Membership Evaluated*, London and New York: Pinter Publishers and St. Martin's Press, pp.9-21

---- (1993b), 'Effects of the Community regional policy in France: appraisal in compliance with a cost-benefit approach', in Francois-Georges Dreyfus, Jacques Morizet and Max Peyrard eds., *France and EC Membership Evaluated*, London and New York: Pinter Publishers and St. Martin's Press,

pp.80-91

Cantwell, J. and S. Iammarino (2000), 'Multinational corporations and the location of technological innovation in the UK regions', *Regional Studies*, Vol.34, No.4, pp.317-332

Chapman, P. and P. Temple (1998), 'Overview: the performance of the UK labour market', in T. Buxton, P. Chapman and P. Temple eds., *Britain's Economic Performance*, London and New York: Routledge, pp.299-339

Christopher, J. (1994), 'The UK and the exchange rate mechanism', in C. Johnson and S. Collignon eds., *The Monetary Economics of Europe: Causes of the EMS Crisis*, London: Pinter

Coe, D. T. and R. Moghadam (1993), 'Capital and trade as engines of growth in France', *IMF Staff Papers*, Vol.40, No.3, pp.542-66

Cohen, D. (1983a), 'Introduction', in C.D. Cohen ed., *The Common Market: Ten Years After: An Economic Review of British Membership of the EEC 1973-1983*, Oxford: Phillip Allan, pp. 1-15

---- (1983b), 'Growth, stability and employment', in C.D. Cohen ed., *The Common Market: Ten Years After: An Economic Review of British Membership of the EEC 1973-1983*, Oxford: Phillip Allan, pp. 179-208

Cohen, E. (2007), 'France: national champions in search of a mission', in Jack Hayward ed., *Industrial Enterprise and European Integration: From National to International Champions in Western Europe*, Oxford: Oxford University Press, pp.23-47

Cohendet, P. and P. Llerena (1993), 'The European Community R&D policy and its impact on the French R&D policy', in Francois-Georges Dreyfus, Jacques Morizet and Max Peyrard eds., *France and EC Membership Evaluated*, London and New York: Pinter Publishers and St. Martin's Press, pp.32-7

Colman, D. (1992), 'Agricultural policy', in S. Bulmer, S. George and A. Scott eds., *The United Kingdom and EC Membership Evaluated*, New York: St. Martin's Press, pp.29-39

Corcoran, J. (1998), 'The economic limits of European integration', in B. H. Moss and J. Michie eds., *The Single European Currency in National Perspective: A Community in Crisis?*, pp.168-80

Courault, B. and P. B. Doeringer (2008), 'From hierarchical districts to collaborative networks: the transformation of the French apparel industry', *Socio-Economic Review*, Vol.6, pp.261-82

Crawford.M. (1996), *One Money for Europe? The Economics and Politics of EMU*, Basingstoke: Macmillan

Cuaresma, J. S., D. Ritzberger-Grunwald, and M. A. Silgoner (2008), 'Growth, convergence and EU membership', *Applied Economics*, Vol.40, pp.643-56

Davies, P. (2010), 'It's the economy stupid', in M. Baimbridge, P.B. Whyman and B. Burkitt eds., *Britain in a Global World: Options for a New Beginning*, Exeter: Imprint Academic, pp.55-63

Deubner, C. (2006), 'France: contradictions and imblances', in Eleanor E. Zeff and Ellen B. Pirro eds., *The European Union and the Member States*, Boulder, USA and London, UK: Lynne Rienner Publishers, pp.61-83

Doogan, K. (1998), 'The impact of European integration on labour market institutions', *International Planning Studies*, Vol.3, no. 1, pp.57-73

Dormois, J. (2004), *The French Economy in the Twentieth Century*, Cambridge: Cambridge University Press

Driver, C. (1998), 'The case of fixed investment', in T. Buxton, P. Chapman and P. Temple eds., *Britain's Economic Performance*, London and New York: Routledge, pp.187-99

Duchene, F. (1996), 'French motives for European integration', in Robert Bideleux and Richard Taylor eds., *European Integration and Disintegration: East and West*, London and New York: Routledge, pp.22-35

Dunning, J. H. and J. A. Cantwell (1991), 'MNEs, Technology, and the Competitiveness of European Industries', in G. R. Faulhaber and G. Tamburini eds., *European Economic Integration: The Role of Technology*, Boston and London: Kluwer Academic Publishers, pp.117-48

Dyson, K. (2009), 'The age of the euro: A structural break: Europeanization, convergence, and power in central banking', in Kenneth Dyson and Martin Marcussen eds., *Central Banks in the Age of the Euro: Europeanization, Convergence, and Power*, Oxford: Oxford University Press, pp.1-50

Dyson, K. and K. Featherstone (1999), *The Road to Maastricht: Negotiating Economic and Monetary Union*, Oxford: Oxford University Press

Eichengreen, B. (2006), *The European Economy since1945: Coordinated Capitalism and Beyond*, Princeton and Oxford: Princeton University Press

El-Agraa, A.M. (1984), 'Has membership of the European Communities been a disaster for Britain?', *Applied Economics*, Vol.16, pp.299-315

---- (2008), 'Macroeconomics of regional integration: Withdrawal from a customs union', *Journal of Economic Integration*, Vol.23, No.1, pp.75-90

Eltis, W. (2000), *Britain, Europe and EMU*, Basingstoke: Macmillan

Engelen-Kefer, U. (1990), 'Labour relations', in Carl-Christoph Schweitzer and D. Karsten eds., *The Federal Republic of Germany and EC Membership Evaluated*, New York: St. Martin's Press, pp.223-31

Ernst and Young (2011), *Ernst and Young's 2011 European Attractiveness: Restart*, London: Ernst and Young

Fawcett, L. (2005), 'Regionalism from a historical perspective', in M. Farrell, B. Hettne and L.V. Langenhove eds., *Global Politics of Regionalism: Theory and Practice*, London and Ann Arbor, pp.21-37

Feinberg, R. (1999), 'Regime effects of EU market integration policies on the UK financial sector', *Review of Industrial Organization*, Vol.15, pp.357-65

Frank, B. and Eelke de Jong (2011), "The 2010 euro crisis stand-off between France and Germany: leadership styles and political culture," *International Economics and Economic Policy*, Vol.8, Issue 1, pp.7-14.

Friedman, G. (2005), 'Has European economic integration failed', in B. H. Moss ed., *Monetary Union in Crisis: The European Union as a Neo-liberal Construction*, pp.173-95

Gamble, A. (1998), 'The European issue in British politics', in D. Baker and D. Seawright eds., *Britain For and Against Europe: British Politics and the*

Question of European Integration, Oxford: Clarendon Press, pp.11-30

Gasiorek, M., A. Smith and A.J. Venables (2002), 'The accession of the UK to the EC: A welfare analysis', *Journal of Common Market Studies*, Vol.40, No.3, pp.425-47

George, S. (1990), *An Awkward Partner: Britain in the European Community*, Oxford: Oxford University press,

---- (1991), *Britain and European Integration since 1945*, Oxford UK& Cambridge USA: Blackwell

---- (1992), 'The policy of British governments within the European Community', in S. George ed., *Britain and the European Community*, Oxford: Clarendon Press, pp.30-63

---- (1999), 'Britain: Anatomy of a Eurosceptic state', *Journal of European Integration*, Vol. 21, No.1, pp.1-19

Giersch, H., K. Paque, and H. Schmieding (1992), *The Fading Miracle: Four Decades of Market Economy in Germany*, Cambridge and New York: Cambridge University Press

Gilpin, R. (2001), *Global Political Economy: Understanding the International Economic Order*, Princeton University Press

Ginsberg, R.H. (2007), *Demystifying the European Union: the Enduring Logic of Regional Integration*, New York: Rowman & Littlefield

Girma, S. (2002), 'The process of European integration and the determinants of entry by non-EU multinationals in the UK manufacturing', *The Manchester School*, Vol.70, No.3, pp.315-35

Goodman, S.F. (1993), *The European Community*, Basingstoke: Macmillan

Gorg, H. and F. Ruane (1999), 'US investment in EU member countries: The internal market and sectoral specialization', *Journal of Common Market Studies*, Vol.37, No. 2, pp.333-48

Gowland, D. and A. Turner (2000a), *Britain and European Integration 1945-1998: A Documentary History*, London and New York: Routledge

---- (2000b), *Reluctant Europeans: Britain and European Integration, 1945-1998,*

Harlow, UK: Longman

Grant, W. (2007), 'Britain: The spectator state', in J. Hayward ed., *Industrial Enterprise and European Integration: From National to International Champions in Western Europe*, Oxford: Oxford University Press, pp.76-96

Greenwood, S, (1996), *Britain and European Integration since the Second World War*, Manchester and New York: Manchester University Press

Groenewegen, J. (2000), 'European integration and changing corporate governance structures: The case of France', *Journal of Economic Issues*, Vol. XXXIV, No.2, pp.471-9

Gros, D. and N. Thygesen (1992), *European Monetary Integration: From the European Monetary System to European Monetary Union*, London: Longman

Guyomarch, A.,H. Machin and E. Ritchie (1998), *France in the European Union*, New York: St. Martin's Press

Haas, E. B. (1970), 'The study of regional integration: Reflections on the joy and anguish of pretheorizing', *International Organization*, Vol.24, pp.607-46

Hall, P. A. and D. Soskice (2001), *Varieties of Capitalism: The Institutional Foundations of Comparative Advantage*, Oxford: Oxford University Press

Hallett, G. (1990), 'West Germany', in A. Graham and A. Seldon eds., *Government and Economies in the Postwar World: Economic Policies and Comparative Performance, 1945-85*, London and New York: Routledge, pp.79-103

Hancke, B. (2001), 'Revisiting the French model: Coordination and restructuring in French industry', in Peter A. Hall and David Soskice eds., *Varieties of Capitalism: The Institutional Foundations of Comparative Advantage*, Oxford: Oxford University Press, pp.307-334

Hans-Joachim Seeler (1990), 'External trade', in Carl-Christoph Schweitzer and D. Karsten eds., *The Federal Republic of Germany and EC Membership Evaluated*, New York: St. Martin's Press, pp.102-8

Haq, M. and P. Temple (1998), 'Overview: Economic policy and the changing international division of labour', in T. Buxton, P. Chapman and P. Temple eds., *Britain's Economic Performance*, London and New York: Routledge,

pp.455-494

Harrington, R. (1992), 'Regional policy', in S. Bulmer, S. George and A. Scott eds., *The United Kingdom and EC Membership Evaluated*, New York: St. Martin's Press, pp.57-64

Heidenreich, M. and C. Wunder (2008), 'Patterns of regional inequality in the enlarged Europe', *European Sociological Review*, Vol.24, No.1, pp.19-36

Hendriks, G. and A. Morgan (2001), *The France-German Axis in European Integration*, Cheltenham, UK and Northampton, USA: Edward Elgar

Henrekson, M. and Torstensson (1997), 'Growth effects of European integration', *European Economic Review*, Vol.41, pp.1537-1557

Hirsch, S. (1981), 'Peace making and economic interdependence', *The World Economy*, Vol.4, pp.407-17

Hirst, P. and G. Thompson (2000), *Globalization in Question*, Cambridge: Polity

Hix, S. (2002), 'Britain, the EU and the Euro', in P. Dunleavy; A. Gamble, R., R. Heffernan, I. Holliday, and G. Peele, eds., *Developments in British Politics, 2002*, Basingstoke: Palgrave, pp. 47-68.

Holmes, P. (1983), 'The EEC and British trade', in C.D. Cohen ed., *The Common Market: Ten Years After: An Economic Review of British Membership of the EEC 1973-1983*, Oxford: Phillip Allan, pp. 16-38

Horvath, J.,M. Kandil and S. C. Sharma (1998), 'On the European monetary system: the spillover effects of German shocks and disinflation', *Applied Economics*, Vol. 30, pp. 1585-1593

Huelshoff, M. (1993), 'German business and the 1992 project', in C.F. Lankowski ed., *Germany and the European Community: Beyond Hegemony and Containment*, New York: St. Martin's Press, pp.23-44

Huffschmid, J. (1998), 'Hoist with its own petard: consequences of the single currency for Germany', in B. H. Moss and J. Michie eds., *The Single European Currency in National Perspective: A Community in Crisis?*, pp.87-104

Italianer, A. (1994), 'Whither the gains from European economic integration', *Revue Economique*, Vol.45, No.3, pp.689-702

Jessop, B. (2003), 'Changes in welfare regimes and the search for flexibility and employability', in H. Overbeek ed., *The Political Economy of European Employment*, London and New York: Routledge, pp.28-50

Johnson, H.G. (1962), 'The economic theory of customs unions', *Pakistan Economic Journal*, Vol. 10, pp.14-32

Jones, E. and A. Verdun (2005), *The Political Economy of European Integration: Theory and Analysis*, London and New York: Routledge

Karsten, D. (1990), 'Monetary policy', in Carl-Christoph Schweitzer and D. Karsten eds., *The Federal Republic of Germany and EC Membership Evaluated*, New York: St. Martin's Press, pp.42-7

Katzenstein, P. J. (1997), *Tamed Power: Germany in Europe*, London and New York: Cornell University Press

Kaufmann, H. M. (1993), 'from EMS to European economic and monetary union with German economic and monetary union as a major sideshow', in H. D. Kurz ed., *United Germany and the New Europe*, Aldershot, UK and Brookfield, US: Edward Elgar, pp.200-16

Kottaridi, C. (2005), 'The "core-periphery" pattern of FDI-led growth and production structure in the EU', *Applied Economics*, Vol.37, pp.99-113

Krieger-Boden, C. (2008a), 'Eastern enlargement in a nutshell: Case study of Germany', in C. Krieger-Boden; E. Morgenroth, and G. Petrakos eds., *The Impact of European Integration on Regional Structural Change and Cohesion*, London and New York: Routledge, pp.133-153

---- (2008b), 'Southern enlargement and structural change: Case studies of Spain, Portugal and France', in Christiane Krieger-Boden, Edgar Morgenroth and George Petrakos eds., *The Impact of European Integration on Regional Structural Change and Cohesion*, London and New York: Routledge, pp.96-117

Krugman, P. R. (1994), 'Competitiveness: A dangerous obsession', *Foreign Affairs*,

Vol.73, No.2, pp.28-44

Kruse, D.C. (1980), *Monetary Integration in Western Europe: EMU, EMS and Beyond*, London: Butterworths

Kutan, A.M. and T.M. Yigit (2007), 'European integration, productivity growth and real convergence', *European Economic Review*, Vol.51, pp.1370-95

Lankowski, C. (1993), 'Introduction: Germany and the European Community: the issues and the stakes', in C.F. Lankowski ed., *Germany and the European Community: Beyond Hegemony and Containment*, New York: St. Martin's Press, pp.1-20

---- (2006), 'Germany: transforming its role', in E. E. Zeff and E. B. Pirro eds., *The European Union and the Member States*, Boulder, US and London: Lynne Rienner publisher, pp.35-59

Le, V.P.M., P. Minford and E. Nowell (2010), 'Measuring the economic costs and benefits of EU membership', in M. Baimbridge, P.B. Whyman and B. Burkitt eds., *Britain in a Global World: Options for a New Beginning*, Exeter: Imprint Academic, pp.65-76

Lea, R. (2010), 'Time for a global vision for Britain', in M. Baimbridge, P.B. Whyman and B. Burkitt eds., *Britain in a Global World: Options for a New Beginning*, Exeter: Imprint Academic, pp.29-35

Leach, G. (2000), *EU Membership-What's the Bottom Line?*, London: Institute of Directors

Lee, S. (1997a), 'Manufacturing British decline', in A. Cox, S. Lee and J. Sanderson eds., *The Political Economy of Modern Britain*, pp.166-205

---- (1997b), 'The City and British decline', in A. Cox, S. Lee and J. Sanderson eds., *The Political Economy of Modern Britain*, pp.206-253

---- (1997c), 'British culture and economic decline', A. Cox, S. Lee and J. Sanderson eds., *The Political Economy of Modern Britain*, pp.65-107

Legler, H., G. Licht and A. Spielkamp (2000), *Germany's Technological Performance: A Study on Behalf of the German Federal Ministry of Education and Research*, Heidelberg and New York: Physica-Verlag

Levitt, M. and C. Lord (2000), *The Political Economy of Monetary Union*, Basingstoke: Palgrave Macmillan

Lewer, J. and H. Van den Berg (2003), 'How large is international trade's effect on economic growth', *Journal of Economic Surveys*, Vol.17, No.3, pp.363-96

Lindlar, L. and C. Holtfrerich (1997), 'Four decades of German export expansion— An enduring success story', in W. Fischer ed., *The Economic Development of Germany since 1870 Volume II*, Cheltenham, UK and Lyme, US: Edward Elgar, pp.402-35

Lintner, V. (1998), 'Overview: The European Union: The impact of membership on the UK economy and UK economic policy', in T. Buxton, P. Chapman and P. Temple eds., *Britain's Economic Performance*, London and New York: Routledge, pp.399-430

Lipsey, R. (1957), 'The theory of customs union: trade diversion and welfare', *Economica*, Vol. 24, No.93, pp.40-6

Major, J. (2000), *The Autobiography*, London: HarperCollins

Mallet, J. (1993), 'Has the European Community been a benefit to France's foreign trade?', in Francois-Georges Dreyfus, Jacques Morizet and Max Peyrard eds., *France and EC Membership Evaluated*, London and New York: Pinter Publishers and St. Martin's Press, pp.121-34

Marcussen, M., T. Risse, D. Engelmann-Martin, H. J. Knopf and K. Roscher (1999), 'Constructing Europe? The evolution of French, British and German nation state identities', *Journal of European Public Policy*, Vol.6, No.4, pp.614-33

Marsh and Swanney (1983), 'Agriculture: How significant a burden', in C.D. Cohen ed., *The Common Market: Ten Years After: An Economic Review of British Membership of the EEC 1973-1983*, Oxford: Phillip Allan, pp. 98-127

Marsh, D. (1995), *Germany and Europe: The Crisis of Unity*, London: Macmillan

---- (2011), *The Euro: The Battle for the New Global Currency*, New Haven and London: Yale University Press

Martin, C. and I. Sanz (2003), 'Real convergence and European integration: The experience of the less developed EU members', *Empirica*, Vol.30, pp.205-36

Maudos, J., J.M. Pastor and L. Seranno (1999), 'Economic integration, efficiency and economic growth: the European Union experience', *Applied Economics Letters*, Vol.6, pp.389-92

May, A. (1999), Britain and Europe since 1945, Harlow, UK: Longman

Mayes, D., P. Hart, D. Matthews and A. Shipman (1994), *The Single Market Programme as a Stimulus to Change: Comparisons between Britain and Germany*, Cambridge: Cambridge University Press

McKinsey & Company (2012), *The Future of the Euro: An Economic Perspective on the Eurozone crisis*, Frankfurt: McKinsey Germany

Meade, J. E. (1955), *The Theory of Customs Unions*, Amsterdam: North Holland

Mendes, A. J. M. (1987), Economic Integration and Growth in Europe, London, Sydney, and New Hampshire, USA: Croom Helm

---- (1986), 'The contribution of the European Community to economic growth: An assessment of the 25 years', *Journal of Common Market Studies*, Vol.XXIV, No.4, pp.261-77

Menz, G. (2005), *Varieties of Capitalism and Europeanization: National Response to the Single European Market*, Oxford: Oxford University Press

Michel, R. G. (2001), *France and European Integration: Toward a transnational Polity?*, Westport, Connecticut and London, UK: Praeger

Michie, J. (2005), 'The political economy of the UK, 1979-2002', in Bernard H. Moss ed., *Monetary Union in Crisis: The European Union as a Neo-liberal Construction*, Basingstoke: Macmillan, pp.222-32

Middleton, R. (2000), *The British Economy since 1945: Engaging with the Debate*, Basingstoke: Macmillan

Millington, A.I. (1988), *The Penetration of EC Markets by UK Manufacturing Industry*, Aldershot, England and Brookfield, US: Avebury

Mills, J. (2010), 'Options for economic policy', in M. Baimbridge, P.B. Whyman and B. Burkitt eds., *Britain in a Global World: Options for a New Beginning*, Exeter: Imprint Academic, pp.47-53

Milne, I. (2004), *A Cost Too Far? An Analysis of the Net Economic Costs and*

Benefits for the UK of EU Membership, London: Institute for the Study of Civil Society

---- (2010), 'Options for British foreign policy', in M. Baimbridge, P.B. Whyman and B. Burkitt eds., *Britain in a Global World: Options for a New Beginning*, Exeter: Imprint Academic, pp.147-57

Milward, A.S. (2002), *The Rise and Fall of a National Strategy 1945-1963*, London: Whitehall History Publishing

Minford, P., V. Mahambare and E. Nowell (2005), *Should Britain Leave the EU? An Economic Analysis of a Troubled Relationship*, Cheltenham, UK and Northampton, USA: Edward Elgar

Molle, W. (1997), *The Economics of European Integration: Theory, Practice, Policy*, Aldershot, UK & Brookfield, USA: Ashgate

Moore, L. (1999), *Britain's Trade and Economic Structure: The Impact of the European Union*, London and New York: Routledge

Moravcsik, A. (1991), 'Negotiating the Single European Act: National interests and conventional statecraft in the European Community', in R. O. Keohane and S. Hoffmann eds., *The New European Community*, Boulder, San Francisco, and Oxford: Westview Press, pp.41-84

---- (1993), 'preferences and power in the European Community: A liberal-intergovernmental approach', *Journal of Common Market Studies*, Vol.31, No.4, pp.473-524

---- (1998), *The Choice for Europe*, Ithaca: Cornell University Press

---- (2012), 'Europe after the crisis', *Foreign Affairs*, Vol.91, Issue 3, pp.54-68

Morawitz, R. (1990), 'Industrial policy', in Carl-Christoph Schweitzer and D. Karsten eds., *The Federal Republic of Germany and EC Membership Evaluated*, New York: St. Martin's Press, pp.14-23

Morgenroth, E. and G. Petrakos (2008), 'Structural change and regional policy', in C. Krieger-Boden; E. Morgenroth, and G. Petrakos eds., *The Impact of European Integration on Regional Structural Change and Cohesion*, London and New York: Routledge, pp.285-304

Morley, B. and W. Morgan (2008), 'Causality between exports, productivity and financial support in European Union Agriculture', *Regional Studies*, Vol.42, No.2, pp.189-98

Morris, D. (1998), 'The stock market and problems of corporate control in the United Kingdom', in T. Buxton, P. Chapman and P. Temple eds., *Britain's Economic Performance*, London and New York: Routledge, pp.200-52

Moss, B. H. (1998a), 'France: economic and monetary union and the social divide', in Bernard H. Moss and Jonathan Michie eds., *The Single European Currency in National Perspective: A Community in Crisis?*, Basingstoke, UK and New York: Macmillan and St. Martin's Press, pp.58-86

---- (1998b), 'The single European currency in national perspective: a community in crisis', in B. H. Moss and J. Michie eds., *The Single European Currency in National Perspective: A Community in Crisis?*, pp.8-33

---- (2005a), 'Raisons d'etre: the failure of constructive integration', in Bernard H. Moss ed., *Monetary Union in Crisis: The European Union as a Neo-liberal Construction*, New York: Palgrave Macmillan, pp.51-73

---- (2005b), 'Socialist challenge: class politics in France', in Bernard H. Moss ed., *Monetary Union in Crisis: The European Union as a Neo-liberal Construction*, New York: Palgrave Macmillan, pp.121-44

Narula, R. (2000), 'Strategic technology alliances by European firms since 1980: questioning integration?', in F. Chesnais, G. Ietto-Gillies and R. Simonetti eds., *European Integration and Global Corporate Strategies*, London and New York: Routledge

Newton, C. and G. Irwin (1993), *Dutch Government and Politics*, Basingstoke and London: Macmillan

Nicholls, A.J. (1992), 'Britain and the EC: The historical background', in S. Bulmer, S. George and A. Scott eds., *The United Kingdom and EC Membership Evaluated*, New York: St. Martin's Press, pp.3-9

Nugent, N. (1992), 'British public opinion and the European Community', in S. George ed., *Britain and the European Community*, Oxford: Clarendon Press,

pp.172-201

Nugent, N. and J. Mather (2006), 'The United Kingdom: Critical friend and awkward partner?', in E.E. Zeff and E.B. Pirro eds., The *European Union and the Member States*, London and Boulder, US: Lynne Rienner, pp.129-50

Oppenheimer, P. M. (1998), 'Motivations for Participating in the EMS', in Forder, J. and Menon, A. eds., *The European Union and National Macroeconomic Policy*, London: Routledge

Padoa-Schioppa, T. (1994), *The Road to Monetary Union in Europe*, Oxford: Clarendon Press

Pain, N. (2000), 'The macroeconomic impact of UK withdrawal from the EU', *Research in 2000*, London: National Institute of Economic and Social Research, p.5

Pain, N. and G. Young (2004), 'The macroeconomic impact of UK withdrawal from the EU', *Economic Modelling*, Vol.21, pp.387-408

Papanastassiou, M. and R. Pearce (1999), *Multinationals, Technology and National Competitiveness*, Cheltenham, UK and Northampton, MA, USA: Edward Elgar

Pardo, I. (2005), 'Growth, convergence, and social cohesion in the European Union', *International Advances in Economic Research*, Vol.11, pp.459-67

Parsons, C. (2000), 'Domestic interests, ideas and integration: Lessons from the French Case', *Journal of Common Market Studies*, Vol.38, No.1, pp.45-70

Pavitt, K. (1983), 'High technology', in C.D. Cohen ed., *The Common Market: Ten Years After: An Economic Review of British Membership of the EEC 1973-1983*, Oxford: Phillip Allan, pp. 69-97

Peters, B. G. and C.J. Carman (2007), 'United Kingdom', in M.D. Hancock ed., *Politics in Europe*, Washington, D.C.: CQ Press, pp.11-97

Petit, P. (1989), 'Expansionary policies in a restrictive world: The case of France', in Paolo Guerrieri and Pier Carlo Pandoan eds., *The Political Economy of European Integration: States, Markets and Institutions*, New York and London: Harvester Wheatsheaf, pp. 231-63

Phillips, C. (1989), *Innovation and Technology Transfer in Japan and Europe:*

Industry-academic Interactions, London and New York: Routledge

Philpott, J. (1998), 'The performance of the UK labour market: Is "Anglo-Saxon" economics the answer to structural unemployment?', in T. Buxton, P. Chapman and P. Temple eds., *Britain's Economic Performance*, London and New York: Routledge, pp.340-66

Pivot, C. (1993), 'Costs and benefits of the Common Agricultural Policy for France', in Francois-Georges Dreyfus, Jacques Morizet and Max Peyrard eds., *France and EC Membership Evaluated*, London and New York: Pinter Publishers and St. Martin's Press, pp.59-67

Polachek, S.W. (1980), 'Conflict and trade', *Journal of Conflict Resolution*, Vol.24, pp.55-78

Ponting, C. (1996), 'Churchill and Europe', in R. Bideleux and R. Taylor, eds., *European Integration and Disintegration*, London and New York: Routledge, pp. 36-45

Pritchard, G. (1996), 'National identity in a united and divided Germany', in R. Bideleux and R. Taylor eds., *European Integration and Disintegration*, London and New York: Routledge, pp.154-73

Rapkin, D. P. and J. R. Strand (1995), 'Competitiveness: useful concept, political slogan, or dangerous obsession?', in David P. Papkin and William P. Avery eds., *National Competitiveness in a Global Economy*, Boulder, USA and London, UK: Lynne Rienner, pp.1-20

Rattinger, H. (2008), 'Public attitudes towards European integration in Germany and Maastricht: Inventory and typology", *Journal of Common Market Studies,* Vol.32, pp.525-40

Redmond, J. (1987), *The EEC and the UK Economy*, York: Longman Group Resources

Robson, P. (1998), *The Economics of International Integration*, London and New York: Routledge

Rollet, P. (1993), 'The EC industrial policy and its impact on French and European industries', in Francois-Georges Dreyfus, Jacques Morizet and Max Peyrard eds., *France and EC Membership Evaluated*, London and New York: Pinter Publishers and St. Martin's Press, pp.22-31

Rosamond, B. (2000), *Theories of European Integration*, Basingstoke and London: Macmillan

Rowthorn, B. and J. Wells (1987), *Deindustrialization and Foreign Trade*, Cambridge: Cambridge University Press

Rubinstein, W. D. (1993), *Capitalism, Culture and Decline in Britain 1750-1990*, London: Routledge

Safran, W. (2007), 'France', in M. Donald Hancock ed., *Politics in Europe*, Washington, D.C.: CQ Press, pp.101-88

Sala-i-Martin, X. (1996), 'Regional cohesion: Evidence and theories of regional growth and convergence', *European Economic Review*, Vol.40, No.6, pp.1325-52

Sally, R. (2010), 'A new strategy for Britain in Europe', *Economic Affairs*, Vol.30, Issue 2, p.86

Sanderson, J. (1997), 'Britain in decline? A statistical survey of Britain's relative economic performance since 1950', in A. Cox, S. Lee and J. Sanderson eds., *The Political Economy of Modern Britain*, pp.45-62

Sandholtz, W. (1995), 'Cooperating to compete: Europe', in David P. Rapkin and William P. Avery eds., *National Competitiveness in a Global Economy*, London: Lynne Rienner Publisher, pp. 225-41

Sanso-Navarro, M. (2011), 'The effects on American foreign direct investment in the United Kingdom from not adopting the euro', *Journal of Common Market Studies*, Vol.49, No.2, pp.463-83

Scharrer, H. (1990), 'The internal market', in Carl-Christoph Schweitzer and D. Karsten eds., *The Federal Republic of Germany and EC Membership Evaluated*, New York: St. Martin's Press, pp.3-15

Schirm, S. A. (2002), *Globalization and the New Regionalism: Global Markets, Domestic Politics and Regional Cooperation*, Malden, USA: Polity

Schirm, S. F. (2002), *Globalization and the New Regionalism: Global Markets,*

Domestic Politics and Regional Cooperation, Cambridge: Polity Press

Schmidt, V. A. (2002), *The Futures of European Capitalism*, Oxford: Oxford University Press

---- (2005), 'The Europeanization of national economies?', in S. Bulmer ed., *The Member States of the European Union*, Oxford and New York: Oxford University Press, pp.360-87

Scott, A. (1992a), 'Internal market policy', in S. Bulmer, S. George and A. Scott eds., T*he United Kingdom and EC Membership Evaluated*, New York: St. Martin's Press, pp.16-28

---- (1992b), 'External trade policy', in S. Bulmer, S. George and A. Scott eds., *The United Kingdom and EC Membership Evaluated*, New York: St. Martin's Press, pp.161-74

Sentence, A. (1998), 'UK macroeconomic policy and economic performance', in T. Buxton, P. Chapman and P. Temple eds., *Britain's Economic Performance*, London and New York: Routledge, pp.35-65

Sharp, M. (1998), 'Technology policy: The last two decades', in T. Buxton, P. Chapman and P. Temple eds., *Britain's Economic Performance*, London and New York: Routledge, pp.495-526

Shepherd, G. (1983), 'British manufacturing industry and the EEC', in C.D. Cohen ed., *The Common Market: Ten Years After: An Economic Review of British Membership of the EEC 1973-1983*, Oxford: Phillip Allan, pp.39-68

Siebert, H. (2005), *The German Economy: Beyond the Social Market*, Princeton and Oxford: Princeton University Press

Smallbone, D., A. Cumbers, S. Syrett and R. Leigh (1999), 'The single market and SMEs: A comparison of its effects in the food and clothing sectors in the UK and Portugal', *Regional Studies*, Vol.33, No.1, pp.51-62

Steinberg, F. and IMA de Cienfuegos (2012), 'The new government of the euro zone: German ideas, divergent interests and common institutions', *Revista de Economia Mundial*, Issue 30, pp.59-81 (in Spanish with English summary)

Stephens, P. (1997), *Politics and the Pound: the Tories, the Economy and Europe*,

London: Macmillan

Stiftung, B. (2013), *How Germany Benefits from the Euro in Economic Terms*, Gutersloh: Bertelsmann Foundation

Strange, R. (1993), *Japanese Manufacturing Investment in Europe: Its Impact on the UK Economy*, London and New York: Routledge

Swann, D. (1996), *European Economic Integration: The Common Market, European Union and Beyond*, Cheltenham, UK: Edward Elgar

Swann, P. (1998), 'Quality and competitiveness', in T. Buxton, P. Chapman and P. Temple eds., *Britain's Economic Performance*, London and New York: Routledge, pp.117-40

Talani, L. S. (2007), 'The future of EMU: towards the disruption of the European integration process?', in Y. A. Stivachtis ed., *The State of European Integration*, Aldershot, UK and Burlington, US: Ashgate, pp.279-305

Talani, L. S. and E. Cervino (2003), 'Mediterranean labour and the impact of Economic and Monetary Union: Mass unemployment or labour-market flexibility?, in H. Overbeek ed., *The Political Economy of European Employment*, London and New York: Routledge, pp.199-224

Temple, P. (1998), 'Overview: growth, competitiveness and trade performance', in T. Buxton, P. Chapman and P. Temple eds., *Britain's Economic Performance*, London and New York: Routledge, pp.69-98

Thatcher, M. (1993), *The Downing Street Years*, London: HarperCollins

---- (2003), 'From industrial policy to a regulatory state: contrsting institutional change in Britain and France', in Jack Hayward and Anand Menon eds., *Governing Europe*, Oxford: Oxford University Press, pp.314-29

Thompson, H. (1996), *The British Conservative Government and the European Exchange Rate Mechanism, 1979-1994*, London: Pinter

Tichy, G. (1993), "European integration and the heterogeneity of Europe', in H. D. Kurz ed., *United Germany and the New Europe*, Aldershot, UK and Brookfield, US: Edward Elgar, pp.163-180

Torstensson, R. M. (1999), 'Growth, knowledge transfer and European integration',

Applied Economics, Vol.31, pp.97-106

Truett, L. J. and D. B. Truett (2005), 'European integration and production in the French economy', *Contemporary Economic Policy*, Vol.23, No.2, pp.304-16

Vamvakidis, A. (1999), 'Regional trade agreements or broad liberalization: Which path leads to faster growth?', *IMF Staff Papers*, No.46, March, pp.42-68

Vanhoudt. P. (1999), 'Did the European unification induce economic growth? In search of scale effects and persistent changes', *Review of World Economics*, Vol.135, pp.193-220

Vasconcellos, A. S. and B. F. Kiker (1970), 'An evaluation of French national planning: 1949-1964', *Journal of Common Market Studies*, Vol.8, No. 3, pp.216-235

Venables, A. J. (2003), 'Winners and losers from regional integration agreements', *The Economic Journal*, Vol.113, No.490, pp.747-61

Verdun, A. (2002), 'Merging neofunctionalism and intergovernmentalism: Lessons from EMU', in A. Verdun ed., *The Euro: European Integration Theory and Economic and Monetary Union*, New York and Oxford: Rowman & Littlefield Publishers, pp.9-28

Viner, J. (1950), *The Customs Union Issue*, New York: Carnegie Endowment for International Peace

Wall, S. (2008), *A Stranger in Europe: Britain and the EU from Thatcher to Blair*, Oxford: Oxford University Press

Watts, D. and C. Pilkington (2005), *Britain in the European Union Today*, Manchester and New York: Manchester University Press

Wood, S. (1998), *Germany, Europe and the Persistence of Nations: Transformation, Interests and Identity, 1989-1996*, Aldershot, UK and Brookfield, US: Ashgate

Wooster, R. B., T. M. Banda, and S. Dube (2008), 'The contribution of intra-regional and extra-regional trade to growth: Evidence from the European Union', *Journal of Economic Integration*, Vol.23, No.1, pp.161-82

Zervoyianni, A. (2006), 'Performance of the EMS, the ERM II and the New EU Member States', in Athina Zervoyianni, George Argiros and George

Agiomirgianakis eds., *European Integration*, Basingstoke, UK and New York: Palgrave Macmillan, pp.176-217

---- (2006a), 'Trade flows and economic integration', in Zervoyianni, A.; G. Argiros, and G. Agiomirgianakis eds., *European Integration*, Basingstoke, UK and New York: Palgrave Macmillan, pp.57-92

---- (2006b), 'Performance of the EMS, the ERM-II and the new EU member states', in Zervoyianni, A.; G. Argiros, and G. Agiomirgianakis eds., *European Integration*, Basingstoke, UK and New York: Palgrave Macmillan, pp.176-217

---- (2006c), 'EMU: benefits, costs and real convergence', in A. Zervoyianni; G. Argiros, and G. Agiomirgianakis eds., *European Integration*, Basingstoke, UK and New York: Palgrave Macmillan, pp.218-260

Zervoyianni, A. and G. Argiros (2006), 'Factor- and product-market integration and Europe's single market', in Zervoyianni, A.; G. Argiros, and G. Agiomirgianakis eds., *European Integration*, Basingstoke, UK and New York: Palgrave Macmillan, pp.93-134

Ziltener, P. (2004), 'The economic effects of the European Single Market Project: projections, simulations—and the reality', *Review of International Political Economy*, Vol. 11, No. 5, pp. 953-79

張亞中（1998），**歐洲統合：政府間主義與超國家主義的互動**，台北：揚智文化。

IV. 新聞媒體資訊（Media consulted）

BBC News, 'Deadlock in the eurozone', October 21, 2011, http://www.bbc.co.uk/news/world-europe-15400806; 'Eurozone ministers approve 8bn euro Greek bailout aid', October 21, 2011, http://www.bbc.co.uk/news/business-15401280; 'Timeline: the unfolding eurozone crisis', February 13, 2012, http://www.bbc.co.uk/news/business-13856580; 'Leaders agree eurozone debt deal after late-night talks', October 27, 2011, http://www.bbc.co.uk/news/world-europe-15472547; 'Q&A: Greek debt crisis', February 13, 2012, http://www.bbc.co.uk/news/business-13798000, last viewed on 13 May 2013

Deutsche Welle, 'German anti-euro party makes its official debut', 15 April 2013, http://www.dw.de/german-anti-euro-party-makes-its-official-debut/a-16743534, last viewed on 16 May 2013

EU Observer, 'UK may hold EU referendum, PM says', 2 July 2012, http://euobserver.com/843/116827, last viewed 12 September 2012

New York Times, 'Euro benefits Germany more than others in zone', 22 April 2011, http//www.nytimes/2011/04/23/business/global/23charts.html?_r=0, last viewed 13 May 2013

The Asian Wall Street Journal, 'My plan for European growth', 27 October 2004, p.A.11

The China Post, 'ASEAN+1 to benefit Taiwan firms', 31 January 2010, www.chinapost.com.tw/print/243026.htm, last viewed 13 September 2013

The Economist, 'Those selfish Germans', 30 April 2009, http://www.economist.com/printerfriendly.cmf?story_id=13611300; 'The export model sputters', 7 May 2009, http: www.economist.com/printerfriendly.cfm?story_id=13576107, both accessed 28 August 2009; 'When giants slow down', 27 July 2013, available at http://www.economist.com/news/briefing/21582257-most-dramatic-and-disruptive-period-emerging-market-growth-world-has-ever-seen, accessed 29 July 2013

The Guardian, 'EU referendum: poll shows 49% would vote for UK withdrawal', 24 October 2011, http://www.guardian.co.uk/2011/oct/24/eu-referendum-poll-uk-withdrawal, last viewed 12 September 2012

The Independence, 'British business: we need to stay in the European Union – or risk losing up to£92bn a year', 20 May 2013, http://www.independent.co.uk/news/uk/politics/british-business-we-need-to-stay-in-the-european-union-or-risk-losing-up-to-92bn-a-year-8622925.html#, last viewed 24 May 2013

The Japan Times, 'Japan given OK to enter TPP negotiations', 20 April 2013, available at http://www.japantimes.co.jp/news/2013/04/20/business/japan-given-ok-to-enter-tpp-negotiations/, last viewed 1 July 2013

聯合報，「APEC峰會登場 TPP成焦點」，2011年11月13日，A13版。

聯合報，「台紐1300項農產品零關稅」，2013年7月11日，A1版。

聯合報，「高孔廉拋新議題：兩岸共同加入TPP、RCEP」，21 June 2013, http://udn.com/NEWS/MAINLAND/MAIN1/7977582.shtml。

聯合報，「國台辦：紐恪守一中 盼台珍惜兩岸關係」，2013年7月11日，A4版。

聯合報，「觀察站／加入RCEP　台灣準備好了嗎？」，14 June 2013, http://udn.com/NEWS/MAINLAND/MAI3/7962743.shtml。

V. 參考網站（Website consulted）

有關歐洲統合的歷史與發展，詳見歐盟官方網站http://europa.eu/index_en.htm。

有關NAFTA的歷史與發展，詳見NAFTA官方網站http://www.naftanow.org/。

有關TTIP的內容與談判進展，詳見歐盟官方網站中的相關說明，網址如下：http://ec.europa.eu/trade/policy/countries-and-regions/countries/united-states/。

有關RCEP的內容與談判進展，詳見ASEAN官方網站中 'ASEAN Statement & Communiques' 部分中有關RCEP的相關說明，網址如下：http://www.asean.org/news/asean-statement-communiques/item/regional-comprehensive-economic-partnership-rcep-joint-statement-the-first-meeting-of-trade-negotiating-committee。

有關TPP的內容與談判進展，詳見美國貿易代表署（Office of the United States Trade Representative）關於Trans-Pacific Partnership (TPP) 的官方網站http://www.ustr.gov/tpp。

有關民進黨對於我國參與區域經濟整合的主張，詳見其官方網站中「蘇貞昌主席接見華府智庫『戰略暨國際研究中心』(CSIS) 學者專家團」一文之說明，issued on 27 June 2013, http://www.dpp.org.tw/m/index_content.php?sn=6684。

有關ECFA的內容與後續談判進展，詳見我國政府的官方網站http://www.ecfa.org.tw。

國家圖書館出版品預行編目資料

檢視區域經濟整合的效益：德國、法國、英國
的歐盟經驗／羅至美著. －－初版.－－臺北
市：五南, 2014.01
　　面；　公分
ISBN 978-957-11-7392-4（平裝）
1.區域經濟　2.區域整合　3.歐洲聯盟
552.4　　　　　　　　　　102021418

4P47

檢視區域經濟整合的效益：
德國、法國、英國的歐盟經驗

作　　　者 ― 羅至美(410.3)

發 行 人 ― 楊榮川

總 經 理 ― 楊士清

總 編 輯 ― 楊秀麗

副總編輯 ― 劉靜芬

責任編輯 ― 蔡惠芝

封面設計 ― 斐類設計工作室

出 版 者 ― 五南圖書出版股份有限公司

地　　　址：106台北市大安區和平東路二段339號4樓

電　　　話：(02)2705-5066　　傳　　　真：(02)2706-6100

網　　　址：http://www.wunan.com.tw

電子郵件：wunan@wunan.com.tw

劃撥帳號：01068953

戶　　　名：五南圖書出版股份有限公司

法律顧問　林勝安律師事務所　林勝安律師

出版日期　2014年 1 月初版一刷
　　　　　 2020年10月初版五刷

定　　　價　新臺幣350元